Reinhard Hauff

Vermessungen der Wirklichkeit

Fernsehen. Geschichte. Ästhetik.
Band 5
Herausgegeben vom Archiv der Akademie der Künste, Berlin,
und der Deutschen Kinemathek – Museum für Film und Fernsehen

AKADEMIE DER KÜNSTE

Gefördert durch:

 Die Beauftragte der Bundesregierung
für Kultur und Medien

Reinhard Hauff

Vermessungen der Wirklichkeit

Herausgegeben von Rolf Aurich und Hans Helmut Prinzler
für die Deutsche Kinemathek und die Akademie der Künste

Mit Beiträgen von Rolf Aurich, Klaus Hoeppner,
Egon Netenjakob und Hans Helmut Prinzler

edition text + kritik

Stadt Wien Büchereien
Hauptbücherei
Urban-Loritz-Platz 2a
1070 Wien

Bibliografische Information der Deutschen Nationalbibliothek
Die Deutsche Nationalbibliothek verzeichnet diese Publikation in der Deutschen Nationalbibliografie; detaillierte bibliografische Daten sind im Internet über www.dnb.de abrufbar.

ISBN 978-3-96707-413-0

Das Werk einschließlich aller seiner Teile ist urheberrechtlich geschützt. Jede Verwertung, die nicht ausdrücklich vom Urhebergesetz zugelassen ist, bedarf der vorherigen Zustimmung des Verlages. Dies gilt insbesondere für Vervielfältigungen, Bearbeitungen, Übersetzungen, Mikroverfilmungen und die Einspeicherung und Verarbeitung in elektronischen Systemen.

© edition text + kritik im Richard Boorberg Verlag GmbH & Co KG, München 2021
Levelingstr. 6a, 81673 München
www.etk-muenchen.de

Redaktion: Rolf Aurich, Torsten Musial, Hans Helmut Prinzler, Nicky Rittmeyer

Umschlaggestaltung: Victor Gegiu
Umschlagfoto: ZÜNDSCHNÜRE, 1974. Reinhard Hauff, Michael Olbrich. Werkfoto
Satz und Bildbearbeitung: Claudia Wild, Konstanzer Straße 2, 78467 Konstanz
Druck und Buchbinder: Beltz Grafische Betriebe GmbH, Am Fliegerhorst 8, 99947 Bad Langensalza

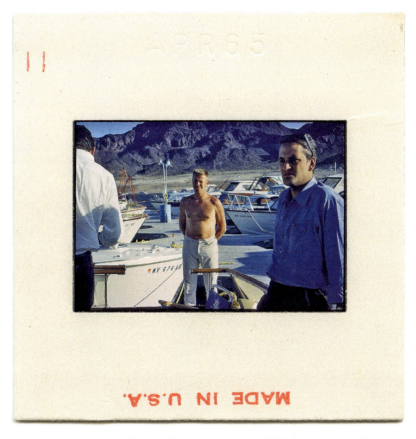

Serenade für zwei Spione / Sinfonia per due spie, 1965. Reinhard Hauff (rechts). Werkfoto. Foto: Ernst Wild

Inhalt

Rolf Aurich, Hans Helmut Prinzler
»Reinhard Hauff hat einen zarten Zauberkern«.
Eine Vorbemerkung   *9*

Egon Netenjakob
Zu Erkenntnissen kommen.
Reinhard Hauff und seine Filme   *20*

Rolf Aurich, Hans Helmut Prinzler
Von der Fernsehshow zur filmischen Authentizität.
Gespräch mit Reinhard Hauff   *51*

Rolf Aurich
Die Grenzen von Authentizität und Fantasie.
Reinhard Hauff und Mrinal Sen   *115*

Rolf Aurich
»Literaturverfilmungen lagen mir besonders, die Kostüme,
das Licht, eine Traumwelt«. Gespräch mit dem Kameramann
Wolfgang-Peter Hassenstein   *146*

Klaus Hoeppner
Werkverzeichnis   *167*
Film und Fernsehen   *167*
Publizistik   *189*

Autoren / Dank / Rechte / Abbildungen   *195*
Register   *199*

Rolf Aurich, Hans Helmut Prinzler

»Reinhard Hauff hat einen zarten Zauberkern«

Eine Vorbemerkung

Göttingen im Sommer 1953. Die Regionalmetropole im Süden Niedersachsens ist von Zerstörungen des Weltkriegs weitgehend verschont geblieben und nun für zehn Tage Gastgeber der Deutschen Filmtage. Mehrere Kinos der Innenstadt, darunter mit dem »Sterntheater« das größte Lichtspielhaus der Stadt, zeigen eine »Deutsche Retrospektive« mit Filmbeispielen aus der Zeit von 1919 bis 1951 und ein umfangreiches Programm an internationalen Experimental- und Avantgardefilmen. Diese kommunale Veranstaltung am Wissenschaftsstandort Göttingen war einer der ersten Versuche in der noch jungen Bundesrepublik, Filmkunst, Filmkultur und Filmwirtschaft durch Rückblick und Reflexion, vor allem aber durch internationale Öffnung und Begegnung zu fördern. Eines der Kinos, in denen neben dem »Sterntheater«, den »Kammerspielen« und dem »Edentheater« die Filmtage präsentiert werden, heißt »Die Brücke« – das britische Kulturzentrum, British Centre. Es ist mithin jener Ort, an dem der am 23. Mai 1939 geborene Reinhard Hauff als Heranwachsender im Wochenrhythmus erste filmische Erlebnisse erfährt, die ihn nachhaltig beeindrucken. Im November 1952, die Ankündigung ist überliefert im Stadtarchiv Göttingen, offeriert »Die Brücke« unter anderem ein Filmprogramm mit mehr als einem Dutzend kurzen und mehrheitlich dokumentarischen Werken internationaler Herkunft, die im Rahmen des US-amerikanischen European Recovery Program (Marshallplan) gezeigt werden. Nach eigener Erinnerung war es Reinhard Hauff unter anderem vergönnt, einen Klassiker des Dokumentarfilms, Robert J. Flahertys LOUISIANA-LEGENDE (LOUISIANA STORY, 1948), für zehn Pfennig Eintritt in der »Brücke« zu sehen.

Zu dieser Zeit wohnte die Familie Hauff in der Herzberger Landstraße 24, unweit der Göttinger Innenstadt. Seit dem 11. Oktober 1939 waren die Mutter Irmgard und der Vater Wolfgang Hauff mit ihren drei Söhnen Günter (Jahrgang 1929), Eberhard und Reinhard hier gemeldet. Reinhard Hauff erinnert sich an eine behütete Kindheit in einem protestantischen Elternhaus, an eine liberale und freundliche Erziehung. Wenn die älteren Hitlerjungen in der Stadt marschierten, marschierte er nebenher. Er besuchte die Felix-Klein-Oberschule, benannt nach einem Mathematiker. Der mittlere Sohn

Rolf Aurich, Hans Helmut Prinzler

Göttingen, Schildweg 40, 1930er bzw. 1940er Jahre, Haus der Burschenschaft Brunsviga, nach dem Zweiten Weltkrieg bis 1954 Standort des britischen Kulturzentrums »Die Brücke«

Eberhard, 1932 im pommerschen Demmin geboren, hatte bereits zur Zeit seines Abiturs 1951 ein Interesse an den Aktivitäten der Studentischen Filmfreunde e. V. in Göttingen entwickelt, wo später prominente Namen wie Werner Schwier und Walter Kirchner das Mitteilungsblatt dieses Filmclubs verantworteten. Dazu gesellte sich Rolf Stein, der studentische Initiator der Deutschen Filmtage. Eberhard Hauff war zu dieser Zeit der Filmbegeisterte in der Familie. Bei der 1946 gegründeten Filmaufbau Göttingen GmbH, deren erster Spielfilm LIEBE 47 (Regie: Wolfgang Liebeneiner, 1949) zum Programm der Deutschen Filmtage gehörte, hatte er hospitiert, anschließend ließ er sich in Wiesbaden für ein Jahr intensiv im Fach Filmgeschichte durch Hanns Wilhelm Lavies, den Begründer des dortigen Deutschen Instituts für Filmkunde, unterweisen. Lavies als Leiter eines Filmarchivs war einer der Akteure, ohne den die Filmtage nicht hätten stattfinden können.

In einem filmkulturellen Klima, wie es – ergänzt noch durch das zu dieser Zeit in Gründung befindliche Göttinger Institut für den Wissenschaftlichen Film – so konzentriert und vielgestaltig wohl nirgends sonst abseits der Großstädte in Deutschland existierte, muss in Reinhard Hauff die Leidenschaft für künstlerische Darstellung und Gestaltung eingesickert sein. Beides stellte er in der nächsten Lebensstation der Familie, Hannover, wo die Familie sich am 3. August 1955 anmeldete (Borchersstraße 4), auf eine neue Grundlage. Bis zum Abitur 1960 an der dortigen Bismarckschule trat er in schulischen Zusammenhängen als Schauspieler und Sänger in Erscheinung. Davon erzählt er in dem langen Gespräch, das wir im Oktober 2019 in München mit ihm führten und das von ihm autorisiert worden ist. Doch dies nicht allein. Es wurde von ihm, dem im 81. Lebensjahr Stehenden, verbessert: Seine klaren Straffungen und knappen Umstellungen, sprachökonomisch ausgerichtet, verraten den Künstler und Filmemacher, der auf Schlankheit besteht, Überflüssiges wie Ungelenkes streicht um der Deutlichkeit willen. Hauff hat das Gespräch in Teilen auch neu montiert. So ist es durch seine Nachbearbeitung formal vielleicht auch ein wenig so geworden wie ein Film von ihm – gegenwärtig im Ausdruck, an nostalgischen Gefühlen kaum interessiert, auch wenn dieser resümierende Dialog zwischen uns als ein subjektiver Versuch der Erinnerung und Bewertung, als historischer Stoff gewissermaßen, angelegt war. Von der Gegenwart jedoch mag sich Reinhard Hauff in keinem Moment lösen. Die Herausgeber hoffen, ihm gedient zu haben durch manche Erweiterung seiner Ausführungen im Faktischen – dies ist der Grund für Anmerkungen an einigen Stellen.

Die Hauff'schen Alltagszeiten in Göttingen und Hannover lassen sich schwer dokumentieren. Neben Meldedaten aus den Archiven liegen nur rare Materialien aus der Biografie Eberhards vor. Persönliche biografische Unterlagen sind ebenfalls nicht anzutreffen im umfangreichen Archiv Reinhard Hauff des DFF – Deutsches Filminstitut & Filmmuseum, Frankfurt am Main, auch nicht im Personenarchiv der Deutschen Kinemathek. Angeregt durch einige wenige, dafür umso wertvollere Fotos und Texte, die Hauffs schauspielerisches Hannover-Engagement im Bunde mit dem späteren SPD-Politiker Peter Glotz in den späten 1950er Jahren belegen (ohne eine Theatrografie in diesem Band zu rechtfertigen), weitete sich der gedankliche Bogen hin zur kulturellen wie politischen lokalen Lage zwischen nachlassender Beharrung und drängendem gesellschaftlichen Aufbruch im Hannover der späten 1950er Jahre. Sie wird vom Theaterkritiker und Publizisten Henning Rischbieter in seinen 2009 erschienenen Lebenserinnerungen *Schreiben, Knappwurst, abends Gäste* in einigen Exkursen angedeutet. Nebenbei: Der gebürtige Hannoveraner Rischbieter, später mit seinem zweibändigen *Hannoverschen Lesebuch* auch ein Literarhistoriker des Ortes, studierte von 1948 bis 1953 in Göttingen Geschichte. Sein Archiv befindet sich in der Akademie der Künste, Berlin. Unmittelbar westlich der niedersächsischen Landeshauptstadt, im Dorf Velber, begründete Rischbieter 1960 zusammen mit dem Verleger Erhard Friedrich die Zeitschrift *Theater heute*. In diesem Jahr verließen Hauff und Glotz die Stadt zum Studium in Richtung Wien und dann in München. Mitte der 1960er Jahre übernahm der Friedrich-Verlag die Monatszeitschrift *film*, sie war von Werner Schwier und Hans-Dieter Roos 1963 in München begründet worden und berücksichtigte von Beginn an auch Fernsehthemen. Namen wie Ernst Wendt, der auch *Theater heute* bis 1967 redigierte, Klaus Eder und Werner Kließ – sämtlich aus Reinhard Hauffs Generation – bildeten nun die Redaktion eines Blattes, das immer interessanter wurde, politisch widersprüchlicher, textlich anspruchs- und grafisch genussvoll. Dies gilt auch für den großen zweiteiligen Essay über Michael Pfleghar, Reinhard Hauffs Mentor bei der Bavaria, in den Oktober- und Dezemberheften 1966.

In der Zeitschrift *Filmkritik*, um einige Jahre älter als das zeitweilige Konkurrenzblatt aus Velber, auch elitärer und strenger, konnte Reinhard Hauff mit seinen Arbeiten nur selten reüssieren – 1971 zu MATHIAS KNEISSL, 1979 mit MESSER IM KOPF und 1982 zu DER MANN AUF DER MAUER. Die entsprechenden Texte sind allerdings durchgehend von eher abschätzigem Tonfall. Klaus Eder publizierte später mehrfach über Reinhard Hauff, auch im Kontext des Goethe-Instituts. Werner Kließ führte in seiner Filmkritik zu Hauffs DIE REVOLTE im Dezemberheft 1969 von *film* den kritischen Begriff der Authentizität in die Hauff'sche Werkrezeption ein. Der Film, eine Kooperation zwischen Hauff und Glotz, war im Auftrag des WDR bei der Bavaria in Geiselgasteig entstanden, wo Kließ seit diesem Jahr als Dramaturg wirkte, nachdem er und die Assistentin Ilke Porath die Redaktion von *film* hatten verlassen müssen – dem Verlag erschien ihre Arbeit als ideologisch zu einseitig. Das war im gleichen Heft verkündet worden. Der Verlagslektor Henning Rischbieter übernahm Anfang 1970 diese Aufgabe bei dem nun *Fernsehen + Film* betitelten Magazin aus Velber. Man war der Auffassung, dass sich der interessantere Teil des Filmangebots mittlerweile ohnehin im Fernsehen finde. Dabei unterstützte ihn alsbald sein Freund Egon Netenjakob, zunächst als Autor mit dem Schwerpunkt Fernseh- und Medienthemen, ab Januar 1971 als weiterer Redakteur. In diese Zeit fällt ein Interview mit Reinhard Hauff zu MATHIAS KNEISSL, geführt von Joe Hembus, das im Aprilheft des Jahres veröffentlicht wurde. Darin betont der Regisseur das Antifolkloristische des Films, die präsentische Erzählform, die nicht zu Kommentaren von außen greift und auf Aktualisierungen verzichtet. Das Ende der Zeitschrift, nunmehr als zweiwöchentliche *tv heute*, wurde im Herbst 1971 eingeläutet. Das allerletzte Heft vom 5. November 1971 – Netenjakob ist Teil einer fünfköpfigen Redaktion – bringt noch ein Firmen-Porträt der Bavaria als »Gemischtwarenladen aus Geiselgasteig«, in dessen Vorratsregalen Unterhaltungsshows, Fernsehspiele, Vorabendserien und Kinofilme direkt nebeneinander liegen, übrigens auch Rosa von Praunheims Schwulenfilm NICHT DER HOMOSEXUELLE IST PERVERS, SONDERN DIE SITUATION, IN DER ER LEBT (1971), ein von Werner Kließ produzierter Auftrag des WDR, für den sich Reinhard Hauff innerhalb der Bavaria stark gemacht hat. In seinem Porträt bindet der Autor Wolfgang Limmer auch Hauffs Arbeiten AUSWEGLOS … AUSSAGEN ÜBER EINEN LEBENSLAUF (1970) und MATHIAS KNEISSL in das vielgestaltige Profil der Bavaria ein. Er würdigt obendrein deren damals aktuellen Versuch, die englischen Komiker von Monty Python's Flying Circus für das deutsche Fernsehpublikum zu entdecken, übersieht dabei aber eine frühere firmeneigene und durchaus ähnlich angelegte Unterhaltungsshow von Reinhard Hauff, der zu dieser Zeit kein Bavaria-Neuling mehr war: WIRB ODER STIRB von 1968. 20 Jahre später, 1988, erschien erstmals Egon Netenjakobs Essay über das bis dahin vorliegende Werk von Reinhard Hauff in *Cinegraph*, dem renommierten mehrbändigen *Lexikon zum deutschsprachigen Film*. Uns schien diese zugeneigte Analyse in digitalen Zeiten einer Aktualisierung wert, so dass wir sie in ergänzter Form in diesen Band aufnahmen.

Die Bavaria sei seine »Filmschule« gewesen, verriet Reinhard Hauff als frischgebackener Direktor der Deutschen Film- und Fernsehakademie Berlin (dffb) dem Fernsehhistoriker Knut Hickethier in einem Interview für die Aprilausgabe 1993 der Zeitschrift *Kameramann*. Eine seiner Aufgaben sei es, Studierende zunehmend mit der Fernsehstudiotechnik vertraut zu machen. Bereits gemachte Erfahrungen sollten weitergegeben werden. Hauff sagte das aber auch, um klarzustellen, dass ihm weiterhin, wie schon bei seinen eigenen Regiearbeiten, die nun hinter ihm lagen, auch an der Akademie daran liegen würde, die Grenzen zwischen Film und Fernsehen aufzuweichen – wie es die 1959 neu gegründete Bavaria vorgemacht hatte. Eine grundlegende Geschichte dieser Firma wurde bislang nicht geschrieben, ein Archiv scheint nicht vorhanden. So ist es bezeichnend, dass wir erst an versteckter Stelle eines Kartons des Archivs Reinhard Hauff im DFF auf den fotografischen Beleg dessen stießen, was er im Gespräch ausgeführt hatte: die Kooperation mit dem international berühmten Clown Charlie Rivel für die Unterhaltungsabteilung der Bavaria in den 1960er Jahren. Was sich bislang in keiner Weise stützen ließ – auch nicht mit Hilfe der umfangreichen Unterlagen aus der Bavaria-Frühzeit, die im Archiv der Hochschule für Fernsehen und Film (München) penibel gesammelt worden sind.

Staunenswert vielfältig zeigen sich auch die der Hauff'schen Unterhaltungs-Frühzeit gewidmeten Teile des Archivs im DFF. Vor allem die an die Fachöffentlichkeit gerichteten Publikationen der Bavaria zeugen in ihrer

Rolf Aurich, Hans Helmut Prinzler

»Ein Clown bleibt ein Clown«, um 1967/68. Helmut Brasch, Charlie Rivel

großzügigen Aufmachung und durchdachten Gestaltung von der zeitgenössischen, nicht zuletzt ökonomischen Bedeutung aufwendig produzierter Shows, darunter Hauffs DIE OFARIMS von 1967 oder Michael Pfleghars DIE GIRLS VON TAKARAZUKA aus dem Vorjahr, bei der Hauff assistierte. Auch andere Namen wie Rainer Erler, Imo Moszkowicz, Fritz Umgelter oder Franz Peter Wirth gehörten in dieser Zeit zur DNA der Bavaria. Zur Mitte der 1970er Jahre galt Reinhard Hauff als einer der Hausregisseure des WDR, 1973 gehörte er zu den Mitbegründern der Bioskop-Film GmbH, München. Das sogenannte Film/Fernseh-Abkommen wurde im November 1974 zwischen der Filmförderungsanstalt und den ARD-Anstalten sowie dem ZDF geschlossen, um zu Gemeinschaftsproduktionen von Film und Fernsehen zu gelangen. Mindestens 25 Prozent der Produktionskosten mussten dabei von der Produktionsfirma aufgebracht werden; dafür wurde vor der Fernsehausstrahlung eine Kinoauswertung für zwei Jahre gesichert.

Anders als bei Regisseuren, denen sich diese Schriftenreihe bisher zugewendet hat (Peter Beauvais, Karl Fruchtmann, Eberhard Fechner), sind die Filme von Reinhard Hauff und solche Produktionen, an denen er mitgewirkt hat, weitgehend öffentlich zugänglich. Das gilt zumindest für solche, die seit den frühen 1970er Jahren entstanden sind, angefangen bei MATHIAS KNEISSL. Sie liegen oftmals als DVD vor, sind entsprechend greifbar in Bibliotheken, im Einzelfall einsehbar in der Mediathek Fernsehen des Museums für Film und Fernsehen (Berlin) oder vorhanden als private Mitschnitte des öffentlich-rechtlichen Fernsehprogramms, das 1992 bei 1Plus eine umfangreiche und kommentierte Werkschau mit Arbeiten Reinhard Hauffs zeigte. Problematischer stellt sich die Situation für die 1960er Jahre dar, als der noch junge Hauff fest angestellter Mitarbeiter der Bavaria Atelier GmbH in Geiselgasteig war, beruflich zu Hause in einem Teil Grünwalds vor den Toren Münchens. Bis auf wenige Ausnahmen sind zwar die meisten Titel dieser Periode seines Schaffens – Kabarett, Shows, Konzertfilme, Besonderheiten – in den Archiven der öffentlich-rechtlichen Sendeanstalten, die als Auftraggeber fungierten, überliefert (über 75 Prozent). Unmittelbar verfügbar sind sie deshalb noch lange nicht – was besonders betrübt angesichts solch faszinierender Musikdokumentationen wie der WILSON PICKETT-SHOW (1969) und JANIS JOPLIN (1970), ganz zu schweigen von der höchst originellen Werbe-Satire WIRB ODER STIRB oder einer hemmungslos albernen Personality-Show wie CINDERELLA ROCKEFELLA (1968) mit Esther und Abi Ofarim. Das betrifft auch zahlreiche Arbeiten von Michael Pfleghar, die in den 1960er Jahren legendäre Figur des bundesdeutschen und internationalen Unterhaltungsfernsehens, für Reinhard Hauff so etwas wie ein künstlerisch-organisatorischer Ziehvater. Vor dem Vergessen gerettet wird Pfleghar heute vor allem durch Neuveröffentlichungen einiger seiner Kinofilme, zuletzt SERENADE FÜR ZWEI SPIONE / SINFONIA PER DUE SPIE (1965). Regieassistenz: Reinhard Hauff. Pfleghars frühe Arbeiten für das Fernsehen, beispielsweise die Produktionen DIE GROSSE SCHAU VON TOKYO (1964) oder DIE GIRLS VON TAKARAZUKA (1966), auch sie wesentliche Erfahrungen des jungen Regieassistenten Hauff, bleiben indessen bis auf Weiteres und bedauerlicherweise einer heutigen Öffentlichkeit unbekannt. So war es uns eine Aufgabe, besonders solche Arbeiten in dieses Buch einzubeziehen, um sich selbst wie auch dem Lesepublikum eine zumindest hinreichende, auch konkret bildliche Vorstellung von Reinhard Hauffs Anfängen als Film- und Fernsehregisseur zu vermitteln. Das ist auch der Grund für die hier gewählte und gegenüber den bisherigen Bänden der Schriftenreihe umfangreichere Form der Filmografie innerhalb des Werkverzeichnisses. Hauff fuhr seit 1969 weitgehend zweigleisig, als UNTERMANN – OBERMANN zunächst im Kino und anschließend im Fernsehen gezeigt wurde. In einem Gespräch mit Florian Hopf, »Versuche mit der Wirklichkeit«, veröffentlicht in der *Frankfurter Rundschau* am 16. Januar 1979, nimmt Hauff Stellung zur Arbeit zwischen Fernsehen und Kino. Diesem Umstand möchten wir in diesem Band gerecht werden durch eine Variante der klassischen Filmografie, die weitere Beteiligte am einzelnen Film aufführt, personelle Kontinuitäten und Kooperationen verdeutlicht und mit Anmerkungen ergänzt, wo sie notwendig erscheinen.

Vermessungen der Wirklichkeit heißt dieses Buch im Untertitel. In den Filmen von Reinhard Hauff seit Untermann – Obermann gibt es immer wieder Gewalt, Verrohung, Beklemmungen, Hass. Solche Topoi deuten auf ein kritisches gesellschaftliches Problembewusstsein des filmischen Erzählers, und es scheint dabei gleichgültig, in welchem Medium erzählt wird, ob im Kino oder im Fernsehen. Entscheidend sind vielmehr die Lebenskontexte eines Menschen, von dem berichtet wird. Sie erlauben es, nach umfangreicher Rechercheabeit, nach Vermessungen, zu Kenntnissen zu gelangen. In Geschichten und Konflikten sucht Reinhard Hauff nach der Wahrheit. Dafür nutzt er die dramaturgische Zuspitzung, die manchmal als Zumutung empfunden wird, besonders deutlich bei Stammheim (1986), jedoch als Ausgangspunkt von Debatten gedacht ist. Die zeitgenössische Publizistik ging nicht immer fein mit Hauff um, Wolf Donner und Hans-Christoph Blumenberg taten sich dabei in Kritiken hervor. Der Regie-Kollege Herbert Achternbusch, schillernd in seiner Uneindeutigkeit, fragte in der *Zeit* am 20. Oktober 1978 in seiner Ode »An die deutschen Filmbrüder« unter anderem: »Und Reinhard Hauff, würde er als Pastor nicht besser in der realen Welt herumstelzen?« Man könnte es auch als Respektsbezeugung vor dem Mann verstehen, der dabei mithalf, Achternbuschs Das Andechser Gefühl (1975) darstellerischen Glanz zu verleihen – in der Rolle eines Pfarrers. Kaum anders als die Kritik praktizierte es die Wissenschaft in monografischen Darstellungen. Auch sie ordnete Hauff letztlich den Randerscheinungen der Film- und Fernsehgeschichte zu. Wenn seine frühen Arbeiten überhaupt Erwähnung fanden, dann zumeist summarisch. Ein Meisterwerk wie Paule Paulӓnder (1976), das seismografisch genau über ein Westdeutschland im ökonomisch-psychologischen Wandel erzählt, wurde nicht als solches erkannt – ein Anlass mehr, dem Film in diesem Buch (u. a. mit Materialien aus der Akademie der Künste) genügend Raum zu geben, dies zudem im Verbund mit dem konsequenten Folgewerk Der Hauptdarsteller (1977) sowie dem Indienfilm Zehn Tage in Calcutta (1984), der biografische Fragen daraus aufgreift und sie international umwidmet: Was geschieht mit den Laien aus einem Film nach Drehschluss, welche Verantwortung hat der Regisseur ihnen gegenüber, die er ausbeutete und ausnützte? Solche Fragen der Moral gehören für Klaus Eder in seinem Aufsatz »Die Zukunft ist schon vorbei« im *Jahrbuch Film 77/78* ins Zentrum Hauff'schen Denkens.

Als Reinhard Hauff die dffb 2005 verließ, erinnerten sich viele mit positiven Gedanken an sein Direktorat. Für den Regisseur Volker Schlöndorff kam beim fordernden Lehrer Hauff alles von Herzen. Christian Ziewer, Autor und Regisseur, war überzeugt, dass er auch im Beruf des Direktors den Künstler nicht verleugnen konnte. Und für Werner Kließ waren Kritik und Lebenspraxis in den seltenen persönlichen Begegnungen biografisch eng miteinander verknüpft und führten zu »wunderschönen Momenten der Wahrheit« – ein Zitat aus seiner Kritik der REVOLTE. *Momente des Lernens* ist eine Schrift betitelt, die Hauff zum 30-jährigen Bestehen der dffb herausgeben hat. Nichts ist für ewig, alles notwendigerweise beweglich, das Momentum gleichwohl unschätzbar wichtig. Ganz sicher war Reinhard Hauff in seinen Filmen nicht der naive Ideologe, zu dem ihn Paul Schrader in seinem Bühnenstück *Berlinale* als den von ihm »Reinhart Mattes« genannten Regisseur gemacht hat. Es entstand, nachdem der US-amerikanische Autor und Regisseur und der deutsche Kollege 1987 Mitglieder der Internationalen Jury bei den Internationalen Filmfestspielen Berlin gewesen waren, wurde aber niemals aufgeführt. Zwei voneinander differierende Versionen des Stücks sind in der Deutschen Kinemathek und im DFF überliefert.

Einen Fehler bisheriger Filmografien konnten wir mit Hilfe von Michael Fengler korrigieren: Reinhard Hauff wirkt ebenso wenig wie Volker Schlöndorff, Margarethe von Trotta und Ulli Lommel in Fenglers Film WARUM LÄUFT HERR R. AMOK mit, der 1970 in zeitweiser Zusammenarbeit mit Rainer Werner Fassbinder entstanden ist. Dennoch gab es eine imaginäre Verbindung zwischen Hauff und Fengler, die zur Zeit der Dreharbeiten des Films einander nicht persönlich kannten. Fengler schreibt: »Ich war schwer beeindruckt – und habe das bestimmt auch öffentlich gesagt – von einer Einstellung seines Films DIE REVOLTE, in der ohne Schnitt die ganze Fahrt einer Straßenbahn durch die Barer Straße vom Karolinen- bis zum Elisabethplatz gezeigt wird. Genau solche ›plan-séquences‹ hatte ich unter dem Einfluss des damals revolutionären Cinéma vérité für AMOK vor und auch beinahe ganz durchgehalten.« Die Kamera verantwortete hier wie in vielen Filmen Hauffs von DIE OFARIMS bis DIE VERROHUNG DES FRANZ BLUM (1974) Wolfgang-Peter Hassenstein. Ein Gespräch mit ihm ergänzt dieses Buch. Der andere langjährige Kameramann Hauffs, Frank Brühne, verstarb 2017.

Ähnlich indirekt zeigte sich Hauffs Kontakt zum Dunstkreis um Rainer Werner Fassbinder, der in den frühen 1970er Jahren zwar gegeben war, jedoch erst viel später auf ganz unverhoffte und gleichsam tragische Weise reaktiviert wurde. Fassbinders langjährige Regieassistentin Renate Leiffer, als Beraterin auch beteiligt an Viola Shafiks 2011 veröffentlichtem Dokumentarfilm ALI IM PARADIES – MY NAME IS NOT ALI, hatte mit Hauff beruflich nichts zu tun bis auf die gemeinsame Mitwirkung an Norbert Kückelmanns MORGEN IN ALABAMA (1984). Doch sie traf ihn nach der Vorführung des Films über den Fassbinder-Freund El Hedi ben Salem, der unter anderem in Fassbinders ANGST ESSEN SEELE AUF (1974) spielt. In Shafiks Film erfährt man, so Leiffer, »wie Salems Frau zwei Kinder weggenommen wurden, um in Deutschland eine Familie zu gründen (was natürlich schief ging), und ihre verzweifelte Reaktion darauf. Reinhard war tief betroffen mit Tränen in den Augen: Das wussten wir ja damals alles nicht.« Leiffers schöne Schlussfolgerung: »Reinhard Hauff hat einen zarten Zauberkern.« Etwas nicht wissen, das heißt, die Kontexte nicht zu kennen. Dies der Ausgangspunkt in den Filmen von Reinhard Hauff, mit denen er Kenntnisse verbreiten wollte. Von einem solchen Moment berichtete Hauff anlässlich eines Medien-Hearings 1985 an der Westberliner Akademie der Künste gegenüber den versammelten Kolleginnen und Kollegen, Mitglieder der Akademie wie er selbst (seit 1984). Als er sich im Jahr zuvor einmal mit Kolleginnen und Kollegen wie Volker Schlöndorff, Peter Lilienthal, Josef Rödl und Margarethe von Trotta in die Berge zurückgezogen hatte, um über die eigene Arbeit nachzudenken, deren öffentliche Wirkung abhanden zu kommen schien, da begann Lilienthal plötzlich, von seiner Kindheit in der Küche zu erzählen, einer Emigranten-Küche in Uruguay. Das war spannend, und alle haben gefragt, wieso er diesen Kontext eigentlich nie erzählt hatte.

Man kann das Leben von Reinhard Hauff in sechs Phasen unterteilen:
   1939–1961 Kindheit, Jugend, Ausbildung
   1962–1969 Bavaria (Volontariat, Assistenzen, Regie)
   1969/70 Umbruch
   1971–1990 Filme für Fernsehen und Kino (Regie)
   1993–2005 Direktion der Deutschen Film- und Fernsehakademie Berlin
   ab 2005 Ruhestand

Es gibt Ereignisse in seinem Leben, die man als besondere Höhepunkte bezeichnen kann. Dazu gehört natürlich der Goldene Bär der Berlinale 1986 für den Film STAMMHEIM, der gegen den Willen der Jury-Präsidentin Gina Lollobrigida ausgezeichnet wurde. Im Juli 2005 erhielt Reinhard Hauff den Ehrenpreis des Deutschen Filmpreises. Die Veranstaltung fand in der Berliner Philharmonie statt. Die Laudatio auf den Ehrenpreisträger teilten sich drei Redner: Bernd Eichinger, Helmut Dietl und Uli Felsberg. In seiner Dankesrede forderte der Geehrte das Land Berlin auf, die Film- und Fernsehakademie auch weiterhin zu fördern und empfahl dem Nachwuchs: »Geben Sie sich nicht zu schnell zufrieden und lassen Sie sich nicht zu früh vereinnahmen. Suchen Sie Ihren eigenen Stil. Guter Stil ist, wenn man etwas zu sagen hat.«

Als sich Reinhard Hauff von der dffb verabschiedet, versammeln sich im Filmhaus am Potsdamer Platz so viele Fans, dass die Halle vor den Arsenal-Kinos dafür zu klein ist. Und an der Filmhaus-Fassade hing wochenlang ein Poster, auf dem der ehemalige Direktor wie ein indischer Guru auf die Stadt blickt. 2006 kehrt er mit seiner Lebensgefährtin Christel Buschmann nach München zurück. Ihre Wohnung in der Isabellastraße in Schwabing ist ein Heimathafen. Der schönste Ankerplatz ist die Küche.

Egon Netenjakob

Zu Erkenntnissen kommen

Reinhard Hauff und seine Filme

Für meinen Versuch über Reinhard Hauff fällt mir zuerst das Stichwort »Beharrlichkeit« ein. Wenn ich die Liste seiner Filme durchgehe, mir die Themen vergegenwärtige, mir einzelne Szenen vorstelle, begegne ich jemandem, der über alle Moden hinweg beharrlich an bestimmten Problemen arbeitet, die ihn zutiefst beschäftigen, mit denen er in dem einen Film nie ganz fertig wird.

Mein Bild von Hauff trifft am wenigsten der Filmregisseur Max in DER HAUPTDARSTELLER (1977). Mit Vadim Glowna in Hauffs Rolle wird zwar eine schmerzliche persönliche und handwerkliche Erfahrung nacherzählt und bedacht, Max benennt zwar im Interview seine gesellschaftliche Verantwortung mit Worten, die auch Hauff so hätte sagen können, er bewegt sich ähnlich empfindsam und zugleich auf seinen Einsichten beharrend, aber dennoch ist dieser Max nur eine Figur mit Hauff'schen Zügen und kein Selbstporträt. Unformuliert bleibt, was Reinhard Hauff zum Künstler und zum Intellektuellen macht. Um den Laiendarsteller Pepe geht es nämlich hauptsächlich, das Bild von den Dreharbeiten ist von dessen Sicht bestimmt, und es interessiert deshalb nicht der kontinuierliche Kampf des Regisseurs in der Arbeit um die subjektive Wahrheit über seine Figur und über die Lebensumstände, die sie geprägt haben. Wie der Pepe zugleich der Paule aus PAULE PAULÄNDER (1976) ist und es auch nicht ist, weil die Wahrheit nicht nachahmend formuliert werden kann, weil die Wahrnehmung Grenzen hat, das ist eine handwerkliche Frage, die den Filmemacher angeht, aber nicht sein Publikum. Meine Vorstellung von Reinhard Hauff ist einer anderen Kunstfigur näher, bei der keine äußere Ähnlichkeit besteht und keine innere beabsichtigt ist, dem von Bruno Ganz dargestellten Hoffmann in MESSER IM KOPF (1978). Es ist der Mann, der durch einen Gewaltakt seine Erinnerung verloren hat und der in einer Kaspar-Hauser-Situation beharrlich darum kämpft, sie zurückzugewinnen. Nicht auf eine Art, die rekonstruiert, sondern auf eine, die befreit, weil sie aus Eigenem und unabhängig neu konstruiert.

1939 geboren zu sein, wie Reinhard Hauff, wie Burkhard Driest, sein Darsteller und wichtigster Autor, wie Volker Schlöndorff, mit dem Hauff die Bioskop-Film betrieb, wie der Kollege Hark Bohm, der gelegentlich mit-

MESSER IM KOPF, 1978.
Bruno Ganz

wirkt, das ist für einen Deutschen eine extreme Generationserfahrung, bedeutet sie doch, die Kindheit in einer Zeit verbracht zu haben, in der die Gewalt herrschte, in der das Schrecklichste in den Lebensläufen der Erwachsenen die militärischen Siege waren.

Wer in Polen, Frankreich, Russland, Norwegen, auf dem Balkan, im eigenen Lande Privilegien genoss, während gleichzeitig die größten Verbrechen der deutschen Geschichte geplant und ausgeführt wurden, verlor den Kontakt zur Wirklichkeit, blieb deshalb nur scheinbar verschont. Die moralischen und geistigen Verluste der Elterngeneration brachte Kinder in eine schizophrene Situation: Während die Familie harmonisch bestehen bleibt, wird der Zusammenhang zwischen Familie und Gesellschaft zerrissen. Die Eltern können, was vorgeht, nicht erklären, die Kinder können es nicht begreifen. So reißen Traditionen ab.

Hauffs Familie stammt ursprünglich aus dem Schwäbischen und hat eine protestantische Tradition. Seinen Eltern war ihre religiöse Bindung so wichtig, dass sie ihr tätiges Leben mitbestimmte. Die Freundlichkeit des Vaters, sein leiser Humor wurzelten ebenso darin wie die aktive Caritas der Mutter. Beides hat den Sohn Reinhard nachhaltig beeindruckt. Der älteste der drei Söhne ist Theologe und folgt damit einer Reihe von evangelischen Pfarrern in der Familie nach. Ferner gab es Ärzte, Apotheker, einer war ein noch heute bekannter Dichter: Wilhelm Hauff.

Der Vater hatte als Beamter der mittleren Laufbahn an der Nazi-Ideologie keinen Anteil. Dass es ihm jedoch nicht ansatzweise möglich gewesen war, Widerstand zu leisten, brachte den empfindlichen Sohn später in Gegensatz zu jener religiös-quietistischen Haltung. Nicht zufällig fußte sein wichtigster Schulfreund, Peter Glotz, auf einer anderen Tradition, der Arbeiterbewegung. Nach dem Krieg war der Vater für das Siedlungswesen zuständig und setzte sich für die Belange der Flüchtlinge ein.

Die Mutter hatte eine gute Stimme und sorgte dafür, dass der Kinderchor auch in der »Irrenanstalt« sang. Reinhard wusste schon als Kind, dass ein Behinderter ein ganz normaler Mensch ist. Auch zwischen dem Bedürfnis des Filmregisseurs, sich für Außenseiter einzusetzen, und der Fürsorge der Mutter für Randständige lässt sich eine Linie ziehen.

Hauff, 1939 in Marburg geboren und in der großartigen Elisabeth-Kirche getauft, wuchs in Göttingen und Hannover auf. Nach dem nicht beendeten Studium arbeitete er ab 1962 als Volontär bei der Bavaria, war Assistent von Michael Pfleghar und Rolf von Sydow, inszenierte zwischen 1966 und 1969 mehr als ein Dutzend Shows. Mit dem Filmmusical LINIE 1 (1988), nach der Inszenierung des Berliner Grips-Theaters, knüpft er an seine Anfänge als Show-Regisseur an, auf seinen Interessen beharrend: Die West-Ost-Linie endet vor der Mauer im sozialen Problemkiez Kreuzberg.

Bei Pfleghar hatte Hauff gelernt, der deutschen Geringschätzung der Unterhaltung mit virtuosem Handwerk zu trotzen. Und es fehlten auch nicht die Inhalte. Noch sein letztes Show-Porträt JANIS JOPLIN (1970) war eine Arbeit, die ihn faszinierte. Wie diese radikale Sängerin – ein weiblicher Jimi Hendrix – ihren persönlichen Ausbruch aus den Konventionen den Leuten ins Gesicht schrie, die Kraft, mit der sie formulierte, was sie fühlte und sah, darin war sie ein Stern in der Richtung seiner Wünsche. Die verbanden sich jedoch auch mit Inhalten, die er nicht in der Show-Form ausdrücken konnte.

Der Augenblick des Starts in den Regisseur-Beruf war ein besonderer Zeitpunkt. Er wurde davon mitbestimmt, dass sich die junge Demokratie endlich bewegte, am sichtbarsten an den Universitäten, dass in den Kneipen heiß über Vergangenheit, Gegenwart und Zukunft diskutiert wurde wie seit Weimarer Zeiten nicht mehr, dass diese Diskussion sich mit fantasievollen Aktionen auf der Straße fortsetzte. Engagement war gefragt, und Hauff hatte das Bedürfnis, sich zu engagieren, in seiner Arbeit. Die wichtigen Leute des WDR und der Bavaria, Günter Rohrbach und Helmut Krapp, die seine Anfänge mit Sympathie gefördert hatten, ließen ihn, weil er drängte, seinen ersten Dokumentarfilm drehen.

Die Sicht des 30-Jährigen auf die Vergangenheit in der Gegenwart ist konkreter als die der meist jüngeren Politik-Entdecker, er geht nicht von den großen Gedanken aus, sondern von der Wirklichkeit, die er mit den Gedanken im Kopf sieht. In UNTERMANN – OBERMANN (1969) lässt er drei ältere Männer, die er beim Fernsehen als Kabelträger kennenlernte, ihre Geschichte erzählen. Der Untermann und der Obermann sind die beiden Artisten Emil L. und Walter W. aus Sachsen, die in der Weimarer Republik im Zirkus und in Varietés gearbeitet haben, in der Nazizeit die Soldaten unterhalten mussten und nach dem Krieg in Bierzelten und Kneipen tingelten. Dazu kommt der Sänger Hans B. als dritte Person.

Hauff hat Spaß an dem Sächsisch-Anekdotischen. In seiner Auswahl aus den aufgenommenen Erzählungen sucht er die leise Komik in der Normalität, etwa in der Haltung, in der Not sich selber der Nächste zu sein und sich für »gute Butter« nach der Decke zu strecken. Dies polemisch und besserwisserisch zu montieren, liegt ihm fern. Er arrangiert, ohne überhaupt zu kommentieren, sucht im Material allerdings zugleich nach den »Augenblicken der Wahrheit«, in denen »unter der Oberfläche des Gesagten Persönlichkeits- und Bewusstseinskerne sichtbar« werden.

Die APO von Kulmbach sorgte auf dem Festival in Hof dafür, dass dieser »affirmative Scheiß« nicht weiter vorgeführt wurde. In den strengen Zeiten der Außerparlamentarischen Opposition mochten politisch bewegte junge Zuschauer nicht so nuanciert auf Menschen hören, deren Interessen sie theoretisch so vehement vertraten. Dem Regisseur nahmen sie es übel, dass er die Ideologie hinter den Worten nicht analysierte. Ein kleiner Generationsunterschied und große Missverständnisse.

Hauff ist kein Theoretiker, ist es auch nicht in seinen späteren Filmen, wenn unter Theorie verstanden wird, dass jemand seine Einsichten gern in Worte fasst. Er versucht zwar immer, die Strukturen der vorgefundenen Realität zu erforschen, aber gerade weil ihn der Prozess des Sich-Annäherns, des Entdeckens und Erkennens selber so fasziniert, mag er nicht Resultate liefern. Stattdessen versucht er seine Filme so zu bauen, dass auch der Zuschauer den Weg von der realen Situation zu ihrer Erkenntnis selber noch einmal gehen kann. Ohne die Umwege, versteht sich.

Schmerzte die Infragestellung von »Linken«, so traf der nachfolgende Film, DIE REVOLTE (1969), sogar bei Freunden und Kollegen auf Unverständnis, weil er die APO selber zum Thema machte, ohne sie jedoch zu idealisieren. Das Drehbuch erarbeitete Hauff zusammen mit seinem Freund Peter Glotz. Die beiden Hauptfiguren sind ganz normale Angestellte, denen mit antikapitalistischer Analyse nicht zu helfen ist: »Die sitzen jahrelang in einem Büro und merken gar nicht, wie trostlos das ist. Plötzlich kommt einer und macht sie darauf aufmerksam. Dann mucken sie ganz schnell auf und machen ganz schnell alles falsch. Weil sie nie gelernt haben, wie man es richtig machen könnte« (Hauff). Den revoltierenden 25-jährigen Sachbearbeiter Hartenstein (Hans Brenner), der den Kram hingeschmissen hat, bringen ein fundamentalistischer Guru vom SDS und die Teilnahme an politischen Aktionen nur zwischen die Fronten. Weil an ihn nicht gedacht ist, verliert er seine Identität. Er wird kriminell, er bringt sich um.

Indem Hauff mit Glotz gegen den vorherrschenden Illusionismus darauf bestand, dass die Dinge in der Realität kompliziert sind (Kritiker Werner Kließ über den Film: »Die Diskussionen sind authentisch, das heißt: umständlich, sie zeigen die Schwierigkeiten der Willensbildung unter Anti-Autoritären«), wurde er in der linken Szene als »konterrevolutionär« und als ein »Abweichler« verdächtigt.

Hauffs Filme machen Klassenschranken sichtbar, nicht mit ideologischen Formeln, sondern am konkreten Beispiel, nicht durch Agitation, sondern durch Beweisführung. Sowenig Hauff als Autor und Regisseur linke Patentlösungen anbieten konnte, wenn er die Probleme aus der Sicht seiner Figuren schilderte, so sehr war ein Film wie DIE REVOLTE doch bereits der praktische Versuch einer neuen Art von Zusammenarbeit, die möglichst viele Mitarbeiter an den Entscheidungen beteiligt.

Der Regisseur bestimmt nur noch, indem er seinen Informationsvorsprung aus der Vorbereitung einbringt. Regie ist nicht mehr Diktat, sondern besteht aus Beobachten, Zuhören und Koordinieren. Zum Vorgang des Inszenierens gehört der lebendige Austausch. Die Schauspieler sollen nicht fertige Texte »wie die Idioten nachplappern« (Hauff), sondern jede Szene, bevor sie aufgenommen wird, vor Ort mitdiskutieren. So lange, bis sie spontan und mit neu formulierten Texten gedreht werden kann. Innerhalb des festgelegten Rahmens improvisierte auch der Kameramann Wolfgang-Peter Hassenstein, mit dem Hauff schon seine Shows aufgenommen hatte. »Etwas Zusätzliches, das wir vorher noch nicht gewusst hatten« (Hauff), war der Gewinn dieser Arbeit, die sich bemühte, alle produktiven Kräfte einzubeziehen.

Das Generationserbteil einer tiefgehenden Verunsicherung zwingt dazu, sich zu vergewissern. Skepsis macht langsam und vorsichtig, jeder Schritt will überdacht sein. Wenn Hauff über seine Arbeit berichtet, schildert er,

Die Revolte, 1969. Katrin Schaake, Marquard Bohm, Hans Brenner

wie er mit jedem Film versucht hat, einen Bereich so genau wie irgend möglich zu begreifen und das Verhalten der Menschen darin, bis in »ihre Gesten, ihre Blicke, ihre Pausen«.

Dass er selber nicht schreibt, liegt daran, dass er es fast für unmöglich hält, zu Beginn einer Arbeit seine Position zu einer Thematik schon so weit festzulegen, wie das ein Drehbuch nun einmal verlangt. Also geht er von Vorgefundenem aus. Er hat für sich die Fähigkeit entwickelt, genau die Vorlagen aufzufinden, die das, was ihm am Herzen liegt, formuliert haben. Hauff mag keine fertigen Drehbücher, weil er – um selber überzeugt zu sein und glaubwürdig arbeiten zu können – den Prozess von der Erfahrung zu ihrer Formulierung, den schwierigen Vorgang ihrer Verdichtung, noch einmal nachvollziehen muss.

Die Autoren liefern nicht nur zu, sie sind ihm als Partner wichtig. In der Vorbereitung und im Verlauf der Inszenierung wird er zum Mitautor. Seine Drehbuchautoren sind daher Schriftsteller, die an Kommunikation, am freundschaftlichen Sich-Mitteilen interessiert sind. Ein intensiver Austausch muss entstehen, der sich bis in die Dreharbeiten hinein kontinuierlich fortsetzt und dann die Arbeit mit den Schauspielern prägt. Auch in der Phase des Inszenierens geht es nicht nur um die Form, in der ein Inhalt auszudrücken ist, sondern immer auch noch um den Inhalt selber. Hauff: »Natürlich gebe ich eine Richtung an, natürlich bestimme ich die Ästhetik, […] aber ich bin bei Gesprächen und bei Inszenierungen immer total abhängig davon, dass alle mitdenken.«

Ein *work in progress* findet statt, das eigentlich auch in der letzten Formulierung am Schneidetisch noch nicht beendet ist, weil nichts Wichtiges endgültig formuliert werden kann, wenn man so nahe an den widersprüchlich bleibenden Einzelheiten ist. Hauff macht keine perfekten Filme. Es bleibt etwas offen, das nachwirken kann. Es bleiben Zweifel. Gründlichkeit bewirkt eben nicht, dass eine Fragestellung abgehakt ist, sondern sorgt im Gegenteil dafür, dass sie erhalten bleibt. Schwerpunkte verlagern sich.

Hauffs Befindlichkeit prägt die Figuren seiner Filme. Immer wieder versuchen auch sie in irgendeiner Form, sich neu zu orientieren. Oft ist der Hauff'sche Held ein Mensch, der etwas Ideales will, aber an den Verhältnissen scheitert. Es fällt Hauff leicht, sich mit Menschen zu identifizieren, die in abgründige Lebenssituationen geraten. In AUSWEGLOS … AUSSAGEN ÜBER EINEN LEBENSLAUF (1970) erzählt er – Buch: Martin Walser – einen realen Kriminalfall, die Geschichte einer Frau, die in einer »ausweglos und übermächtig empfundenen Situation« (Urteilsbegründung) ihre Nebenbuhlerin erschoss.

In OFFENER HASS GEGEN UNBEKANNT (1971) beschäftigt er sich mit einem jungen Mann, der 1967 seine Freundin niedergestochen hat, und nennt im Titel das schwierig zu erfassende Motiv, einen allgemeinen Hass, der durch Unterdrückung im Elternhaus, in den Erziehungsheimen erzeugt wurde und der dann in dem auf Vergeltung statt auf ein Zurückholen in die Gesellschaft zielenden Strafvollzug weitergezüchtet wird. Vor der Straftat hatte er seinen Hass gegen sich selber (Suizidversuche) gerichtet. Hauff betreibt Ursachenforschung.

Der Anlass in MATHIAS KNEISSL (1971) ist die Hinrichtung eines 26-Jährigen im Jahre 1900. Zusammen mit dem Autor Martin Sperr (*Jagdszenen aus Niederbayern*, 1965) entwickelt er eine andere Art von Heimatfilm (dem erfolgreichsten Genre der 1950er Jahre). Gegen die üblichen romantisierenden Lokalgeschichten wird angegangen, weil gerade in der Provinz die Neigung der Gesellschaft, ihre Minderheiten zu diskriminieren, besonders krass ist. Nach seinem Tod ein bayerischer Volksheld, wurde Kneißl vorher samt seiner Familie benachteiligt, verachtet, verfemt, aus der Dorfgemeinschaft

Reinhard Hauff und seine Filme

MATHIAS KNEISSL, 1971. Hans Brenner

MATHIAS KNEISSL, 1971. Hans Brenner

ausgestoßen: weil sie Ausländer waren. Der Weg über Diebstahl und Wilderei zu Gewalt und Totschlag ist als zwangsläufig nachzuvollziehen.

Die Absicht, ein konventionelles Genre umzudrehen, führt zu einer bewusst künstlichen Form. Unter den Mitspielern sind die Regisseure Fassbinder und Schlöndorff, auch Wirth, der Autor Sperr, der Kritiker Kließ, die Schauspielerinnen Hanna Schygulla und Eva Mattes, der Schauspieler Kurt Raab – neben Walter Sedlmayr, Gustl Bayrhammer. Die Gruppierung zeigt einen historischen Augenblick der Übereinstimmung unter westdeutschen Künstlern und Intellektuellen, zum Beispiel darüber, dass Verhältnisse, wenn sie nur hinreichend erkannt und genau genug beschrieben werden, auch verändert werden können.

Ein wesentliches Motiv, sich mit den Unterprivilegierten und an den Rand Gedrängten zu beschäftigen – wie hier mit dem Kneißl-Hias –, ist die Hoffnung, zu Fortschritten beizutragen. Heute, in einer skeptischeren Zeitstimmung, wird der »kritische Realismus«, den Hauff anstrebt, manchmal als Pessimismus missverstanden. Für ihn selber bedeutet die Anstrengung, seine Geschichten aus den kleinen und größeren Alltagstragödien (und -komödien) abzuleiten, sie an der Wirklichkeit zu überprüfen, das Gegenteil.

Ein Realismus, der analysiert, der versucht, Formen zu entwickeln, die Gründe für menschliches Unglück aufzuzeigen, die Bedingungen des Scheiterns zu beschreiben, fordert nicht auf zu resignieren, sondern drängt darauf, sich nicht zufrieden zu geben. Formal hat dieser Realismus wenig mit bloßer Nachahmung zu tun. Es geht nicht darum, »äußere Ereignisse [...] genau nachzuzeichnen, sondern das ›äußere‹ Material der [...] Wirklichkeit so anzuordnen, dass die inneren Beziehungen und die gesellschaftliche Bedingtheit der Verhaltensweisen etc. erfassbar werden« (Autor Driest anlässlich von DIE VERROHUNG DES FRANZ BLUM, 1974).

In HAUS AM MEER (1973) ist es eine 30-jährige Kellnerin (Hanna Schygulla), die sich neu orientieren will. Der Film zeigt ihren vergeblichen Kampf um Glück und Unabhängigkeit. Sie träumt von Reichtum, von einem am Meer gelegenen Haus, in dem sie eine Pension betreiben möchte. Die Unkosten bringen sie jedoch wieder in alte Abhängigkeiten. Ihre Flucht in eine romantische Liebe führt in neues Unglück und überdies ist sie nun schwanger. Ein älterer Industrieller bietet Rettung, aber nicht das erhoffte Glück.

Ein DESASTER (1973) anderer Art widerfährt einem Polizisten und einem Bankräuber, beide »Versager«, weil sie ihre Rolle verlassen haben, um einem Menschen zu helfen. In verzweifelter Situation finden sie sich zusammen und versuchen gemeinsam das »große Ding«. Die Ehefrau eines reichen Geschäftsmannes zu entführen, überfordert sie. Sie stecken in Schmutz und

Haus am Meer, 1973.
Rolf Becker (Bildmitte),
Hanna Schygulla

Haus am Meer, 1973.
Hanna Schygulla,
Paolo Bonetti

Elend und kommen nicht heraus. Weil gezeigt werden soll, wie eine verfahrene Situation sich nicht mit Gewalt verbessern lässt, versuchen Hauff und sein Kameramann Hassenstein, Kälte, Schmutz, Verzweiflung in die Bilder zu kriegen, »so dass Figuren, die in dreckigen Wohnungen leben, nicht brillanter erscheinen als ihre Umgebung« (Hauff).

Der Film ZÜNDSCHNÜRE (1974) gibt dem Thema Widerstand gegen das Nazi-Regime über allen Abgründen eine bestimmte Fröhlichkeit. Der Film spielt unter Menschen, »die versuchen, noch in der Unterdrückung ihre klei-

DESASTER, 1973. Dieter Laser, Klaus Löwitsch

nen Freuden auszuleben, Solidarität zu bewahren, noch in der Angst Würde zu zeigen« (Peter Buchka). Er fällt scheinbar aus dem Grundmuster.

Erzählt wird (Buch: Burkhard Driest, nach dem Roman von Franz Josef Degenhardt) das letzte Kriegsjahr in einer kleinen Stadt im Bergischen Land aus der Perspektive von Kindern aus politisch bewussten Arbeiterfamilien (Sozialdemokraten, Kommunisten). Die Kinder, »Edelweißpiraten«, arbeiten mit polnischen und russischen Zwangsarbeitern zusammen, verteilen antifaschistische Flugblätter, verstecken einen abgeschossenen englischen Bomberpiloten und eine Jüdin, prügeln sich mit der HJ. Diese Aktionen vor dem Hintergrund von Armut und politischer Verfolgung sollen zu dem bekannten Mitlaufen der Vielen in der Diktatur »als Ergänzung gleichsam ein paar positive Haltungen« (Hauff) vorführen. Aber auch hier zeigt er »keine Heldentaten, keine heroischen Aufschwünge«, stellt nicht den »großen Helden« heraus, sondern – realistisch – »immer Gruppen, die handeln«.

Wichtig für Reinhard Hauff und folgenreich ist die Zusammenarbeit mit seinem Jahrgangskollegen und ehemaligen Mitschüler Burkhard Driest. Dessen Roman *Die Verrohung des Franz Blum*, nach eigenen Erlebnissen als Gefangener im Zuchthaus Celle, ist für Hauff eine außerordentlich anre-

ZÜNDSCHNÜRE, 1974. Kurt Funk, Thomas Visser, Michael Olbrich, Bettina Porsch

gende Vorlage, weil sie die Frage der Gewalt, die in allen seinen Filmen eine Rolle spielt, auf eine ganz neue Weise stellt.

Das liegt in der Person von Driest begründet, der als ein Alter Ego ähnliche Anschauungen vertritt wie Hauff sie hat, aber nicht behutsam, sondern aggressiv, der keine Scheu davor hat, notfalls unsympathisch zu erscheinen. Mit Driest als Mitarbeiter steigert Hauff Direktheit und Radikalität seiner Filmarbeit. Während die öffentliche Diskussion über die Reform des Strafvollzugs sich bereits abschwächt, demonstriert der Film 1974 noch einmal, wie notwendig es ist, die im Knast als das anzusehen, was sie sind: normale Menschen mit extremen Bedingungen.

Gedreht wird unter anderem im Moorlager Lührsbockel, in dem Driest als Gefangener arbeiten musste. Die Methode, sich bei der Filmarbeit der Realität so intensiv wie möglich auszusetzen, strapaziert alle Beteiligten bis an ihre Grenzen. Aus den Überschneidungen und Widersprüchen zwischen Drehbuch und Lagerwirklichkeit »ergaben sich ständige Diskussionen zwischen ehemaligen Strafgefangenen, Schauspielern, dem Regisseur und mir« (Driest).

Egon Netenjakob

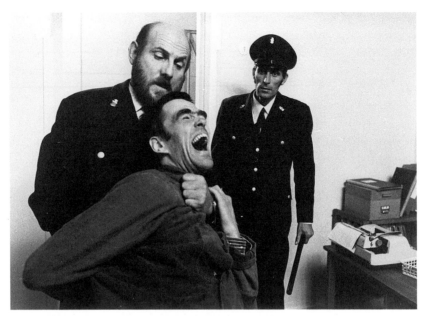

Die Verrohung des Franz Blum, 1974. Eike Gallwitz (Bildmitte)

Die Verrohung des Franz Blum, 1974. Jürgen Prochnow, Burkhard Driest

Strapaziöser noch waren die Dreharbeiten im Gefängnis Fuhlsbüttel mit wirklichen Strafgefangenen. Driest berichtet, wie z. B. der Schauspieler des Bielich (Eike Gallwitz) fast einen Nervenzusammenbruch erlitt, weil die Strafgefangenen zwischen ihm und der Figur nicht mehr unterschieden und einen wirklichen Hass auf ihn entwickelten. Der Film zeigt »die Geschichte der Verrohung eines Menschen in einer verrohenden Institution« mit drei Hauptfiguren, dem brutalen Schläger Tiger-Kuul (Driest), dem Idealisten Bielich – ein herzkranker Intellektueller, der sich nicht anpassen kann und will und zu Tode gehetzt wird – und der in der Gefangenen-Hierarchie aufsteigenden Titelfigur (Jürgen Prochnow). Franz Blum hat die Spielregeln erkannt, er beherrscht den Handel, erringt Macht und wird auch noch »wegen guter Führung« vorzeitig entlassen.

Sein Bestreben, kritisch realistisch zu arbeiten, sich auf Menschen aus einer anderen Schicht einzulassen, setzt Hauff fort mit PAULE PAULÄNDER. Als er, bedrückt von den realistischen Gefängnis-Verhältnissen, den Wunsch nach einem Sommer auf dem Lande äußert, erinnert sich Driest an den Sohn eines verarmten katholischen Kleinbauern, den er im Knast kennengelernt hatte. Dessen Kindheit war bestimmt von Unterdrückung durch den Vater, den Lehrer, den Pfarrer. »Schon in dieser Kindsituation war die Revolte in ihn gelegt worden. Sie hatte dahin geführt, wohin jeder mit physischer Gewalt individuell geführte Kampf führen muss: ins Zuchthaus« (Driest).

Hauff und Driest, damals Mitte 30, waren wieder bei ihrem Thema »alltägliche Gewalt und deren Ursachen«. Paule ist ein Opfer, das am Ende aus Hilflosigkeit selber gewalttätig wird, aber anders als Franz Blum nicht die Möglichkeit hat, sich selber zu helfen. Auch der gesellschaftliche Hintergrund war klar: Paules Vater ist einer der Bauern, die praktisch sehr unterbezahlte Lohnarbeiter sind, sich aber als »Eigentümer« von Produktionsmitteln fühlen und damit ideale Opfer einer Strategie der zuliefernden Industrie sind, die darin besteht, »das Eigentum der Form nach unangetastet zu lassen« (Driest) und auf die Bereitschaft zur Selbstausbeutung zu setzen. Der Vater gibt den so entstehenden Druck an den Sohn weiter.

Ein Berufsschauspieler kam für die Rolle des Paule nicht infrage, denn die Erfahrungen, um die es Hauff ging, würde ein Mittelständler kaum darstellen können. Es gibt eine ausführliche und lesenswerte Schilderung Hauffs von der langen und aufwendigen Suche nach dem geeigneten Darsteller – bis er am Ende auf einem zum Schrottplatz umfunktionierten Bauernhof gleich beide Figuren des Drehbuchs findet. »Vater ist brutal und sentimental, Sohn schweigsam, beobachtend, lauernd, welche Stimmung beim Alten gerade überwiegt« (Hauff). Es beginnt eine intensive Zusam-

PAULE PAULÄNDER, 1976. Manfred Reiss, Angelika Kulessa

menarbeit mit den Laien, die die Situation des Drehbuchs seit vielen Jahren aus täglichem Erleiden kennen.

Driest und Hauff ziehen auf den Bauernhof. Driest macht heimlich Tonbandaufnahmen. Eine Durchdringung von Wirklichkeit und Fiktion entsteht: Das Drehbuch wird nach stunden- und tagelangen Gesprächen auf die Formulierungen der originalen Personen hin umgeschrieben und dann von ihnen gespielt. Aus der realen hilflosen Hassgeschichte zwischen Vater und Sohn erhebt sich eine fiktive Sohn-Vater-Hassgeschichte mit der Freundin Elfie aus dem Heim als einzigem Lichtblick und mit einem gewaltsamen Ende. Auch dies ein alternativer Heimatfilm: Aus den Zwängen eines Schweinemast-Vertrages entwickelt sich eine Tragödie.

Das reale Scheitern des Hauptdarstellers von PAULE PAULÄNDER bringt den betroffenen Regisseur Hauff dazu, die Rolle des Regisseurs und den Vorgang des Ausnutzens von Laien selbstkritisch zu überdenken – durchaus parallel mit der allgemein in der Gesellschaft abnehmenden Euphorie gegenüber dem, was Künstler mit politischem Engagement bewirken können.

Das Drehbuch zu DER HAUPTDARSTELLER von Hauff und Christel Buschmann, seiner Lebensgefährtin, erzählt die Geschichte noch einmal aus ande-

DER HAUPTDARSTELLER, 1977. Vadim Glowna, Michael Schweiger

rer Perspektive und an anderen Orten nach. Der Regisseur Max kämpft einen zweifach vergeblichen Kampf. Moralisch: Er kann dem Laiendarsteller Pepe (Paule) die geweckten falschen Hoffnungen nicht erfüllen; künstlerisch: Die Annäherung an die untere Klasse misslingt. Hauff: »Der Film zeigt die Widersprüche, die aufkommen, wenn sich ein Filmregisseur vornimmt, in einem für ihn fremden Milieu zu arbeiten; er zeigt die Schwierigkeit seiner Parteinahme für einen sozial Schwächeren, wenn er sie nicht nur in seiner Arbeit, sondern auch in seinem Privatleben praktizieren und verantworten muss.« Der Darsteller des Regisseurs, Vadim Glowna, empfindet das Dilemma nach: »Engagiert sind wir; wo wir politisch stehen, meinen wir auch zu wissen; was wir eigentlich gerne verändert sehen wollen, diskutieren wir ständig; nur – in eine konkrete Situation gestellt, stellen wir fest, dass wir zwar in der Theorie ganz gut sind, eine Menge Anstrengungen machen, aber in der Praxis versagen.«

Pepe kann nicht einfach geholfen werden, indem ihm seine Situation vor Augen geführt wird. Geradezu gespenstisch ist es und ein Höhepunkt der Inszenierung, wenn der geflüchtete Pepe in München in die Vorführung kommt und ihn wie gewohnt der Vater anbrüllt und zurückkommandiert,

Der Hauptdarsteller, 1977. Michael Schweiger, Mario Adorf, Vadim Glowna

diesmal von der Leinwand herab. Die Abbildung der Unterdrückung macht ihn nicht frei, stärkt nicht, wie beabsichtigt, sein Selbstbewusstsein, sondern im Gegenteil sein Gefühl von Abhängigkeit, seine Depression. Der Regisseur hat seinen Kampf gegen den Vater verloren. In einer Situation, in der die Illusionen der Kulturmacher geschwunden sind, zeigt Hauff beispielhaft, wie in der alltäglichen Gewalt eine Radikalität steckt, gegen die mit Toleranz und Menschenfreundlichkeit nicht anzukommen ist.

Viel von ihrer Qualität verdanken Hauffs Inszenierungen seiner Fähigkeit, Schauspieler über ihre Rolle hinaus inhaltlich für die Sache des Films zu begeistern. Mario Adorf spielt den Vater als eine Figur, die zum Fürchten ist, aber eben dennoch nicht einfach als negativ einzuordnen, weil immer auch zu spüren ist, unter welcher Belastung sie handelt. Hauff ist es gelungen, auch diesem großartigen Darsteller, der sich seiner Wirkung so sicher ist, noch ein zusätzliches Stückchen Genauigkeit abzugewinnen, indem er ihm vor Ort ein Stück unmittelbarer Wirklichkeit vermittelte.

Adorf sieht den Versuch, in der Fiktion die Realität zu bewahren, als handwerkliche Herausforderung: »Es geht nicht darum, zu imitieren, sondern darum, das Wesentliche […] klarzumachen […] Wie kann ich in einem Film, der ja schon wieder ein Kunstprodukt ist […], eine Realität wiederherstellen, die glaubhaft ist? Dabei kam mir eines sehr entgegen: Der Drehort war authentisch. Auf dem Schrotthof konnte ich täglich die harte Realität eines Mannes erleben, der sich und seine vielköpfige Familie mit Schrott und Schweinen über Wasser hält.« Die Auseinandersetzung aller Beteiligten mit der darzustellenden Realität zu erreichen, ist Hauffs Ziel bei der Filmarbeit. Der Zuschauer bekommt das Material einer wirklichen Geschichte zugeliefert, verdichtet und intensiviert, aber nach wie vor mehrdeutig wie die Wirklichkeit selber.

Hauffs Bezug zur Wirklichkeit ist immer der Versuch, über individuelle Konflikte hinauszusehen, sie im Zusammenhang mit der allgemeinen politischen Realität zu verstehen und darzustellen. Diese Sicht verändert sich jedoch mit den Zeiten. Mit einem anderen Autor, Peter Schneider, sieht er das für seine Arbeit zentrale Thema Gewalt aus einem anderen Blickwinkel. Sie ist nicht nur in der Gesellschaft zu entdecken und bei politischen Gegnern, sondern auch in der eigenen Person.

Messer im Kopf spiegelt, poetisch zugespitzt, diese Veränderung der Sehweise: Die Gewalt auf der Seite des Staates wird weiterhin kritisch beobachtet, aber ebenso auch Realitätsverluste bei den linken Kritikern des Systems. Wer sich neu orientieren will, muss damit bei sich selber anfangen. Schneider nennt es einen »Film über die verlorene Wahrheit« in einer Zeit, in der »mit falschen Behauptungen [...] Politik gemacht« wird und es eine »kollektive Identität« als ein Gegengewicht nicht mehr gibt.

Mit diesem – außerordentlich erfolgreichen – Film zieht Hauff die Folgerungen aus der schon in Der Hauptdarsteller formulierten Selbstkritik. Mit einer Kaspar-Hauser-Figur, die sich ideal dazu eignet. Der Kern der Handlung: Bei einer Razzia wird der Biogenetiker Hoffmann angeschossen. Die Kopfverletzung bewirkt, dass er sich nicht mehr erinnern kann. Dass er seine Wahrheit neu suchen muss, gibt ihm inmitten von rechter Terrorismus-Hysterie und linker Ratlosigkeit etwas Objektives. Sein Feind ist nicht nur der Staat in Gestalt des ebenso bedrohlich wie fast ein bisschen komisch wirkenden Terroristenhäschers (Hans Brenner), sondern auch Hoffmanns Freunde sind nicht mehr seine Freunde. Gewalt geht auch von ihnen aus, von der Frau (Angela Winkler), die ihn verlassen hat, von dem sich anachronistisch revolutionär gebärdenden Nebenbuhler (Heinz Hoenig). Die Beziehung zu dritt hatte der »normale« Hoffmann offenbar im Zuge seiner »aufgeklärten« Überzeugungen geduldet. Jetzt aber geht er zwangsläufig von sich selber, das heißt von seinen wahren Interessen aus.

Und darin liegt sogar ein Modell: »Denn auch wir werden, genau wie Hoffmann, letzten Endes unsere Ohnmacht nur dann überwinden, wenn

MESSER IM KOPF, 1978. Angela Winkler, Heinz Hoenig

MESSER IM KOPF, 1978. Angela Winkler, Heinz Hoenig, Bruno Ganz

wir unsere ureigensten Interessen wiederentdecken und dort beginnen, aktiv zu werden« (Hauff). Die Formulierung spiegelt, dass Hauffs Version der kulturellen Wende nach innen nicht resignierend gemeint ist (»Ohnmacht überwinden«) und nicht als Anpassung an die Verhältnisse, als Rückzug ins Privatleben (»aktiv werden«). Die Erkenntnis, dass jemand erst dann sinnvoll agieren kann, wenn er sich selber realistisch sieht, ist ein Ergebnis der gesellschaftlichen wie persönlichen Erfahrung.

In die Diskussionen sind, wie immer bei Hauff, auch die Schauspieler einbezogen, die ja glaubwürdig mit ihrer Person verkörpern müssen, was über ihre Geschichte hinaus mitzuteilen ist. Der herausragende Darsteller des Hoffmann, Bruno Ganz, betont die neue Lust an der Subjektivität, an der Überwindung der falschen Polarität zwischen Denken und Gefühl. Und auch er betont die Aktivität dieses Vorgangs: »Kollektive Lösungen, gesellschaftliches Verhalten – das ist mir alles zu abstrakt geworden. Hoffmann kümmert sich um sich selbst, das gefällt mir […] Er sucht seinen Gegner direkt, er stellt ihn, allein, und nicht über eine Gruppe, das bewundere ich.«

Unmittelbare Aggression gegen falsches Verhalten, den Gegner »direkt« anzugehen, ist sinnvoll und notwendig, wenn sich Situationen bewegen sollen. Wie sich Hoffmann in der letzten Szene in die Lage des Polizisten versetzt, der auf ihn geschossen hat, selber Angst hat und selber aus Angst gefährlich ist, das ist ein Stückchen der von Schneider und Hauff gewollten Neuentdeckung der Wahrheit, die gleichzeitig eine Neuentdeckung der Freiheit ist.

Denken, zu Erkenntnissen kommen, ist kein bloß passiver kontemplativer Vorgang, mutiges Handeln gehört dazu. Bruno Ganz: »Der hirnverletzte Hoffmann ist, so paradox das klingen mag, plötzlich frei, weil das geschlossene System von präformierten Gedanken durchbrochen ist, er kommt zu Einsichten, die sind so tief, richtig und wahr, wie man sie mit normalem analytischen Herumdenken gar nicht mehr gewinnen kann.« Ganz nutzt zudem virtuos die handwerklichen Möglichkeiten, die Behinderung und ihre sehr allmähliche Milderung zu spielen, wobei er von Anfang an und in jedem Moment eine psychisch kraftvolle Figur ist. Messer im Kopf halte ich für Hauffs wichtigsten Film, weil er ausgerechnet bei dem bedrohlichen Thema »Terrorismus und Tendenz zum Polizeistaat« eine Leichtigkeit gewinnt, die intelligent und menschlich ist, ohne etwas zu verharmlosen oder zu dramatisieren.

Für Hauff ist Mut eine wichtige Kategorie. Die 1980er Jahre geben ihm das Gefühl, mit den eingepflanzten Ängsten umgehen, alles riskieren zu können, nicht mehr von der eigenen Sensibilität, die seine Filme positiv bestimmt, weil sie ihm Zugang zu so vielen menschlichen Situationen verschafft, zugleich auch zurückgedrängt zu werden. Mutig zu sein bedeutet, sich gegen alle Widerstände zu behaupten. Jetzt scheitern die Hauff'schen Helden nicht mehr wie in den frühen Filmen, sondern sie behaupten sich zugleich, weil sie mit ihrem Eigensinn nicht mehr beiseite zu drängen sind. Ein Zugewinn an handwerklicher Freiheit färbt die Geschichten. Der leise Humor, den es an Stellen immer schon gegeben hat, wird deutlicher.

Wieder nach einem Buch von Schneider entsteht DER MANN AUF DER MAUER (1982). Deutschland, eine absurde Situation: Es gibt keinen Grund, sich in einem der beiden Teile zu Hause zu fühlen, und es gibt auch keinen Grund, die Wiedervereinigung zu wollen. Ein nationales Thema, aber kein nationaler Film. Nicht unbedingt die Berliner Mauer soll überwunden werden, sondern in der Fortsetzung von MESSER IM KOPF zuerst der »Beton in den Köpfen«.

Wieder geht einer von sich selber aus. Der Mauerspringer Kabe will vom Osten in den Westen und vom Westen in den Osten, für ihn gibt es kein Zuhause. »Wo ich bin, da will ich nicht bleiben«, sagt er, »wo ich herkomme, da will ich nicht hin.« Hauff: »Kabe ist keinem der beiden Systeme verhaftet, die ihre Energie doch nur aus der Absperrung gegenüber dem jeweils anderen Deutschland beziehen.« Der Nebensatz mit der »Energie aus der Absperrung« skizziert einen interessanten Gedanken, der eine Schwäche der westdeutschen wie der ostdeutschen Kultur erklärt. Und gleichzeitig die Absicht des Films, gegen diese Schwäche anzugehen, methodisch zu versuchen, die eigene Wahrnehmung zu entgrenzen, lähmende Denk- und Gefühlsstrukturen zu überwinden. Hauff macht das deutlich, indem er Kabe mit Hoffmann vergleicht: »Der Weg zurück als der Weg nach vorn, wieder bei Null anfangen [...] Beide haben sie ihre Identität verloren [...] das ist ihre Tragik. Aber beide, und das ist ihre Chance, haben eine mich faszinierende Dimension dazugewonnen: die Unschuld der Wahrnehmung«. Es geht also wieder um Erkenntnis.

»Kabes Kraft«, erklärt Marius Müller-Westernhagen, der Darsteller, »ist seine Naivität. Anfänglich ist er weder Idealist noch Fanatiker, er sieht nur vor sich eine Mauer und ist beseelt von dem einen Gefühl und dem einen Gedanken: Er will die andere Seite sehen. Diese Sehnsucht ist die Wurzel seiner Taten.« Und wie Bruno Ganz die Rolle des Hoffmann, so inspiriert Müller-Westernhagen die Rolle des Kabe: »Es gibt Momente beim Spielen, in denen ich genau weiß, ich bin total identisch mit dem, was ich gerade mache [...] Bei Kabe gibt es sie (diese Momente) nun ununterbrochen [...] Dass einer aus Überzeugung versucht, Mauern beiseite zu schaffen, kommt mir sehr nahe«.

Der Mann auf der Mauer, 1982. Marius Müller-Westernhagen

Hauff hat die Mauerspringer-Geschichte wie auch die Hoffmann-Geschichte ihrer metaphorischen Qualität wegen verfilmt. Andererseits, der Autor Peter Schneider weist darauf hin, ist Der Mann auf der Mauer gerade in der Abwegigkeit als eine Berliner Geschichte realistisch: »Die Mauer ist ja selber ein ziemlich extremes Gebilde und setzt in manchen Leuten eine Unmenge an Energie, Phantasie und Wahnsinn frei«.

Der Film Endstation Freiheit (1980) hingegen betrachtet die andere Seite, die Grenzen, die jenseits entwickelter Individualität und Wahrnehmung durch die Verhältnisse gesetzt sind. Mit einem Manuskript von Burkhard Driest setzt Hauff die Geschichte des Franz Blum fort, in der Figur des Nick Dellmann, den Driest selber spielt. In der Form eines unterhaltenden Kriminalfilms werfen Hauff und Driest einen sarkastischen Blick auf die westliche Kultur, in der die »Freiheit« eine Endstation ist, weil der überlegene Markt jede freie Regung zu einer Geste der Anpassung umfunktioniert. So setzt der Aufstieg in der »freien« Gesellschaft als Schriftsteller dem Nick entschiedener Grenzen als der Aufstieg dem Franz Blum seinerzeit im Gefängnis. Es gibt keine individuellen Gegner mehr, die besiegt werden könnten. Dass Nick einen der Schreiberlinge, die so schreiben, wie Modern

ENDSTATION FREIHEIT, 1980. Burkhard Driest, Katja Rupé

ENDSTATION FREIHEIT, 1980. Irm Hermann, Burkhard Driest

Talking Musik macht, handgreiflich seine Feigheit spüren lässt, hilft nichts (Hauff hat einmal den Kritiker Eckhart Schmidt geohrfeigt).

Auch der die Gesellschaft herausfordernde Antiheld – er mag so intelligent sein, wie er will – wird unweigerlich zu einer Figur in einem fremden Spiel. Nicks Fähigkeit, auf die er so stolz ist, seine Situation zu analysieren, sie gezielt zu verändern, verhindert nichts. Ein Stück erlebte Wahrheit zu erforschen und aufzuschreiben, dem ehemaligen Knastkollegen Henry ein Denkmal zu setzen, ist sinnlos geworden, weil es dafür keinen Adressaten mehr gibt, sondern nur noch einen Markt. Driest: »In einer Werbeshow begreift er (Nick), dass nicht die literarische Figur seines Freundes Henry […] der Inhalt des Interesses ist, sondern der Verkauf. Die in Sprache gehobenen Gefühle für den Tagedieb und Gaukler Henry verwandeln sich in den reinen Vorwand für die marktgerechte Verwertung des Buches. Sie ist der eigentliche Inhalt und Nick Dellmann, der harte Junge mit Lederjacke und Narben, ihre Verpackung. Dellmanns gerade gewonnene Freiheit entpuppt sich als die, seine Fähigkeiten zu Markte zu tragen.« Das aber ist noch die bessere Möglichkeit. Sein Kumpel geht in die Falle, die ihm seine Zuchthaus-Vergangenheit stellt, und bleibt bei dem Versuch, einen Millionär zu entführen, erschossen auf der Strecke.

Das Buch von Stefan Aust über den Prozess von Stammheim war ein Anlass, den Reinhard Hauff wie eine Pflicht empfand, sich mit der RAF und mit dem Prozess zu beschäftigen. Die Angeklagten sind beinahe gleichaltrig gewesen, die Kritikerin und Autorin Ulrike Meinhof fünf Jahre älter als er, Gudrun Ensslin, Andreas Baader, Jan-Carl Raspe ein, vier bzw. fünf Jahre jünger. Die Frankfurter Kaufhaus-Brandstiftung 1968, mit der alles anfing, war nur ein kleiner Schritt neben den üblichen Protesten: Gewalt gegen Sachen, als eine nicht zu übersehende Demonstration gegen grausame Gewalt, die zu diesem Zeitpunkt in Vietnam tausendfach gegen Menschen ausgeübt wurde, das war als ein Akt zivilen Widerstands logisch.

Die Verlängerung dieser Logik dagegen, die Befreiung des gefangenen Brandstifters Baader 1970, ist – denke ich – nicht mehr zu rechtfertigen, weil sie selber Gewalt neu schafft, eine Konfrontation mit der Staatsgewalt begründet, in der der moralische Ausgangspunkt verlorengeht und die Gruppe von intelligenten Moralisten nicht nur in der Propaganda der Rechten zur kriminellen Bande wird. Dennoch bleibt der Zusammenhang: Als es um die Vergangenheit ging, haben die Banditen aus gebildeten bürgerlichen Elternhäusern, die Freunde von gestern, um das Maß zu krass agiert, um das die Mehrheiten und ihre gewählten Vertreter zu bequem gewesen sind.

Man kann sie daher auch dann nicht von der Mehrheit trennen, auf die sie sich beziehen, wenn sie – die BRD mit einer Bananenrepublik verwechselnd – als Rote-Armee-Fraktion-Guerilla den Boden unter den Füßen verlieren. Die 1977 mit ihrem gewaltsamen Tod endende blutige Episode ist ein Teil der Geschichte der Bundesrepublik.

Dass der Film STAMMHEIM (1986) sich auf den Prozess beschränkt und die Geschichte nicht umfassender erzählt, liegt an den Produktionsverhältnissen. Die für die Finanzierung schwieriger Projekte unentbehrlichen Fernsehanstalten lehnten es ab, sich zu beteiligen. Für ein tabuisiertes Thema Unterstützung zu finden, ist schwer. Eine weitere Episode aus dem ständigen Kampf um Produktionsmittel, den ein Filmemacher führen muss. Jürgen Flimm, der Intendant des Hamburger Thalia-Theaters, sprang mutig als Mitproduzent und mit seinen Schauspielern ein. Bei einer sehr kurz bemessenen Drehzeit – 18 Tage, sehr wenig Geld – lag es nahe, sich darauf zu stützen, dass es Stefan Aust gelungen war, an die Protokolle des (nach drei Jahren Untersuchungshaft) zweijährigen Prozesses zu gelangen.

STAMMHEIM führt also ausgewählte Szenen aus dem Prozess vor. Stammheim richtig zu begreifen, heißt einen Kampf zu sehen zwischen zwei Arten von Realitätsverlust. Auf der einen Seite agiert eine Justiz, die sich nicht schämt, dass sie unfähig gewesen ist, auch nur einen einzigen ihrer Handlanger der Nazi-Mordfabriken zu verurteilen, auf der anderen Seite agitieren Personen, die das verweigerte Stück Moral verabsolutieren und die Republik mit der Erbsünde nicht mehr von einer Nazidiktatur, den schwachen Vorsitzenden nicht von Roland Freisler unterscheiden mögen. Richter und Staatsanwälte sind zu sehen und zu hören, die ihre Aufgabe verpassen, über das konventionelle juristische Handwerk hinaus sich um Gerechtigkeit zu bemühen, Angeklagte, die die Ankläger dämonisieren.

Die Dialoge von Stammheim, so wie sie überliefert worden sind, zeigen in originalem Wortlaut, nur verkürzt, die absurde, weil schizophrene Auseinandersetzung zwischen zwei Seiten, die – in einem Augenblick allgemeiner Hysterie – nicht willens und nicht fähig sind, einander zuzuhören, die sich anschreien, beleidigen, an der Wahrheit vorbei argumentieren und agieren, ein Trauerspiel. Mit den Dialogen ist ein Stück nackter Wirklichkeit zum Selbststudium ausgestellt.

Der Goldene Bär von Berlin für STAMMHEIM – der Kritiker Hellmuth Karasek hat ihn als »aufgebunden« bezeichnet – tröstet jedoch nicht darüber hinweg, dass durch die Verweigerung von Produktionsmitteln auch etwas verhindert wurde. Doch Reinhard Hauff ist beharrlich.

Reinhard Hauff und seine Filme

STAMMHEIM, 1986. Fred Hospowsky, Ulrich Pleitgen. Aushangfoto

STAMMHEIM, 1986. Sabine Wegner, Hans Kremer, Ulrich Tukur, Therese Affolter (mittlere Reihe), Holger Mahlich, Peter Danzeisen, Hans Christian Rudolph (untere Reihe)

Egon Netenjakob

Linie 1, 1988

Nach dem Erfolg von STAMMHEIM glückt Reinhard Hauff mit LINIE 1 ein wunderbar virtuoser Film. Auf der Grundlage seines gleichnamigen Stücks, das 1986 am Berliner Grips-Theater auf viel Zuspruch stößt, entwickelt der Autor Volker Ludwig zusammen mit Hauff einen rasanten deutschen Musical-Film mit Dialogen, Sketchen, Kabarettnummern, Couplets, Pop- und Rockmusik. Dabei profitiert Hauff vor allem bei der Auflösung von Musikszenen und in den Choreografien erkennbar von seinen Lehrjahren bei Michael Pfleghar und Rolf von Sydow. Den Realisten Hauff reizt die Künstlichkeit des Filmateliers, das literarische Cabaret mit Songeinlagen und die Gattung des aufklärerischen Jugendmusicals, in dem mit Illusionen, auch denen des Kinos, gearbeitet wird. Sunnie, ein Provinzmädchen, ist in Berlin auf der Suche nach dem Rockstar Johnnie, in den sie sich nach einem Konzert verliebt hat. Während der Fahrt in der überfüllten U-Bahn, Linie 1 von West nach Ost, erlebt sie staunend kuriose Situationen auf den Treppen, Bahnsteigen und im überfüllten Zug. Von Station zu Station inszeniert Hauff ein artistisch sich steigerndes, wildes und fröhliches Ballett der Passagiere, darunter auch »Penner, Drogis und Alkis«. Die Pflicht zur Unterhaltung ist hier nach wie vor Teil des Hauff'schen Werks.

Im Folgejahr greift er ein ausgesprochen politisches Thema auf. Er lässt seinen entschlackt inszenierten und von Dorothee Schön geschriebenen

Reinhard Hauff und seine Filme

BLAUÄUGIG, 1989. Alex Benn, Götz George

BLAUÄUGIG, 1989. Götz George

Film BLAUÄUGIG (1989) in dem von einer brutalen Militärdiktatur regierten Argentinien des Jahres 1980 spielen. Dort setzt seine Hauptperson, der erfolgreiche deutsche Kaufmann Johann Neudorf (Götz George), bei der Suche nach einträglichen Geschäften auf alte Kontakte zu argentinischen Militärs. Neudorf ist blauäugig, er sieht nicht, wie lebensgefährlich diese vor nichts zurückschreckenden »Freunde« inzwischen für ihn sind. Anders als ihr realitätsblinder Vater erkennt seine Tochter Laura, wie bestialisch und skrupellos die Vertreter des Militär-Regimes vorgehen. Sie engagiert sich im politischen Widerstand, wird verhaftet, misshandelt und ermordet. Zu spät sucht Neudorf nach seiner Tochter. Er hat keine rettenden Beziehungen mehr im Land, das von Kriminellen regiert wird. Die Machtverhältnisse sind für ihn undurchschaubar geworden. Neudorf findet seine Tochter in einer Leichenhalle. Vor ihrer Ermordung soll sie noch ein Kind geboren haben. Unter Lebensgefahr setzt er alles ein, um das jetzt von argentinischen Militärs adoptierte Enkelkind zu finden. Dabei erinnert er sich, dass er selbst als Kind von den Nazis verschleppt und adoptiert wurde. Was er in seiner Kindheit erlebte, seine eigene Geschichte, die hier wie in einem nebligen Hintergrund auftritt, scheint sich zu wiederholen. Reinhard Hauff zeigt, dass einem Frieden nicht zu trauen ist, wenn er auf Vergessen beruht. Die Hauptfigur agiert geschichtsvergessen und begreift den Polizeistaat Argentinien nicht. Sie wird dafür hart bestraft.

Hauffs letzte Regiearbeit ist 1990 die Verfilmung des 1987 erschienenen Romans *Doch mit den Clowns kamen die Tränen* von Johannes Mario Simmel. In dem international produzierten Fernseh-Dreiteiler MIT DEN CLOWNS KAMEN DIE TRÄNEN, weitgehend in Englisch gedreht, gerät die Journalistin Norma Desmond (Sunnyi Melles) während einer Zirkusvorstellung in eine Schießerei und verliert dabei ihren kleinen Sohn. Der Anschlag gilt einem Genforscher, der ebenfalls tödlich getroffen wird. Trotz des extremen Schocks lässt sich Desmond nicht von ihrer Arbeit abhalten. Bei den Recherchen, um dieses Verbrechen aufzuklären, gelingt es ihr, in das Zentrum der Genforschung vorzudringen. Hier haben Wissenschaftler auf dem Weg, ein Mittel gegen Krebs zu finden, ein Virus entdeckt, das sich als tödliches biologisches Kampfmittel missbrauchen ließe. Danach streben auch Kriminelle. Gleichzeitig hat die Wissenschaft einen Impfstoff entwickelt, der gegen das Virus immunisiert. Desmond veröffentlicht im Fernsehen die Formel des Serums gegen die tödliche Bedrohung, die damit als Waffe wertlos geworden ist – was die ganze Welt weiß, ist schlagartig für Ganoven uninteressant. In der Inszenierung mit Bedacht (und so BLAUÄUGIG ästhetisch nahe), in der Dialogführung reichhaltig, spricht der Stoff in populärer Weise über ein zu

MIT DEN CLOWNS KAMEN DIE TRÄNEN, 1990. Sunnyi Melles, Olgierd Łukaszewicz

dieser Zeit noch nicht sehr populäres Thema, das in der Luft liegt: die Gentechnologie und ihre Manipulationsmöglichkeiten, der Eingriff in die menschliche Zellteilung, die Veränderung unseres Weltbildes.

So vielschichtig und disparat sich das Œuvre Reinhard Hauffs in seinen Themen und Formen auch zeigt, im Kern ist es gekennzeichnet durch einige grundlegende, wiederkehrende Merkmale, die für sein Denken und seinen künstlerischen Anspruch durchaus als exemplarisch angesehen werden können. Angefangen bei seinen frühesten Arbeiten für die Unterhaltungsabteilung der Bavaria bis hin zu den letzten Kinoarbeiten sind es zumeist die randständigen Individuen der Gesellschaft, die an gesellschaftlichen Realitäten Scheiternden, die im Mittelpunkt seines Interesses und seiner Werke stehen. Indem er sich ihrer Schicksale vorurteilsfrei annimmt, betreibt er auf seine ihm eigene Art zwischenmenschliche Konflikt- und Ursachenforschung. Die Begrenzung persönlicher Freiheit innerhalb vorgegebener Strukturen zieht sich dabei leitmotivisch durch sein Werk. Sein Bemühen, Großes zuerst im Kleinen zu suchen, Spezifisches im Alltäglichen zu finden, ermöglicht es ihm in der Betrachtung aller individuellen Konflikte, vorherrschende Zustände innerhalb einer Gesellschaft offenzulegen. Hauffs Arbeiten bewegen sich dabei oft im Spannungsfeld zwischen gelebter Wirklichkeit und filmischer Fiktion. Die Realität wird dabei auch jenseits der Transformation ins Künstlerische ihrer Widersprüchlichkeit nicht beraubt. Empfindsames Beobachten, Zuhören und Koordinieren erscheinen im Drehprozess wichtiger als vorgefertigte Inszenierungskonzepte. Mithin orientieren sich die Formen seiner Arbeiten wesentlich an den behandelten Inhalten, ja sie werden von ihnen geradezu bestimmt. Die Arbeit mit Laien, Improvisation innerhalb eines vorgegebenen Rahmens sowie die kreative Einbeziehung aller am Film Beteiligten in den künstlerischen Schaffensprozess verleihen seinen Arbeiten vielfach eine ungeschliffene Authentizität, die sich – fernab stereotyper Darstellungsmuster – jeglicher Illusion versagt. Erst diese Art von schonungsloser Wahrhaftigkeit sich selbst, seinen Protagonisten wie auch seinem Publikum gegenüber eröffnet einen unverstellten Zugang zur Wirklichkeit, der als eine Grundvoraussetzung zur Veränderung gesellschaftlicher Missstände beitragen könnte.

Erstmals erschienen als Essay in *Cinegraph. Lexikon zum deutschsprachigen Film*, Lieferung 11, 15. Juli 1988, erweitert und aktualisiert sowie in der Rechtschreibung angepasst.

Rolf Aurich, Hans Helmut Prinzler

Von der Fernsehshow zur filmischen Authentizität

Gespräch mit Reinhard Hauff

Rolf Aurich: Beginnen wir mit der Deutschen Film- und Fernsehakademie Berlin, die Sie von 1993 bis 2005 leiteten. Ihr Name spielt eine Rolle in mehreren Filmen, die an der dffb entstanden sind. Ich nenne die Beispiele Kleine Kreise von Jakob Hilpert (2001) und Hab mich lieb! von Sylke Enders (2004). Waren Sie dabei Produzent oder Mitproduzent? Oder ist Ihr Name genannt, weil die dffb als Produzent dahinterstand?

Reinhard Hauff: Die dffb war dann immer der Produzent. Bei manchen Filmen habe ich mehr Einfluss genommen, bei anderen weniger. Bei Lars Kraume war es zum Beispiel eine ganze Menge. Es gab allerdings einige Leute, Jan Ole Gerster zum Beispiel, der spielte fast überhaupt keine Rolle damals, und plötzlich realisiert er so einen Film wie Oh Boy (2012), den kann man mögen oder nicht, aber dieser letzte Film, Lara (2019), ist sehr beachtlich. Und dann gibt es eine Menge anderer guter Leute. Eine meiner größten Überraschungen an der dffb war ein Film von Felix Randau, der an der Schule fast nichts richtig hingekriegt hat, aber plötzlich macht er einen langen Spielfilm über diesen Ötzi, Der Mann aus dem Eis (2017), mit Jürgen Vogel in der Hauptrolle. Ein erstaunlicher Film. Randau sagt, er habe außergewöhnliche Angebote aufgrund dieses Films. Bei einer Vorführung in München waren alle im Kino zunächst ein bisschen albern, dachten, die Figuren könnten nicht reden oder quatschten eine Fantasiesprache. Das Publikum erwartete etwas ganz Schräges. Plötzlich aber wurde es leise, immer faszinierter. Die Leute waren am Ende mucksmäuschenstill. Der Film hat durch einen wunderbaren Schnitt beinahe die Qualität des Films von Jean-Jacques Annaud, Das Feuer (La Guerre du Feu, 1981). Keiner hatte ihn erwartet, einen solchen Versuch, eine Gesellschaft aufzuzeigen, wie sie entsteht, wie Eifersucht, wie Macht entsteht durch den Besitz von Feuer und die Fähigkeit, damit umzugehen. Diesen Film hat er völlig abseits mit irgendwelchen Produzenten aus Bozen hergestellt, die wenig Filmerfahrung hatten, auf ganz merkwürdige und stille Weise hat er den hingekriegt. Dann gibt es noch den Christoph Röhl, der den Missbrauchsfilm über die Odenwaldschule gemacht hat, Die Auserwählten (2014). Er hat anschließend einen interessanten Film gedreht – im Grunde die Geschichte von dem Papst Benedikt, Verteidiger des Glaubens (2019). Darin setzt er sich auseinander mit der Rolle, die ein Papst spielt als Mensch und als Theologe, auch als Dogmatiker in der katholischen Kirche, ein ganz ernsthafter Film. Über die Filme dieser Leute freue ich mich. Was mir besonders gefällt ist, wenn die da vorn auf der Bühne stehen und intelligente Antworten geben, differenziert, und wenn sie auch ihre Selbsteinschätzung einbringen. Eine beeindruckende Frau ist auch Emily Atef, die den interessanten Film über Romy Schneider (3 Tage in Quiberon, 2018) realisiert hat.

RA: Emily Atef hat auch einen Tatort verantwortet. Ich finde es auffallend, wenn Leute keine Grenze ziehen zwischen Kino und Fernsehen.

RH: Die müssen ja überleben. Das ist immer das Problem. Ich wundere mich ohnehin, wie viele überleben. Felix Randau zum Beispiel hat zehn Jahre lang keinen Film gemacht. Die meisten männlichen Filmemacher überleben, weil sie eine Frau haben, die Lehrerin ist oder einen anderen Job hat. Oder sie machen eine Co-Regie, schreiben hie und da mit am Drehbuch. Zehn Jahre überleben ohne Film – ich weiß nicht, wie das funktioniert. Mich wundert, dass viele da nicht ganz aufgeben.

RA: Der zahlenmäßige »Ausstoß« der Filmhochschulen und Ausbildungsstätten ist enorm und sicherlich größer als der Bedarf des Markts.

RH: Da habe ich mir immer zugutegehalten, dass ich den Leuten gesagt habe, wenn einer von zehn von euch es schafft, dann ist das nicht schlecht. Die anderen müssen damit rechnen, dass sie entweder Taxi fahren oder in der Werbung arbeiten oder anderswo untertauchen. Aber das ist nicht nur beim Film so, sondern auch in anderen künstlerisch-kreativen Berufen. Ich bin hier in München viel in die Musikhochschule gegangen, da gab es hervorragende Pianisten, Cellisten, von denen man später nur ganz, ganz selten etwas gehört hat. Es gehört immer eine ganze Menge dazu, mit dem System klarzukommen, sich zu produzieren, Eingeständnisse zu machen, Kontakte zu pflegen. Es ist schwer. Letztlich gibt es nur wenige, die es irgendwann richtig schaffen. Wie jemand zehn Jahre durchhält und dann solch einen eigenständigen Film macht … wenn dann allerdings nach zehn Jahren nur ein mäßiger Tatort dabei herauskommt, dann denke ich, es war doch wahrscheinlich die falsche Entscheidung. Wobei man sagen muss, dass diese eigenständigen Filme heute gar nicht mehr durchkommen. Die bekommen eine einmalige Nachmittagsvorstellung im Kino, und das war's. Was durchkommt, ist etwas ganz anderes.

RA: Wenn man die Zuschauerzahlen mancher deutscher Filme nachschlägt, die Zahlen der ersten Wochen und Monate, dann sind das oft Zahlen zwischen etwa 8.000 und 30.000.

RH: Ich habe hier in München ein kleines Kino, wo ich anspruchsvolle, gute Filme sehe, mit mir sitzen dann oft nur zehn Zuschauer dort. Aber es gibt gute Filme auch von anderen Hochschulen.

RA: Wie waren denn Ihre Erfahrungen mit Redaktionen beim Fernsehen?

RH: Ich bin ja aus einer anderen Zeit. Wir hatten Chancen, dass unsere Filme richtig ankamen beim Publikum. Deswegen kann ich nur sagen, meine Erfahrungen waren gut.

Hans Helmut Prinzler: Jetzt springen wir ganz an den Anfang. Eine Ausgangsfrage: Was bedeutet für Dich deine Geburtsstadt Marburg?

RH: Gar nichts. Ich war nur drei Monate dort. Dann zogen meine Eltern nach Göttingen.[1]

HHP: Göttingen war dann eine lange Phase. Da bist Du zur Schule gegangen.

RH: Zu Marburg noch dies: Ich war dort einmal mit Egon Netenjakob. Der wollte auch wissen, wo ich herkam. Da haben wir mein Geburtshaus gesucht, aber nicht gefunden. Aber Göttingen war wichtig. Das waren die ersten 15 Jahre meines Lebens. Mein einer Bruder Eberhard[2] hatte damals schon eine Ausrichtung zum Film. In Göttingen wurde auf dem alten Flughafen eine Filmaufbau gegründet. Initiator war Hans Abich. Eines Tages kam er zu meinen Eltern, mein Bruder hatte ihn dort hingelockt. Er wollte, dass Abich meinen Eltern irgendwie klarmacht, dass Film eine mögliche und auch eine seriöse Entwicklung für ihn sein könne. Da hat Abich einen guten Eindruck gemacht, und meine Eltern waren nicht mehr so enttäuscht, daraufhin konnte mein Bruder dann anfangen. Er ging nach Wiesbaden ins Deutsche Institut für Filmkunde. Nach 15 Jahren zogen meine Eltern nach

Hannover-Südstadt, An der Bismarckschule. Gebäude der Bismarckschule. Luftbild, um 1955. Foto: Heinz Koberg

Hannover. An der Schule dort habe ich viel Theater gespielt, wir hatten eine eigene Theatergruppe, inszenierten Stücke von Frisch, Molière, Camus und Albee. Auch eine Kunstzeitschrift haben wir herausgebracht. Mein Hauptpartner dabei war Peter Glotz.[3] Mit ihm bin ich zur Schule gegangen, wir haben viel gemeinsam gemacht.[4] In Wien habe ich angefangen zu studieren, Theatergeschichte und Soziologie, aber nur kurz, und bin dann nach München gegangen, dort habe ich weiter Theater gespielt, auch mit vielen, die später damit weitermachten. An der Studentenbühne in München gab es Peter Stein, Alf Brustellin und Bernhard Sinkel.[5] Dann habe ich in den Semesterferien einen Job angenommen, um etwas zu verdienen, außerdem wollte ich mehr erfahren über das, was eigentlich das Fernsehen ist. So bin ich in der Unterhaltungsabteilung des Fernsehens gelandet. Bei der Bavaria.

Das Mißverständnis, 1959. Reinhard Hauff als Hausdiener in dem Stück von Albert Camus, Hannover, Bismarckschule, Regie: Peter Glotz

RA: Gab es einen Grund, nach Wien zu gehen?

RH: Glotz und ich wollten nicht in Hannover bleiben, dann sind wir nach Wien. Dort gab es den berühmten Heinz Kindermann und Margret Dietrich, die dort Theatergeschichte und Theaterwissenschaft lehrten. Aber ich habe nur ein Semester dort studiert, zudem noch Kunstgeschichte. Bei der Bavaria habe ich mich dann dazu entschieden, das Studium in München nicht weiter zu betreiben. Regieassistenz und Redaktionsassistenz habe ich bei der Bavaria gemacht. Dort gab es damals die Chance, relativ früh etwas Eigenes zu schaffen. Ich habe Sendungen realisieren können mit unterschiedlichen Leuten. Tagsüber habe ich die Unterhaltung bedient, in der Bavaria, und abends war ich DKP-infiziert. Das war ein schizophrener Zustand. Abends bin ich auf die Straße gegangen und habe Revolte gespielt. So hieß dann 1969 auch mein erster Film.

Das Mißverständnis, 1959. Peter Glotz als Jan in dem Stück von Albert Camus, Hannover, Bismarckschule, Regie: Peter Glotz

HHP: Sind die Shows bei der Bavaria im Auftrag entstanden oder konntest Du dir Themen aussuchen?

RH: Meistens waren das Aufträge, oft vom WDR. Wenn man Kontakte zu Show-Veranstaltern hatte, dann wussten die Bescheid und fragten, habt ihr Interesse, wollt ihr Janis Joplin? Dann haben wir gesagt: natürlich. Oder ich habe mit Charlie Rivel eine Sendung gemacht.[6] Rivel sollte nicht mehr der Akrobat-schöön-Clown sein, sondern den wollten die umfunktionieren zu einem Fernsehkomiker, doch das klappte überhaupt nicht. Mit ihm habe ich noch einen Halbstundenfilm gemacht.[7] Rivel hat einen bestimmten Rhythmus draufgehabt und seine ausgedehnte Nummer »Akrobat schöön«, all das saß so tief drin, der konnte gar nicht anders. Ihn in ein normales Kostüm zu stecken und Buster Keaton spielen zu lassen, das ging schief. Und dann ist der junge Hauff plötzlich auf die Schnauze gefallen, weil er sich überhoben hatte.

Michael Pfleghar, Wolfgang-Peter Hassenstein, Bavaria-Ateliers Geiselgasteig, um 1968. Foto: Hans Grimm

HHP: Die Shows waren oft Filme, die wie Dokumentationen von Auftritten gestaltet sind?

RH: Ein Teil davon. Ich habe auch richtige Shows gedreht, eine hieß WIRB ODER STIRB (1968). Andere Shows erzählen kleine Geschichten. Am meisten gelernt habe ich bei Michael Pfleghar. Er hatte große Erfolge.[8] Mit ihm bin ich dann auch durch die Welt gereist. Dieser Schritt war für mich entscheidend, plötzlich konnte ich Amerika und Japan und andere Länder kennenlernen über Regieassistenzen. So habe ich viel erlebt, viel gelernt, wie geht man mit Stars um. Mit dem Pfleghar habe ich fast zwei Jahre verbracht. Für die großen Shows, etwa mit Peter Frankenfeld, war ein anderer zuständig, das war Rolf von Sydow. Bei dem war ich auch Regieassistent. Von Sydow kam vom Kabarett, er hat mit Frankenfeld eine ganze Reihe gemacht, Frankenfeld in verschiedenen Städten, in Stockholm, in London, Athen.[9]

RA: Es gibt einen Film von 1965, LIEDER UND TÄNZE AUS ISRAEL.

Rolf Aurich, Hans Helmut Prinzler

SERENADE FÜR ZWEI SPIONE / SINFONIA PER DUE SPIE, 1965. Barbara Lass, Hellmut Lange, Reinhard Hauff. Werkfoto. Foto: Ernst Wild

RH: Der ist mit einer Gruppe entstanden aus Israel, die hieß Karmon Israeli Dancers. Mit denen habe ich zwei Filme gemacht. Die kamen aus der Kibbuz-Bewegung, sie verkörperten noch die frühe Kibbuz-Kultur, sie sangen und spielten und tanzten, es war eine Mischung aus Folklore und Ballett.

RA: Sie haben zu dieser Zeit auch die MELANKOMISCHEN GESCHICHTEN (1964) mit Hanns Dieter Hüsch realisiert.

RH: Hüsch hat wunderbare Texte geschrieben. Wir haben ihn in eine Rolle gebracht. DER KLEINE GRAMLADEN (1964) war eine zweite Sendung mit Hüsch. Die Zusammenarbeit mit ihm war wunderbar.

RA: Sie haben die Bücher zu den Hüsch-Produktionen selbst geschrieben?

RH: Zusammen mit Wilfried Schröder von der Bavaria-Unterhaltungsabteilung.

HHP: Auf dem Bavaria-Gelände fühltest Du dich auch zu Hause?

RH: Ich kannte jeden Beleuchter, kannte alle.

RA: Wie war Ihr Status bei der Bavaria? Waren Sie fest angestellt?

RH: Elf Jahre lang war ich fest angestellt.

HHP: Auf dem Bavaria-Gelände drehtet Ihr dann auch UNTERMANN – OBERMANN, so heißt der Film von 1969.

RH: Das waren zwei Beleuchter. Beide erzählen von ihren Auftritten als Artisten im Konzentrationslager, für ein Bier haben die alles gemacht, um mehr ging es den beiden nicht. Es sind eigentlich historische Figuren während der NS-Zeit.

HHP: Ihr habt es im Wohnwagen aufgenommen und dann auch draußen vor dem Wagen, dokumentarisch, beobachtend.

RH: Es war mir damals noch nicht so bewusst, dass wir deutsche Geschichtsfiguren zeigen. Der Film ist in Hof gelaufen.

RA: Ist Ihnen in Hof vorgeworfen worden, dass Sie diese Figuren zu unkommentiert lassen?

RH: Als der Film lief, ging plötzlich die Tür auf und die APO aus Kulmbach marschierte mit roten Fahnen in den Saal. Sie riefen: »Affirmative Scheiße. Das wollen wir nicht sehen.« Heinz Badewitz, Leiter der Hofer Filmtage, ging dann auf die Bühne und meinte zu denen, »guckt doch erstmal hin, ihr habt doch noch gar nichts gesehen.« »Wollen wir auch nicht, affirmative Scheiße« – rote Fahnen aus Kulmbach. Ich war total deprimiert. Es war ja ein erster eigener Versuch. Zusammen mit Volker Koch habe ich das gemacht. Wir waren bedrückt und wollten gleich wieder abfahren, doch auf dem Bahnhof hat uns dann die Filmkritikerin Frauke Hanck ermuntert zu bleiben und hat uns getröstet. Es war die zweite richtig deftige Niederlage nach der Geschichte mit Charlie Rivel.

RA: Wer war Volker Koch?

RH: Der war auch in der Bavaria angestellt, ebenfalls in der Unterhaltung, er kam von einem Studium in Rom. Dort hatte er Film studiert und hat dann auch eigene Filme gemacht, zum Beispiel S. P. Q. R. (1971), mit Pasolini.

HHP: Es war offenbar ein ganz kurzer Dreh.

RH: Es war wohl nur ein Nachmittag, ganz kurz.

HHP: Die zwei sind einfach so präsent.

RH: Was für Typen, was für Gesichter. Das ist ein Thema, das mir immer klarer geworden ist. Authentische Typen in Filmen, auch in fiktionalen Filmen, haben eine Stärke, die man mit Professionellen nur ganz selten erreicht. Und wenn in der Dramaturgie ein bisschen Raum gelassen wird für Persönlichkeiten und Entwicklungen und nicht nur in dramaturgischen Kästen gedacht wird, dann sind diese authentischen Figuren immer viel besser und können ganze Filme richtig bewegen. Ich sage das deswegen, weil ich später mal einen Film gemacht habe, der PAULE PAULÄNDER (1976) heißt. Darin waren authentische Figuren. Das hat damit zu tun, dass ich die Hauptfigur durch keinen Schauspieler hätte deutlicher machen können. Sie konnte gar nicht sprechen und gar nicht spielen, aber sie war ein Kind dieser Geschichte und dieses Landes und dieser Hilflosigkeit, dieser Unterdrückung.

RA: Das erinnert mich an die Figur in Ihrem Film AUSWEGLOS (1970), den Martin Walser einleitet. Es geht darin um eine Frau, die zur Mörderin wird. Eine männliche Figur spielt eine Rolle, ein Vertreter, kein Schauspieler. Eine verwirrende Figur voller Charisma.

RH: Das war ein Dokumentarfilm, und es war das Problem – für einen Tag haben wir in Hamburg mit dem Mann drehen können, dessen Frau von der Mörderin umgebracht worden war. Wir wollten verhindern, dass sie und er sich treffen. Dafür haben wir alles getan, denn dann, so dachten wir, geht irgendetwas schief, dann dreht irgendeiner durch.

HHP: Es ist ein wirklich starker Dokumentarfilm durch das Beobachten von Beteiligten.

RH: Die beschuldigte Person selbst saß ja im Gefängnis, sie war nicht zu erreichen, an die kamen wir nicht heran.

Gespräch mit Reinhard Hauff

Ausweglos, 1970

Ausweglos, 1970

HHP: Die Zeitzeugen sind sehr präsent, etwa wenn sie das Geschehen vor Ort nachspielen.

RH: Der Film wurde sozusagen von den Zeugen geschrieben.

RA: Und der Ausgangspunkt war Walsers Buch?

RH: Walser hatte damals bei Suhrkamp eine Reihe mit Sozialberichten. Ausgangspunkt für diese Geschichte war eines von diesen Büchern, es hieß *Vorleben* von Ursula Trauberg.[10]

RA: Standen Sie vorher bereits in Kontakt mit Walser?

RH: Die Bavaria ist ja eine Gründung des Süddeutschen Rundfunks, des Südwestfunks und des Westdeutschen Rundfunks, das war 1959. Walser hat damals in Stuttgart beim Süddeutschen Rundfunk angefangen, für die Unterhaltung zu arbeiten.[11] Von daher kannte ich ihn aus der Bavaria. Aus Stuttgart kam die ganze Mannschaft und hat die Bavaria gegründet. Die Ateliers wurden genutzt, um Eigenes zu produzieren, das war der Hintergedanke. Deswegen hat die Bavaria auch sehr viele Werbe- und Halbstundensendungen produziert. Es gab eine eigene Redaktion für Serien wie DIE SELTSAMEN METHODEN DES FRANZ JOSEF WANNINGER (1965–1970), Serien, die Axel (= Karl Heinz) Willschrei und Bert (= Hartmut) Grund in den 1960er Jahren schrieben, Halbstundenkrimifilme. Dazu gehörte auch der filmschreibende, später malende und als Journalist in Hannover Filmkritik schreibende Werner Kließ – der war der erste, der eine positive Kritik über mich geschrieben hat, und zwar über DIE REVOLTE (1969). Er war in Hannover zusammen mit Henning Rischbieter, beide machten die Zeitschrift *Film*. Dort erschien diese positive Kritik.[12] Dann haben wir uns kennengelernt.

HHP: Ich habe Deine Show WIRB ODER STIRB von 1968 gesehen. Die war ganz anders als andere Shows. Sehr aufwendig, sehr originell, phänomenal. Nicht nur von den Einfällen, sondern auch was optisch alles passiert.

RH: Er geht auf ein durchgeschriebenes Drehbuch von einem Schweizer Autor zurück, Louis Jent.

HHP: Die visuellen Effekte in dem Film sind ganz stark. Hatte das auch etwas mit Theo Nischwitz zu tun?

Gespräch mit Reinhard Hauff

WIRB ODER STIRB, 1968

WIRB ODER STIRB, 1968

RH: Damals gab es noch keine digitalen Effekte. Sämtliche Tricks wurden echt gemacht. Man musste immer eineinhalb Tage warten, um zu wissen, ob etwas überhaupt gelungen war. Wir haben ja ganze Straßen unter Feuerschaum gesetzt, in Dingolfing. Das waren sehr aufwendige Sachen. Theo Nischwitz war der Trickspezialist in der Bavaria, hatte ein eigenes Trickstudio. Alles war auf Film. Bei jeder Auf- oder Abblende musste man warten, ob sie geglückt war. Nischwitz war ein alter Fuchs.

HHP: In den Bildern gibt es oft zwei Ebenen, die übereinandergesetzt sind.

RH: Wir haben auch Hubschrauber eingebaut. Es gab eine riesige freie Leinwand, einen sogenannten Rundhorizont.[13] Ich war in der Bavaria immer dafür zuständig, teure Bauten weiter zu nutzen. Dann habe ich dort Shows gedreht. Franz Peter Wirth hatte in der Halle 4–5 große Sachen wie WALLENSTEIN (1962) und OTHELLO (1968) inszeniert. Man fragte mich: Was können wir daraus machen? Mein Vorschlag: Nummern aus *Eine Nacht in Venedig*. Karel Gott wurde uns angeboten. Er kam dann und sang zwei Songs aus dieser Operette.

RA: WIRB ODER STIRB wirkt einerseits wie eine überdrehte Satire, zugleich lebt Werbung selbst aber auch von Kreativität und Ideen. Hier ist geradezu ein Überfluss an solchen Ideen festzustellen, die für mich ein wenig vorausweisen auf Dinge, die es 1968 noch nicht gab, die Arbeiten von Monty Python zum Beispiel. Es fällt sofort eine Ähnlichkeit der grafischen Gestaltung auf. Oder auch zu den Filmen von Charles Wilp. WIRB ODER STIRB scheint wie eine Vorstufe oder Initialzündung dazu gewesen zu sein.

RH: Da war noch ein sehr guter Grafiker dabei, der die riesigen Graffitis gemalt hat, wir haben den ganzen Königsplatz besetzt mit Rauchwerbung.

HHP: Götz Weidner gibt es noch, er war hier beteiligt.

RH: Ja, Götz Weidner ist der Architekt, der hat DAS BOOT (1981) mitgebaut, er war der Assistent von Rolf Zehetbauer, dem Chef-Bühnenbildner der Bavaria. Er hat die Bauten in WIRB ODER STIRB verantwortet, zusammen mit Helmut Gassner. Der wiederum hat auf dem Bavaria-Gelände die Bauten für Klaus Emmerichs ROTE ERDE (1983) gemacht.

Gespräch mit Reinhard Hauff

OLTENIA. LIEDER UND TÄNZE MIT DEM RUMÄNISCHEN NATIONALBALLETT, 1970

RA: Es gibt einen Film, der heißt OLTENIA und ist 1966 bei der Bavaria für den WDR entstanden, er wurde allerdings erst 1970 ausgestrahlt.

RH: Das ist die abgefilmte Show eines rumänischen Nationalballetts, folkloristisch. Drei Kameras in einem Studio mit neutralem Hintergrund.

RA: Gehörten solche Produktionen zum Kulturprogramm des Fernsehens?

RH: Zum Showprogramm. Es war nichts Besonderes.

RA: Wie muss man sich das in der technischen Umsetzung vorstellen?

RH: Die Bavaria hatte eine Kamera erfunden, eine geblimpte, also schallgedämmte 35 mm von Arri, die war riesig, sie stand auf einem festen Stativ. Die Kassetten reichten lediglich für wenige Minuten, sie mussten häufig gewechselt werden. OLTENIA und auch LIEDER UND TÄNZE AUS ISRAEL wurden gedreht mit solchen Kameras. Später bekam die Bavaria plötzlich den Ehrgeiz und wollte mit den großen geblimpten Kameras Live-Sendungen produzieren. Das war ganz interessant. Da gab es einen Schnitttisch mit drei Monitoren, doch das Bild von diesen geblimpten Kameras wurde nicht wirklich geschnitten. Dennoch war es wie in einem Fernsehstudio, auf den Monitoren konnte ein Schnittmeister sich das ansehen und schauen, ob eine Kamera eine Aktion übernimmt. Dann wurde das kurz gezeichnet, welche Kamera im Einsatz ist. Ganze Showprogramme auf diese Weise live machen zu wollen, das war die Absicht. Es gab ein Live-Programm, das Rolf von Sydow machte, mit dem Komiker Willy Reichert. Wir drehten 90 Minuten, als wäre es live im Fernsehstudio. Aber es war auf Film, auf 35 mm. Bei dieser »Live-Sendung« musste man immer genau wissen, diese Kamera hat jetzt 30 Minuten aufgenommen, jetzt muss sie in ein oder zwei Minuten die große Kassette wechseln. Da gab es einen Wettbewerb – wer konnte am schnellsten wechseln? Es musste ein genauer Plan gemacht werden, die Kamera eins übernimmt jetzt fünf Minuten von der Seite und fünf Minuten Großaufnahme, man musste es berechnen. Die Kameraassistenten waren am Laufen. Hinterher wurden die Aufnahmen der drei Kameras ganz normal am Schneidetisch geschnitten.[14] Diese Methode hat man später den Russen verkauft. Die haben den Moskauer Staatszirkus damit aufgenommen.

RA: Ganz anders war es offenbar bei den Aufnahmen zu JANIS JOPLIN (1970) oder der WILSON PICKETT-SHOW (1969).

RH: Ja, das waren Showreportagen, die wurden mit der Handkamera gedreht. Der beste Kameramann mit der Hand war für mich Wolfgang-Peter Hassenstein. Er ist nah an die Leute herangegangen. Die Jahrhunderthalle in Frankfurt-Hoechst war deshalb so beliebt, weil es dort ein Hauptquartier der amerikanischen Armee gab. Deswegen traten Acts wie Wilson Pickett und Janis Joplin dort auf. Beide Konzerte dort haben wir nur mit einer Kamera gedreht, eine weitere hat zur Sicherheit noch eine Totale gemacht.[15] Hassenstein ging mit der 16-mm-Kamera auf die Bühne. Diese Show-Auftritte kann man heute noch sehen. Es gab keinen besseren Handkameramann als den Hassenstein. Mit ihm habe ich ja alles gemacht, bis zu ZÜNDSCHNÜRE (1974), da gab es Terminprobleme.

RA: Andere Shows gab es noch mit den Ofarims. Diese Produktionen haben wieder einen anderen Charakter, Sie sind dafür auch nach London gefahren …

RH: … wir haben in der Royal Albert Hall gedreht, das war CINDERELLA ROCKEFELLA (1968). Es waren zwei ganz unterschiedliche Sendungen. Die erste, DIE OFARIMS (1967), war eine reine Konzertaufnahme.

RA: CINDERELLA ROCKEFELLA hat etwas stark Übertriebenes, viel Slapstick.

RH: Das sind lauter erfundene kleine Szenen. Dort hat man auch ein wenig zitieren dürfen, Shows, die damals üblich waren, etwa die Beatles-Filme.

WILSON PICKETT-SHOW,
1969.
Wilson Pickett

RA: In diesen Filmen gibt es so etwas wie kleine in sich geschlossene Musikvideos. War das damals eine Neuheit?

RH: Das habe ich alles bei Pfleghar gelernt. Mit ihm haben wir Shows in den Straßen und Unterhaltungsvierteln von Tokio gedreht, mit japanischen Stars. Im Red Light District mussten wir mit verschiedenen Gangs arbeiten, die uns dann die Straße freihielten, damit wir drehen konnten, das war nicht so einfach. All das mit Playback. Deshalb konnte ich später auch LINIE 1 (1988), die Verfilmung des Grips-Musicals, machen. Diese Geschichte mit Pfleghar ist wirklich toll: Wir haben eine Reise gemacht nach Japan. Es gab dort einen Vergnügungspark, der hieß Takarazuka. Dort war die Heimat eines Revuetheaters. Dieses Theater bestand aus 380 Frauen. Sie hatten drei Gruppen und gastierten abwechselnd in verschiedenen Städten. Ich vergesse nie, als wir das erste Mal dorthin kamen und Pfleghar sagte: »Jetzt müsst ihr euch die Vorstellung angucken«. Da ging der Vorhang auf und es sangen 80 Frauen

Rolf Aurich, Hans Helmut Prinzler

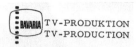
TV-PRODUKTION
TV-PRODUCTION

DIE OFARIMS von Uwe Ortstein und Reinhard Hauff

Die Sendung begleitet Esther und Abi Ofarim auf ihrer erfolgreichen Tournee durch deutsche Großstädte, vor allem jedoch zeigt sie beide in ihnen eigentümlichen Interpretationen von Volksliedern, Schlagern und Chansons bei einem Bummel durch den Hamburger Hafen, im blech- und chromblinkenden Gewühle eines großen Parkplatzes, zwischen Filmkulissen und in einem Tonstudio während und nach der Aufnahme. Dabei kann der Zuschauer die zierliche Sängerin und ihren musikantischen Partner fast privat von einer ganz neuen Seite kennenlernen: temperamentvoll, verspielt und witzig.

Entsprechend frisch und sozusagen mit Pfiff gehen Regie und Kameraführung dabei mit, und es ist nur konsequent, daß die Sendung die Persönlichkeit der Ofarims, ihr Image, ihre Ausstrahlung, ihre Wirkung auf das Publikum sowohl in dokumentarischen Sequenzen wie in komisch-übertriebenen Situationen einzufangen versucht - zum Beispiel in Interviews und in Beobachtungen bei Konzertauftritten wie bei einer Pressekonferenz oder in einer Krimiparodie.

So entsteht in 45 Minuten ein eigenwilliges Porträt des bekannten Sängerpaares. Regie führt Reinhard Hauff.

THE OFARIMS by Uwe Ortstein and Reinhard Hauff

This program accompanies Esther and Abi Ofarim on their successful tour through big cities in Germany. In the first place, however, it observes both of them while they give unusual interpretations of folk-songs, hits, and chansons which takes place on a stroll through Hamburg's harbor, in the bustle of a big parking lot glittering with tin and chrome, in the middle of film settings, and in a sound studio during and after the recordings. Thus the audience is given an opportunity to get to know the graceful singer and her musical partner from an entirely new side and on a nearly private level: they appear to be full of spirit, ideas and wit.

According to their temperament, the director and cameraman follow them, with the aim in mind to capture their personalities, their image, their presence and their appeal for the audience. Therefore they use documentary sequences as well as comically exaggerated situations - as for instance in interviews, and on stage during their concerts, and on the occasion of a press conference, or in a thriller parody.

Thus, in 45 minutes, a very special portrait is painted of these two popular singers. The program is directed by Reinhard Hauff.

DIE OFARIMS, 1967. Produktionsankündigung in *Bavaria TV-Produktion*, um 1967

in Kostümen auf der Bühne »Wenn der weiße Flieder wieder blüht« als Erkennungsmelodie – auf Japanisch. Und dafür flogen wir von München nach Japan. Dazu hatten die natürlich noch einen klassischen Kabuki-Teil. Den modernen Teil hat Pfleghar auf seine Weise inszeniert, mit zwei von uns mitgebrachten Choreografen und einem Komponisten. Der brachte neuzeitlichere Melodien rein, und die Choreografie war ebenfalls moderner. Auch Kostümbildner hatten wir dabei. 120 Frauen im Alter von etwa 15 bis 35 wurden dann in ein Flugzeug gesetzt, um in Paris aufzutreten im Alhambra.[16] Vier Wochen lang traten sie dort auf. In dieser Zeit wurden sie von uns gefilmt.

RA: Hatten Sie mit Michael Pfleghar bis zu seinem Lebensende Kontakt?

RH: Am Ende nicht mehr. Er hat zum Schluss mit der norwegischen Sängerin Wencke Myhre zusammengelebt. Dann hat er noch eine Show versucht, 1986, eine sogenannte Auto Show, *die* Auto Show des Jahrhunderts, das größte Event überhaupt sollte es werden. Das war eine Pleite. Das hat er nicht verkraftet. Ob noch andere Gründe da waren, weiß ich nicht. Jedenfalls hat er das Ende seiner Zeit geahnt. Er hat sich dann das Leben genommen.

DIE GROSSE SCHAU VON TOKYO, 1964. Reinhard Hauff in der Bildmitte, daneben Michael Pfleghar (verdeckt). Werkfoto

Rolf Aurich, Hans Helmut Prinzler

DIE GROSSE SCHAU VON TOKYO, 1964. Werkfoto

HHP: An dieser Stelle eine Frage zu Deiner künstlerischen Herkunft. Du hast zur Operette eine Affinität. Doch hattest Du auch eine zur Oper? Bist Du gern in die Oper gegangen, in Wien zum Beispiel?

RH: Ich wollte sogar mal Sänger werden, habe früher Gesangsunterricht genommen, in der Schule Feiern ausgestaltet und eine Oper mitgesungen, *Dido und Aeneas* von Purcell. Mein Part war der Aeneas. Es war eine Schulaufführung, unterstützt von Musikstudenten der hannoverschen Musikhochschule. Es waren schon ein paar gute Sänger dabei, Aeneas ist nur die kleine Rolle. Auch in Oratorien habe ich mitgesungen, kleine Rollen, in Kirchen, aber irgendwann habe ich mich nicht für *so* musikalisch gehalten. Im Gesang musst du schon sehr musikalisch sein, um gerade in der modernen Musik mithalten zu können.

HHP: Kommen wir zu DIE REVOLTE (1969), AUSWEGLOS (1970) und OFFENER HASS GEGEN UNBEKANNT (1971).

RH: Die Revolte ist mein erster langer Fernsehspielfilm. Es gab eines Tages in einer Zeitung einen Bericht, da stand oben drüber: »Mord ohne Motiv«. Da haben wir uns gedacht, das ist ja eine verrückte Geschichte, da müssten wir uns irgendetwas überlegen. Und parallel dazu gab es die Erfahrung, die ich auch hatte, dass in der damaligen Zeit in der APO einige Leute sich einbildeten, in die Fabriken gehen zu können und Arbeiter herauszuholen, um mit ihnen auf die Straße zu gehen. Die Geschichte der Revolte ist ja, dass ein Angestellter – aus heutiger Sicht würde ich sagen – von den Studenten missbraucht wurde, mit dieser politischen Auseinandersetzung nichts zu tun hatte und nicht klarkam. In seiner Verzweiflung legt er die Frau, die ihn dazu gebracht hatte, um. Er war überfordert von dieser ganzen ideologischen Diskussion. Die Geschichte hatten wir uns einfallen lassen. Ich bin selbst hier in München mit auf die Straßen gegangen. In der Barer Straße war die Redaktion der *Bild-Zeitung* und auch die Auslieferung. Da gab's den ersten Toten der 68er-Bewegung. In einer Schlägerei und Demonstration wurde einer getroffen von einem Stein, da gab's diese harten Auseinandersetzungen. Damals war ich infiziert und habe diese Geschichte der Revolte mit Peter Glotz entwickelt. Dann waren wir plötzlich auf einen Typen gestoßen, Hans Brenner, der war vorher von Franz Peter Wirth für einen Film entdeckt worden. So hatten wir einen Darsteller. Anschließend haben wir die Geschichte entwickelt, sehr auf diesen Darsteller bezogen. Es gab zum Glück einen Dramaturgen in der Bavaria, der hieß Helmut Krapp. Der hat dann Günter Rohrbach vom WDR gesagt, er solle uns das machen lassen. Ich war ja auf Show festgelegt.

HHP: Mit Die Revolte ging es auf die andere Seite, eine Abkehr von den Shows.

RA: Ich meine, bei Netenjakob gelesen zu haben, dass Die Revolte einherging mit einem Versuch, ein gleichberechtigteres Arbeiten anzustreben, vor der Dreharbeit Diskussionen mit den Beteiligten zu führen.

RH: So etwas lag damals sozusagen in der Luft. Aber Gleichberechtigung gibt es beim Regieführen nicht. Jedenfalls wurde viel geredet. Ganz besonders wurde geredet, als es darum ging, Überstunden zu machen. Ich erinnere mich an einen Dreh in einer Kneipe. Da hieß es plötzlich, Überstunden machen wir nicht, wir streiken. Hark Bohm war plötzlich deren Vertreter, und er war noch kein Filmemacher, der war Jurastudent. Sein Bruder war der Filmemacher, Marquard, einer, mit dem ich mehrere Filme gemacht

Die Revolte, 1969. Katrin Schaake, Raimund Harmstorf, Hans Brenner

Die Revolte, 1969. Hans Brenner (Bildmitte hinten)

habe und den ich sehr schätzte – so, wie ich den Hans Brenner sehr schätzte. Diese Auseinandersetzung gab es also, aber es ging um ganz praktische Dinge, nicht um Regieführen, sondern um Überstunden.

HHP: Wie lange war die Drehzeit bei der REVOLTE?

RH: Das waren etwa 30 Tage. Damals hat man noch mit 24 bis 30 Tagen gerechnet, heute geben sie einem nur etwa 18 Tage. Vermutlich waren es bei DIE REVOLTE etwas weniger als 30 Tage.

HHP: Es folgte AUSWEGLOS, darüber haben wir bereits gesprochen, der Dokumentarfilm mit Martin Walser. Wunderbar sein Statement vorher, wenn er am Schreibtisch sitzt und so etwas wie einen Prolog hält, bevor der Dokumentarfilm beginnt, den ich ganz toll finde. OFFENER HASS GEGEN UNBEKANNT war hingegen fiktional.

RH: Das ist für mich ein sehr interessanter Film gewesen, denn es war die Geschichte eines Mannes aus der Fassbinder-Crew, Heine Schoof, der eine Darstellerin schwer beschädigt hat. Er kam in den Knast und hat ein Buch bei Suhrkamp geschrieben, das hieß *Erklärung*. Als er aus dem Knast kam, haben wir ihn eingeladen. Wir haben diesen Film relativ fiktiv gedreht. Schoof war kein Darsteller und ich wollte ihn auch selbst nicht dazu haben, sondern es fiktionalisieren. Dann haben wir jemanden gefunden, der auch später in vielen Filmen auftauchte, Akim Ahrens. Den habe ich in einer Studentenbar gefunden, wo er nachts oft herumhing. Der verkörpert eine ähnliche Figur, habe ich gedacht, ganz schlank und voller Drogen. Wenn ich mit dem drehen will und er soll morgens zum Drehen kommen, das geht nicht, habe ich mir überlegt. Also muss ich ihm anbieten, bei mir zu wohnen. So hat er bei mir gewohnt, ein halbes Jahr, es wurde immer länger. Ich habe damals mein Geld noch bei der Bavaria verdient. Er hat dann immer, wenn ich nach Hause kam, gesagt: »Na, hat sich denn die Scheiße überhaupt gelohnt?« »Sei ruhig«, habe ich ihm gesagt, »du lebst hier und pennst den ganzen Tag und trinkst und drogst und sagst mir sowas«. Es war ein merkwürdiges Verhältnis. Er war ein Hochbegabter. Als Kind ein Piano-Wunderkind. Und irgendwann hat er Mathematik studiert und alsbald keine Lust mehr gehabt. Der hat diese Rolle gespielt. Der Film besteht nicht aus einer richtigen Handlung, sondern aus Bildern und Texten. Aber ich fand das ein gutes Thema, weil der Autor nicht in der Lage war zu formulieren, woraus der Hass bestand und wohin er führt.[17]

HHP: Zu dieser Zeit war Deine Beschäftigung bei der Bavaria eine Sicherheit für Dich.

RH: Es war erstaunlich, dass die mich haben so etwas machen lassen.

HHP: Nun kommen wir zu MATHIAS KNEISSL (1971). Das war Dein erster historischer Film.

RH: In der REVOLTE war mein Hauptdarsteller Hans Brenner, und der kannte gut den Martin Sperr. Er wohnte zusammen mit Ruth Drexel in einem Haus in Feldafing, da wohnte auch die Fassbinder-Crew. Der Martin kehrte da ein, er hatte ja vorher schon den Film mit Peter Fleischmann gemacht (JAGDSZENEN AUS NIEDERBAYERN, 1969). Er gehörte zu dieser Clique, und wir haben gedacht, »den Kneißl, des müsst' ma machen«. Ich wurde gefragt, »willst du das machen?« So haben wir uns verständigt, und dann wurde der KNEISSL so geboren, mit Drexel, mit Brenner, Martin Sperr, auch Franz Peter Wirth hat eine kleine Rolle gespielt, der Schlöndorff und der Fassbinder, alle haben kleine Rollen gehabt. Damals machte man das so. Auch der Werner Kließ hat mitgespielt. Es war eine Geschichte, die verrückt war, weil viele in der Münchner Umgebung sagten, »ja, der Kneißl, den hab i selbst noch kinnt«. Es war eine legendäre Figur. Als Norddeutscher wusste ich erst gar nicht, wer das ist. Martin hat dann noch ein Buch geschrieben.[18] Was das Historische betrifft, war es sehr schwierig, weil in Bayern viele Höfe erneuert worden waren. Doch wir haben in Oberfranken, in Weißenburg, einer kleinen Stadt, Motive gefunden, mit denen wir diese alten Höfe und Stadtteile drehen konnten.[19] Die Ausstattung hat Max Ott gemacht.

RA: War es für Sie ein neuer Angang, sich einem Film mit einem historischen Stoff zu nähern, etwa in Fragen der Authentizität?

RH: Wir waren bemüht, dass es kostümmäßig, sprachlich und was die Dekoration angeht, schon stimmt. Es gibt ja viele bayerische Darsteller in diesem Film. Es war meine erste Begegnung mit Eva Mattes. Sie war damals 16 Jahre alt.

RA: MATHIAS KNEISSL ist zunächst im Fernsehen gelaufen.

Gespräch mit Reinhard Hauff

MATHIAS KNEISSL, 1971. Hans Brenner

RH: Ja, alles lief zunächst im Fernsehen, weil es von dort auch finanziert wurde.[20]

HHP: Und gab es zu bestimmten Kolleginnen und Kollegen gute Beziehungen, etwa zu Volker Schlöndorff? Oder wart ihr manchmal konkurrierend?

RH: Nein, nein, wir haben ja später die gemeinsame Firma gegründet. Woher wir uns kannten, kann ich allerdings nicht mehr sagen.

HHP: Du hast ja auch bei ihm eine Rolle gespielt, in DER PLÖTZLICHE REICHTUM DER ARMEN LEUTE VON KOMBACH (1971).

MATHIAS KNEISSL, 1971. Hanna Schygulla, Ruth Drexel, Hans Brenner, Eva Mattes, N.N., Wolfgang-Peter Hassenstein, Annemarie Wendl. München, vermutlich Kino-Premierenfeier am 28.5.1971

Gespräch mit Reinhard Hauff

Werner Herzog mit Reinhard Hauff bei den Römerberggesprächen, Frankfurt am Main, April 1977. Foto: Digne Meller Marcovicz

DER PLÖTZLICHE REICHTUM DER ARMEN LEUTE VON KOMBACH, 1971. Reinhard Hauff (dritter von rechts)

RH: Daher kannte ich Volker wohl. Wie er damals auf mich kam, weiß ich nicht. Gespielt habe ich ja bei etlichen Leuten …

HHP: … Peter Lilienthal …

RH: … Achternbusch, Schlöndorff …

HHP: … Kückelmann und Herzog.

RH: Meine Begegnung mit Herzog war in Kaspar Hauser, also JEDER FÜR SICH UND GOTT GEGEN ALLE (1974). Doch es hat mich niemand gesehen in diesem Film. Denn Herzog hat mich rausgeschnitten. Immer wenn mich die Leute gefragt haben, »du standest da hinten im Titel drauf, wo warst du denn?«, habe ich geantwortet, »hast du mich nicht gesehen? Mein Gott, Masken können so viel.« Es war so, dass der Titel schon gefahren war, und dann hat Herzog noch herumgeschnitten und konnte sich nicht mehr erlauben, den Titel neu zu fahren. Das kostete viel Geld. Aber ich habe trotzdem eine

DAS ANDECHSER GEFÜHL, 1975. Margarethe von Trotta, Reinhard Hauff. Vorderseite einer Ansichtskarte von Volker Braun an Reinhard Hauff, gestempelt Gauting, 26.1.1975

gute Erinnerung an ihn. Als ich nämlich zum Drehen kam und ihn abends in einer Kneipe getroffen habe, hat er gesagt: »Du, wo wir morgen drehen, das glaubst du nicht. So einen Wald hast du in deinem Leben noch nicht gesehen.« Er hat mir einen Herzog'schen großen Märchenwald erklärt. Da saß aber ein Assistent daneben und hat das gehört und gesagt: »Deutscher Mischwald«. Das ist meine Episode mit Herzog, die ihn wunderbar erklärt. Ich hatte damals einen guten Kontakt zu ihm. Es gibt noch mehr Geschichten mit Herzog. Meine zweite Lieblingsgeschichte geht so: Wir haben mit ihm und seiner damaligen Frau zusammen bei mir zu Hause vor dem Fernseher seinen Film STEINER gesehen – über den Schweizer Skisprungmeister.[21] Da ist eine Episode drin, wo er auf den Steiner einredet und sagt, »Steiner, jetzt sagen Sie doch mal, das, was Sie gemacht haben, ist eigentlich menschenunmöglich«. Und der Steiner sagt, »ja, ich bin so gefloget, des is so normal«. Herzog: »Steiner, des gibt's nicht, wie Sie geflogen sind.« Der Steiner war ein ganz bescheidener Schweizer Junge und hat abgewiegelt. Während Werner immer wollte, dass er etwas Fantastisches sagt für das Guinness-Buch der Rekorde. Und die dritte Episode: Als ich an der dffb war, hat er dort einen Film gezeigt, GLOCKEN AUS DER TIEFE. GLAUBE UND ABERGLAUBE IN RUSSLAND (1993). Darin gibt es eine Episode, wie auf einem zugefrorenen See Leute Löcher ins Eis gebohrt und Fische herausgeholt haben. Der Text zu diesem Bild war: In diesem See ist früher ein Ort untergegangen, eine Kirche, die Menschen, und die Leute sprechen miteinander. Er hat etwas ganz Mysteriöses daraus gemacht. Da haben die Studenten an der dffb gefragt: »Sagen Sie mal, wie haben Sie das überhaupt hingekriegt, dass da Leute auf dem Eis sitzen?«. Die waren so berauscht von ihm, dass sie auch ein bisschen geglaubt haben, der würde mit denen da unten sprechen. Da hat der Werner gesagt: »Naja, das war nicht so schwierig. Ich habe denen gesagt, wer sich eine halbe Stunde aufs Eis setzt, kriegt einen Wodka.«

HHP: In der Chronologie kommen wir jetzt zu HAUS AM MEER (1973).

RH: Das ist der Versuch, ein Brecht-Stück, *Der gute Mensch von Sezuan*, auf heute umzusetzen. Eine Zusammenarbeit mit Philippe Pilliod. Es ist wahrscheinlich schwierig, so etwas zu übertragen. Wir haben in Jugoslawien gedreht, auf der Insel Susak (Kroatien) mit Hanna Schygulla, Rolf Becker und Goran Radovanović, der heute ein anerkannter serbischer Filmemacher ist. Wenn man wie hier ein Thema bebildern will, dann geht das meist schief, wenn man nicht von Leuten und von Menschen ausgeht. Hanna Schygulla hat das alles ganz gut gespielt, aber du merktest doch, da haben sich Leute in ein Thema verbohrt. Und Philippe war nun mal ein Brecht-Fan. Er ist übrigens ein interessanter Partner gewesen und ein guter Freund. Philippe war der Übersetzer von Max Frisch ins Französische. Und Frisch hatte zu der Zeit, als Philippe mehrere seiner Bücher übersetzte, eine Freundin, und diese Freundin hatte eine Tochter, und diese Tochter hat sich dann mit dem Übersetzer angefreundet und sie haben geheiratet. Philippe kam in die Bavaria als Redakteur vom Schweizer Rundfunk und hat dann mit mir dieses Drehbuch zu HAUS AM MEER erarbeitet. Ich habe mit ihm ein Buch geschrieben, das nicht gedreht wurde – »Der Mensch erscheint im Holozän« nach Frisch, mit dem zusammen wir es abgefasst haben. Frisch war einverstanden mit dem Buch. Und ich hatte die beste Besetzung, die ich mir damals vorstellen konnte – Gian Maria Volonté. Die Geschichte des Romans: Ein Mann geht in die Berge zum Sterben. Volonté wollte es spielen, die Geschichte lag ihm sehr am Herzen, weil er selbst sehr krank war und wusste, dass er nicht mehr lange leben würde. Er hat oft nachgefragt, wie es mit dem Stoff aussieht, ob es weitergeht. Dann habe ich geantwortet, dass es schwierig sei, vor allem mit dem Geld. Doch in Wirklichkeit war es so, dass ich es mir nicht zugetraut habe. Es ist ein beinah abstrakter Film, keine realistische Geschichte. Sie ist später von einem Schweizer verfilmt worden.[22] Dieser nicht gedrehte Film ist eines meiner großen Defizite. Besonders, weil der Gian Maria Volonté in dem Film so gern spielen wollte. Ich habe ihn noch zwei-, dreimal getroffen, er hat dann immer nur zu mir gesagt: »Du alte Pfeife, das nehme ich dir übel.« Das ist die Geschichte mit Frisch, Pilliod und mir. Philippe, der inzwischen gestorben ist, hat noch etwas sehr Gutes gemacht, er hat 16 Stunden Dialog mit Frisch geführt auf Video. Das Material gibt es auf Video, ein tolles Dokument.

HHP: Und dann kam DESASTER (1973).

RH: Der lief in Cannes in der Quinzaine des Réalisateurs. Ich habe ihn geschrieben zusammen mit dem Autor Manfred Grunert.

HHP: Das war Deine letzte Bavaria-Produktion. Es folgte die Gründung der Bioskop-Film mit Schlöndorff, Junkersdorf, Hauff. Kanntest Du Eberhard Junkersdorf bereits?

RH: Ja, seit den frühen 1970er Jahren. Er war später der Ko-Produzent von Schlöndorffs BLECHTROMMEL (1979). Davor hatte er bei Horst Wendlandt in Berlin (Rialto-Film) gearbeitet und dazwischen als Produktionsleiter von

Gespräch mit Reinhard Hauff

HAUS AM MEER, 1973. Hanna Schygulla, Rolf Becker

DESASTER, 1973. Klaus Löwitsch, Dieter Laser

DER PLÖTZLICHE REICHTUM DER ARMEN LEUTE VON KOMBACH. Also, Junkersdorf kannte ich über Schlöndorff. Der erste Film der Bioskop war dann 1974 DIE VERROHUNG DES FRANZ BLUM.

HHP: War es für Dich eine Veränderung von der Bavaria zur Bioskop?

RH: Das war eine ziemliche Veränderung. Aber ich hatte damals schon Kontakt zu Burkhard Driest. Mit dem bin ich nämlich zur Schule gegangen, in Göttingen.[23] Zwar nicht in eine Klasse, aber wir kannten uns vom Schulhof. Er hatte das Buch geschrieben, *Die Verrohung des Franz Blum*.[24] Dann kam er, und wir haben gesagt, lass uns das zusammen versuchen. So hatte ich schon früh den ersten Stoff für einen Bioskop-Film. Der Film wurde in Hamburg-Fuhlsbüttel gedreht.

HHP: War es auch eine Veränderung gegenüber früher, weil es nun Deine Firma war?

RH: Ohne Junkersdorf hätte ich die meisten der anderen Filme nicht gemacht. Mir hat er mit seiner Produktionsfantasie und seiner kommerziellen Erfahrung die Möglichkeit gegeben, Filme zu drehen, etwa STAMMHEIM (1986), dazu waren die Sender nicht bereit. Oder der Film in Südamerika, BLAUÄUGIG (1989), auch der war schwierig zu finanzieren.

RA: Es ist vermutlich eine ungewöhnliche Konstellation, dass ein Produzent zusammen mit Regisseuren eine Firma gründet. Es gibt nicht mehr den Produzenten, gegen den man als Regisseur versucht, etwas durchzusetzen, sondern man ist Teil der eigenen Firma. Ändert sich dadurch viel?

RH: Es gibt ein Beispiel mit dem Film BLAUÄUGIG, bei dem Götz George die Hauptrolle spielt. Da hat er mir mal vorgeworfen: »Du gibst viel zu schnell auf, nur weil das deine Firma ist.« Ich wollte natürlich schon im Budget bleiben und wusste, dass ich hart an der Grenze war oder überziehe. Ich war keiner, der Geld auftreiben konnte, da war ich völlig unbegabt. In solchen Situationen habe ich mich schon mitverantwortlich gefühlt. Es war also manchmal einzwängend.

HHP: DIE VERROHUNG DES FRANZ BLUM war die letzte Zusammenarbeit mit Wolfgang-Peter Hassenstein. Du hattest das Gefühl, es müsste mal jemand anderes hinter die Kamera. Das war dann Frank Brühne.

Gespräch mit Reinhard Hauff

Eberhard Junkersdorf, Reinhard Hauff, undatiert

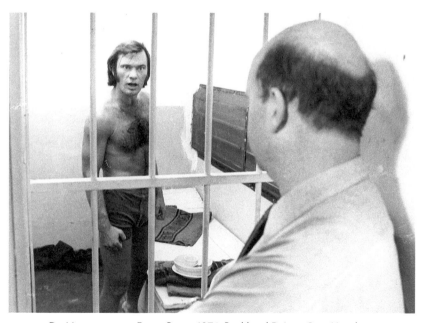

DIE VERROHUNG DES FRANZ BLUM, 1974. Burkhard Driest, Gert Haucke

RH: Frank Brühne war Assistent von Hassenstein. Und mit ihm habe ich dann zunächst ZÜNDSCHNÜRE gedreht. Das war eine reine WDR-Produktion, nach dem Roman von Franz Josef Degenhardt. Auch der Architekt war vom WDR, der Cutter ebenfalls.²⁵

HHP: Und wieder ein historischer Stoff.

RH: Er gefällt mir auch heute noch. Es war nicht leicht, denn wo findet man in Deutschland noch vom Krieg zerstörte Landschaften? Wir haben einen großen Aufwand getrieben, um entsprechende Eindrücke zu erzielen. Besonders schön an dem Film sind allerdings die vier Kinder. Sie haben eine authentische Kraft.

RA: Diese Kinder strahlen auch auf der Tonebene eine ganz starke Kraft aus. Mein Eindruck als Betrachter ist, dass man das durchaus als etwas nervig empfinden könnte, wie laut sie sind und mit welcher Verve von ihnen agiert wird. War es das erste Mal, dass Sie in diesem Maße mit Kindern gearbeitet haben?

RH: Ich kam mit denen sehr gut klar, fand sie auch in ihrer Unterschiedlichkeit toll. Schön finde ich auch den gesprochenen Dialekt des Ruhrgebiets. Wir haben in Ennepetal gedreht, bei Hagen. Da war noch so vieles erhalten, so dass man dort gut drehen konnte, auch dieses Bergwerk. In Ennepetal gab es auch Erfahrungen mit dem Widerstand gegen die Nazis. Es ist ja so etwas wie ein Jugendroman, an dem Degenhardt viel Spaß gehabt hat.

RA: Das Drehbuch hat Burkhard Driest geschrieben. Wieso kam Degenhardt dafür nicht infrage?

RH: Degenhardt hatte gar keine Filmerfahrung. Driest hat ja auch mitgespielt.

RA: Mussten Sie sich auf den neuen Kameramann Frank Brühne in besonderer Weise einstellen?

RH: Das ist erstaunlich gut gegangen. Bis auf BLAUÄUGIG (Hector Morini, Jaroslav Kučera) und PAULE PAULÄNDER (Jürgen Jürges) habe ich anschließend ausschließlich mit Frank Brühne gearbeitet. Den Jürgen Jürges kannte ich sehr gut, weil er der Assistent des Kameramanns von Pfleghar war, Ernst Wild.

Gespräch mit Reinhard Hauff

ZÜNDSCHNÜRE, 1974. Reinhard Hauff, Frank Brühne (von rechts). Werkfoto

ZÜNDSCHNÜRE, 1974. Michael Olbrich, Thomas Visser, Kurt Funk

Rolf Aurich, Hans Helmut Prinzler

HHP: Wie bist Du auf den Stoff von PAULE PAULÄNDER (1976) gekommen?

RH: Der Stoff ist eigentlich die Originalgeschichte eines Freundes von Burkhard Driest, der im Film die Rolle des Schützenkönigs spielt. Er hat seine Lebensgeschichte immer nur erzählt, nie niedergeschrieben, hat sie auch dem Driest erzählt, und der hat sie aufgeschrieben. Wie er eine strenge Kindheit erlebte auf dem Bauernhof. Als PAULE PAULÄNDER 2017 auf der Hommage beim Filmfest München lief, habe ich den Mann wiedergetroffen, das war ein alter Knastbruder von Burkhard.

HHP: Bei diesem Film hast Du mit Laiendarstellern gearbeitet.

RH: Wir haben lange überlegt, wie wir an solch einen Typen herankommen. Einen Schauspieler konnte ich mir in dieser Rolle nicht vorstellen. Wie die Verrückten sind der Regieassistent und ich auf dem Land herumgefahren, von Schützenfest zu Schützenfest, und haben eines Tages auf der Straße einen Typen gesehen, da habe ich gesagt, »guck dir den an«. Der Typ lief so herum wie später der Typ auf dem Plakat. Als wir zu ihm nach Hause

PAULE PAULÄNDER, 1976. Angelika Kulessa, Jürgen Jürges (dritter von links), Reinhard Hauff

gekommen sind, war der Vater da, ein Urvieh. Er hat seine Kinder geschlagen, er lebte auf einem Schrotthof, ein völlig asozialer Typ. Er hatte noch zwei kleine Kinder, die Frau war völlig unterdrückt, es waren grässliche Verhältnisse. Wir haben uns dann gesagt, lass uns doch die beiden nehmen – und beide haben zugesagt, der Vater war sehr geehrt, der Junge hatte zunächst keinen Mut, denn er musste ja in einer Szene seinen Vater schlagen. Wir konnten die Szene nicht durchdrehen, mussten dreimal ansetzen, er konnte den Vater nicht schlagen, weil er Angst vor ihm hatte. Der Vater hat ihm in der Szene gedroht. Der Film ist allerdings letztlich durch diese Laien-Authentizität von Typen wahrgenommen worden.[26]

PAULE PAULÄNDER, 1976.
Manfred Reiss

PAULE PAULÄNDER, **1976**. Manfred Reiss, Manfred Gnoth

HHP: Dieses Authentische gefällt mir auch an ZÜNDSCHNÜRE. Du hast offenbar ein Feeling dafür.

RH: Das sind die Leute, einfach Leute. Ein Schauspieler hat ja immer ein berechenbares Umfeld. Da weiß der Gegenüber immer schon, wann er antwortet und wie groß die Pause sein muss. Beim Laien weiß man das nicht. Ich habe ja oft Laien und Profis zusammen besetzt. Das hat manchmal auch gut geklappt, weil die Profis nie wussten, wie sich der Laie verhält, welche Pause er nimmt, ob er den Satz gleich spricht oder eine Pause macht, ob er wegläuft oder weggguckt. Dann waren auch die Profis oft besser. Wenn man Laien Raum gibt und sie mit ihrer Authentizität den Raum bestimmen können – das ist etwas, was kein Regisseur erfinden kann. Es gab einen tollen französischen Film zu der Zeit, von Louis Malle, LACOMBE, LUCIEN (1974). Die Hauptrolle spielt zwar ein Profidarsteller, aber der hatte die Ausstrahlung eines Laien. Mit diesem Film wurde dann manchmal auch PAULE PAULÄNDER verglichen.[27] Das war für mich ein Ansporn, einen solchen Typen spielen zu lassen, so hilflos, wie er guckt, so zornig, wie er guckt. Ich habe dann ja noch einen anderen Film darüber gedreht, DER HAUPTDARSTELLER

(1977), da haben wir allerdings keinen urigen Typen als Hauptdarsteller gefunden, verglichen mit dem aus PAULE PAULÄNDER.

HHP: Und bei Laien, kann man da auch drei, vier, fünf Einstellungen machen, oder ist die erste oft die beste?

RH: Das ist unterschiedlich. Es kann sein, dass der Laie nach einer Pause noch einmal etwas ganz anderes spielt, dann findet man diese Version viel besser. Man kann eine Szene allerdings nicht beliebig oft wiederholen wie bei einem Profi.

RA: Ihre Beschreibung, dass der Sohn seinen Vater nicht schlagen kann, aus außerfilmischen Gründen – wie haben Sie es gelöst, haben Sie die Szene anders aufgelöst?

RH: Ich konnte die Szene nicht durchdrehen, sondern musste Schnitte machen und sie so aufteilen, dass man es nicht merkt. Es gibt eine Szene, in der er ein Huhn jagt, die konnte ich durchdrehen, das hat der Junge gekonnt, da wusste er, wie es geht. Was ich mit einem Schauspieler so nicht hinbekommen hätte.

LACOMBE, LUCIEN, 1974. Pierre Blaise

Rolf Aurich, Hans Helmut Prinzler

PAULE PAULÄNDER, 1976. Manfred Reiss

RA: DER HAUPTDARSTELLER ist der erste Ihrer Filme, die zunächst im Kino ausgewertet wurden und später im Fernsehen zu sehen waren, gleichwohl stellt er keine direkte Folge des Film/Fernseh-Abkommens von 1974 dar, sondern des besonderen Engagements vonseiten des WDR für die Spielfilmproduktion. Er entstand auch dank des besonderen Engagements des Redakteurs Wolf-Dietrich Brücker, mit dem Sie viele weitere Filme produziert haben.[28] Wie hat sich dieser Film aus dem anderen, PAULE PAULÄNDER, entwickelt?

RH: Der Darsteller des Paule Pauländer hat uns ja regelrecht bedroht. Christel Buschmann und ich haben dort oben auf einem Hof im Landkreis Lüchow-Dannenberg gewohnt und gedreht. Er hat nachts unser Haus fast anstecken wollen. Diese Geschichte war beeindruckend. Es waren Prozesse eines mit seiner Lebensgeschichte Ausgebeuteten. Es gab zu der Zeit die Geschichte, wie Pasolini ermordet wurde (2. November 1975). Er ist ja getötet worden von einem, dessen Fantasie er für seine Poesie benutzt hat. Moralisch denkend, haben wir gedacht, dass die Leute, mit deren authentischem Leben man jetzt fiktional etwas gestaltet, ausgebeutet worden seien. Natür-

Gespräch mit Reinhard Hauff

DER HAUPTDARSTELLER, 1977. Michael Schweiger

DER HAUPTDARSTELLER, 1977. Michael Schweiger, Mario Adorf

lich haben sie das gern gespielt und auch das Honorar gern genommen. Wir haben uns damals diese vielleicht überflüssige Frage gestellt, die nach meiner Meinung alle Leute beschäftigt, die mit Laien arbeiten oder deren Geschichte, deren Kraft, deren Poesie ausnutzen. Auch wenn bei Pasolini noch eine homoerotische Geschichte hinzukommt, im Kern bleibt es doch so, dass er von dem umgebracht wurde, dessen Schicksal oder Lebensweg er benutzt hat. Vor diesem Hintergrund ist DER HAUPTDARSTELLER entstanden. Das Drehbuch hat Christel Buschmann geschrieben.[29]

HHP: War es das einzige Mal, dass sie für Dich ein Drehbuch geschrieben hat? Wie lange kanntet ihr euch da schon?

RH: Das einzige Mal. 1974 haben wir uns kennengelernt.

RA: DER HAUPTDARSTELLER hat große schauspielerische Qualitäten, wieder Hans Brenner, dazu Mario Adorf, auch Vadim Glowna, der als Filmregisseur sehr fragil wirkt …

RH: … Glowna und der Mario Adorf sind ein gutes Paar.

RA: Sie haben vorhin Akim Ahrens erwähnt, aus OFFENER HASS GEGEN UNBEKANNT. Der taucht wiederum nach meinem Eindruck auch im HAUPT-DARSTELLER auf, kann das sein, in einer Nebenrolle?

RH: Er gehörte zum Filmteam in diesem Film.

RA: Und ihr Bruder Eberhard ist ebenfalls dabei.

RH: Das war das einzige Mal, dass wir bei einem Film kooperiert haben. Doris Dörrie spielt ebenfalls mit. Da war sie gerade aus Hannover nach München gekommen.

HHP: Dann sind wir bereits bei MESSER IM KOPF (1978). Nun kommt Peter Schneider ins Spiel als Autor des Drehbuchs.[30] Basierte das auf einer Freundschaft zwischen euch?

RH: Zusammen mit Peter Schneider hatte ich ein anderes Projekt vorgehabt. Auch Volker Schlöndorff hat eine Zeit lang mit Schneider etwas versucht, bis er sich dazu entschieden hat, für DEUTSCHLAND IM HERBST (1978) zu arbei-

Gespräch mit Reinhard Hauff

Peter Schneider, Reinhard Hauff, 1978

ten, so dass er mir dieses Projekt mit Schneider übergab – das aber noch gar keines war. Als ich mit Peter zusammen war, erzählte er mir, dass er einen Freund habe, der einen Unfall erlitten hatte. Und dieser Freund litt unter einer Amnesie. Zusammen mit Peter hat er versucht, seine Sprache wiederzufinden. Parallel dazu hatte Peter mit Rudi Dutschke gearbeitet, um ihm nach dem Attentat bei der Sprachwiederfindung zu helfen. Aus diesen beiden Erfahrungen hat er dann MESSER IM KOPF geschrieben.

HHP: Gleich als Drehbuch oder zunächst als Erzählung?

RH: Gleich als Drehbuch. Das macht auch die Kraft dieses Films aus, wenn man davon reden kann, dass er einfach absolut tolle Dialoge hat, die auch ein Schriftsteller an seinem Schreibtisch nicht einfach erfinden könnte, wenn er nicht diese Erfahrungen gehabt hätte, wo sich auch diese komischen Situationen finden, die sich bei der Sprachfindung von Verwirrten ergeben. Ich meine, der Film lebt ausschließlich von diesen Erfindungen bzw. diesen Findungen. Es sind einfach wunderbare Situationen. Wie sonst kann einer solche Sätze finden?

Rolf Aurich, Hans Helmut Prinzler

Messer im Kopf, 1978. Reinhard Hauff, Heinz Hoenig, Angela Winkler

Messer im Kopf, 1978. Hans Christian Blech, Bruno Ganz

HHP: Und er lebt von Bruno Ganz. Es ist eine ganz starke Darstellung von ihm.

RH: Es sei sein schauspielerisch anspruchsvollster Film, hat Bruno gesagt.

HHP: Wie bist Du auf ihn gekommen? Kanntest Du ihn?

RH: Ich wusste, es kann nur ein sehr guter Schauspieler spielen. Ich kannte keinen, aber dann kam Bruno, der damals in Berlin an der Schaubühne spielte.

RA: War das Ihr erster Film mit dem Cutter Peter Przygodda? War es eine neue Erfahrung?

RH: Das war eine sehr neue Erfahrung. Die war so neu, dass ich nach kurzer Zeit nicht wusste, ob ich das mit ihm weitermachen kann. Weil Przygodda auf meine Frage, ob er das Drehbuch gelesen habe, einfach gesagt hat, »nee, wozu soll ich das lesen? Ich muss ja mit dem Schrott leben, den du mir ablieferst.« Im Fortgang der Arbeit hat er mir immer wieder mal gesagt, ich könne übrigens nach Hause gehen, er habe damit genug zu tun. Er hat dann sehr selbstständig Strecken entwickelt. Ich muss einfach sagen, er war ein besonderer Cutter. Zum Beispiel hat er mir klargemacht, dass Bruno Ganz, ein deutschsprachiger Schauspieler mit Theatertradition, pausenlos einatmet und wieder ausatmet. Er sagte: »Hast du das gemerkt? Das kostet jedes Mal fast eine Sekunde. Das schmeiße ich raus. Das Einatmen und das Ausatmen kommt in den Papierkorb, und dann geht es weiter. Du siehst so, dass der Film viel besser fließt.« Und er hatte so recht. Ich habe dann beobachtet, wie viele deutsche Schauspieler sich unter der Wichtigkeit ihrer Aussage aufmanteln und wieder abmanteln. Bruno, der viele Klassiker von der Bühne gewohnt war, hat das auch gehabt. Wir haben es ihm so nicht gesagt, doch auch er hat gemerkt, wie recht Peter hatte. Außerdem konnte Peter sehr gut Musik einsetzen, entweder in eine andere Szene herüberziehen oder sie vorbereiten, und brachte auch so den Film besser zum Fließen. Darauf kommt es doch an, dass es weitergeht und man nicht dauernd Stopp macht und wieder anfängt. Deutsche Schauspieler halten ja oft eine Rede, machen einen Hauptsatz, danach machen sie einen Punkt und fangen wieder an. Es fließt nicht. Dieses Gefühl, dass sich ein Film bewegt und zu anderen Höhepunkten treibt oder abflaut, das habe ich noch bei keinem so gespürt wie beim Przygodda. Deswegen haben wir dann auch weiter zusammengearbeitet.

RA: Die Handlung wird so beschleunigt.

RH: Es gibt nicht ständig diese Stopps, es wirkt schlanker, nimmt aber nichts von der Wichtigkeit der Texte, es hat nur nicht diese Aussagenschwere. Wenn ich mir manchmal deutsche Filme ansehe, sehe ich, wie sie sich ein bisschen plustern, wenn sie etwas zu sagen haben. Wenn man amerikanische Filme sieht, gibt es das nicht. Und das hat einen Vorteil, es mindert auch nicht die Aussage.

RA: Hat die Fähigkeit Przygoddas, mit Musik gut umgehen zu können, vielleicht im Fall von MESSER IM KOPF auch etwas mit der Musik selbst zu tun, mit der Musik von Irmin Schmidt? Sie scheint mir dafür sehr geeignet, da sie selbst etwas Fließendes hat.

RH: Das stimmt. Die beiden haben sich sehr gut verstanden. Ich habe den Przygodda aus diesem Grund auch LINIE 1 (1988) machen lassen, weil er mit Musik sehr gut umgehen konnte.

HHP: Konntest Du stets entscheiden, mit welchem Cutter Du zusammenarbeiten wolltest?

RH: Ja. Przygodda war weniger an Inhalten interessiert, aber an dem Fließen und an dem Outfit des Films, wenn man so will. Peter hat sehr viel mit Studenten an der Filmschule in München gearbeitet und auch eigene Filme gemacht, ALS DIESEL GEBOREN (1979) zum Beispiel.

HHP: Mit ENDSTATION FREIHEIT (1980) kommen wir zurück zu Burkhard Driest. Das hatte auch mit ihm selbst zu tun, mit dem Schreiben und dem Verwickeltsein in ein Verbrechen. Es war ein Vorschlag von ihm, den Film zu machen.

RH: Rolf Zacher hat dafür sogar einen Bundesfilmpreis bekommen. Driest und er kamen gut miteinander klar. Aber ich kann nicht sehr viel zu dem Film sagen, denn letztlich habe ich mich von ihm ein bisschen distanziert.[31]

HHP: Dann springen wir zu DER MANN AUF DER MAUER (1982).

RH: Wieder war Peter Schneider der Autor. Hier gibt es seine literarische Vorlage, *Der Mauerspringer*, eine wahre und verrückte Geschichte über diesen

Gespräch mit Reinhard Hauff

ENDSTATION FREIHEIT, 1980. Rolf Zacher

ENDSTATION FREIHEIT, 1980. Burkhard Driest, Rolf Zacher

Mann, der immer hin und her über die Grenze geht.[32] Den wollte erst Bruno Ganz spielen. Aber ich hatte mich ein bisschen mit Bruno verhakt. Nach dem Film habe ich mich mit ihm gestritten und gesagt: »Bruno, das schaffe ich nicht, wenn du einen solchen inneren Widerstand hast, auch wenn du die Rolle gern spielen würdest.« Damals war, nach dem Film THEO GEGEN DEN REST DER WELT (1980, Regie: Peter F. Bringmann), Marius Müller-Westernhagen im Gespräch. Wir haben gedacht, das wäre eine Möglichkeit für DER MANN AUF DER MAUER. Dann haben wir noch eine Schauspielerin gesucht, das wurde aus dem Film von Christel, COMEBACK (1982), die Amerikanerin Julie Carmen. Der Dreh an der Mauer war kompliziert. Es wurde in Berlin ein Stück Mauer gebaut, denn an der echten Mauer konnten wir nicht drehen. So fanden es auch einige Leute ziemlich empörend, noch eine Mauer im Westen aufzubauen. Das haben wir vor allem deshalb gemacht, weil die Hauptfigur am Ende darauf balancieren musste. Es war eine verrückte Geschichte. Eigentlich war damals die Einsicht, dass es weder hier noch da, sondern irgendwo dazwischen eine Lösung geben müsste. Im Film sagt die Hauptfigur auch, dass sie nicht hier und nicht da zu Hause sei.

RA: Können Sie sich noch daran erinnern, wieso bei Ihrem Film die Paramount Film Production aus München dabei gewesen sein soll?

RH: Das war eine der vielen Komplikationen, wie man solch einen Film produziert. Da hat der Junkersdorf Kontakte gehabt. Es war nicht leicht, diesen Film zu finanzieren. Übrigens spielte darin noch ein wunderbarer Schauspieler mit, der Towje Kleiner. Den mochte ich sehr gerne. Der war ein bisschen verrückt, ein bisschen schräg.

HHP: Jetzt machen wir einen kleinen Ausflug zum Goethe-Institut. Hintergrund ist Dein Film ZEHN TAGE IN CALCUTTA, mit und über Mrinal Sen, von 1984. Du warst sehr lange für das Goethe-Institut als Vermittler tätig. In den Sitzungen haben wir uns manchmal getroffen. Welche Bedeutung hatte das Institut für Dich?

RH: Ich war so etwas wie ein ständiger Beirat Film, habe Filmtipps gegeben. Die Bedeutung des Goethe-Instituts für mich ist sehr groß. Ich habe auf diese Weise sehr viel gesehen und viele Kontakte und Eindrücke gewonnen. Heute folgt das Institut einer anderen Ideologie, man will nicht mehr die deutsche Kultur ins Ausland bringen, sondern eher umgekehrt. Sehr viele Leute habe ich durch diese Reisen kennengelernt, doch bei Mrinal Sen gab

Gespräch mit Reinhard Hauff

DER MANN AUF DER MAUER, 1982. Reinhard Hauff, Julie Carmen, Marius Müller-Westernhagen. Werkfoto

ZEHN TAGE IN CALCUTTA. BEGEGNUNG MIT MRINAL SEN, 1984. Frank Brühne, Reinhard Hauff, Mrinal Sen (vorne). Werkfoto

es eine ganz frühe Geschichte, die hatte mit dem Goethe-Institut gar nichts zu tun. Ich bin mit einer deutschen Filmdelegation nach Indien geflogen, die bestand aus dem Leiter der FSK, der Freiwilligen Selbstkontrolle der Filmwirtschaft, Ernst Krüger, der Schauspielerin Johanna Matz und Reinhard Hauff. Das muss vor oder während MATHIAS KNEISSL gewesen sein, also um 1970. In Indien war man eigentlich nur interessiert an Herrn Krüger.[33] In Kalkutta wurde mir gesagt, ich müsse unbedingt Satyajit Ray kennenlernen. Als ich zu ihm kam, hat er gesagt, »kommen Sie doch zu mir ins Atelier, ich zeige Ihnen, was ich so mache«. Da hat mich der berühmte Ray, dessen Apu-Trilogie ich schon kannte, eingeladen und mir seine Musikinteressen vorgespielt. »Sie müssen noch einen kennenlernen«, hat er dann gesagt, »der heißt Mrinal Sen«. Daraus ist eine richtige Freundschaft entstanden. Über viele Jahre haben wir uns besucht, er war ein paar Mal auch in Berlin und in München. Mrinal Sen habe ich außerdem kennengelernt über einen Film, das war CALCUTTA '71 (1972). Und ihn habe ich parallel kennengelernt zu einem anderen Menschen, dem ich 1972 in Cannes begegnet bin – Nagisa Ōshima. Ōshima und Sen haben mich beeindruckt, weil sie in der Lage waren, Filme zu machen, die einem realistischen Leben nahekamen. Sie waren nicht so künstlich, sondern hatten den Rhythmus der Straße, der Zeit, das wollte ich selbst immer erreichen. Von Sen, dessen Filme ich vermutlich vollständig kenne, und seiner Arbeit war ich dermaßen fasziniert, dass ich irgendwann beschlossen habe, darüber einen Film zu machen. Mit Frank Brühne zusammen bin ich dann nach Indien geflogen. In ZEHN TAGE IN CALCUTTA sind Filmausschnitte seiner früheren Arbeiten enthalten, aber auch die Geschichte seiner Familie, der Entwicklung seiner Filme, es kamen natürlich auch noch andere indische Schauspielerinnen und Schauspieler vor, die mit ihm gearbeitet haben. Mrinal Sen war eben ein Besessener. Von der Wirklichkeit besessen. Er konnte unheimlich reden, den ganzen Tag lang, er konnte gar nicht aufhören zu reden. Ich habe dann seine Frau gefragt, was sie denn machen würde, wenn er mal aufhört zu reden. Ihre Antwort war, dass ihn sein Sohn einmal unterbrochen habe beim Reden. Daraufhin sei er eingeschlafen. Mrinal Sen ist 2018 mit über 90 gestorben.

RA: Sie haben die Rolle von Mrinal Sen sehr betont. Würden Sie so weit gehen, ihn als Lehrmeister zu bezeichnen?

RH: Das nicht. Aber ich war sehr beeindruckt von seinen Filmen. Ich habe seine Möglichkeiten kennengelernt, unter welchen Bedingungen er dreht, seine Produktionsleiter und einige seiner Schauspieler konnte ich kennenlernen, und was ihn fasziniert hat. Vor allen Dingen habe ich bewundert, wie man in diesem Indien, wo oft Millionen auf der Straße sind, in Städten wie Kalkutta zum Beispiel, wie man da drehen kann oder überhaupt noch etwas zustande bringt. Seine Familiengeschichten habe ich ebenfalls sehr bewundert. Dazu noch seinen Einsatz für Jugendliche und Entrechtete. Es gibt einen wunderbaren Film von ihm, AKALER SANDHANE / IN SEARCH OF FAMINE (1981), über die Hungersnöte. Ich habe viel von Kalkutta über ihn kennengelernt und so ein bisschen von Indien verstanden. Es ist sehr schwer zu verstehen, dieses soziale Gefüge und Kastensystem, dieses gegen- und miteinander. In meinem Film wird das auch gezeigt, wir haben versucht, irgendwelche Ähnlichkeiten festzustellen. Im Film kommt vor, dass Sen auch ein gewisses Verständnis für meine Empathiemöglichkeiten im Film aufgebracht hat. Es gibt ein Mädchen, eine Laiin, die in seinem Film mitspielt und die nicht verstehen konnte, dass der Film irgendwann aus ist und dass sie ganz normal weiterleben muss. Sie folgt ihm in die Stadt – in der Wirklichkeit. Sie hat ihn gesucht, hat gedacht, es ginge jetzt irgendwie weiter und er würde ihr weiterhelfen in der Stadt. Er aber musste sich eingestehen, dass er nicht mehr weiterhelfen kann. Er hat sie auch benutzt, gebraucht, aber dann fallengelassen. Und mit dieser Einsicht haben wir uns dann mit dem Film generell auseinandergesetzt. Gerade bei Laien in einer Stadt wie Kalkutta, wenn es das erste Mal regelmäßiges Essen für sie gibt, ist es ein unheimlich trauriger Moment in dem Film, wenn plötzlich der, der ganz lieb war, der Regisseur, seine eigenen Wege geht und ihr nicht mehr helfen kann. Das vergesse ich nie mehr, es ist wirklich passiert. Er geht in das Dorf, wo sie lebt, und sie will ihm dann wieder folgen. Authentische Figuren zu benutzen, ihnen eine Illusion zu geben und diese dann nicht erfüllen zu können, das ist ein Thema, das ihn beschäftigt hat in seinem Film AKALER SANDHANE, aber mich eben auch, zum Beispiel in DER HAUPTDARSTELLER.

HHP: Jetzt kommen wir zu anderen authentischen Personen – in STAMMHEIM.

RH: Das war einzig Stefan Aust. Denn es gab keinen, der ein solch enzyklopädisches Wissen über die Zusammenhänge hatte wie er, der sich damit jahrelang – als Journalist für den *Spiegel* und schon vorher – befasst hatte und wirklich wusste, wer was wann zu welcher Zeit und mit welchen Folgen gemacht hat, wie er bestraft wurde und wo er sitzt. Es ist wirklich sein Buch. Der hat mich eines Tages angerufen und gesagt: »Ich habe Zugang zu den Akten, die Protokolle aus Stammheim liegen hier in einer Garage«. Er hatte sofort gedacht, es sei eigentlich ein toller Filmstoff. Auf seine Frage, was ich dazu meine, habe ich gesagt, er solle mir eine Probe schicken – und dann habe ich ihm sehr schnell zugestimmt. Es ging dann vor allem um die Frage, wie man aus dieser Menge an Material eine normale Filmlänge herstellen könne. Auch um die Frage, wo etwas Erlebbares enthalten ist, das den Tatsachen entspricht – und wo tricksen Angeklagte und Richter nur herum, was ist gefaket? Wir haben deshalb vieles ausgeklammert. Anschließend gab es aber immer noch eine große Textmenge, ungeeignet für das Kino. Wir haben in einer leeren Hamburger Fabrikhalle in einer Dekoration gedreht, die dem Gefängnis in Stammheim nachempfunden war. Gebaut hat sie übrigens der Bruder von Jürgen Flimm, Dieter Flimm. Nachdem wir die Rollen besetzt hatten, haben wir geprobt. Worauf wir Wert gelegt haben: dass die Personen äußerlich nicht den Vorlagen entsprachen, jedoch von ihrer Ausstrahlung und Mentalität. Ulrich Tukur sah nicht aus wie Andreas Baader, aber er war so beweglich wie er. Ich habe dann zu den Schauspielern gesagt, ihr müsst einfach schneller reden. Die meisten Schauspieler haben eingewandt, sie würden dann nur noch wie Maschinen reden, so dass der Inhalt nicht mehr verstanden wird. Wir haben es dennoch probiert, mit der Stoppuhr, und es ging dann irgendwann, zwar unter großen Protesten, aber wir kamen doch auf eine akzeptable Zeit. Es gab eine weitere Möglichkeit. Ich dachte mir, dass das Pensum nur zu schaffen sei, wenn man mit zwei Kameras dreht. Das haben wir gemacht, manchmal überlappend, der zweite Kameramann neben Frank Brühne war Günther Wulff. So haben wir das Pensum geschafft, denn wir hatten nur etwa 14 Tage Drehzeit. Dazu noch einen Tag in Stammheim, das Originalgebäude von außen. Mehr Geld hatten wir nicht. Wir haben das Ganze nur möglich machen können durch die Hamburger Filmförderung und durch Jürgen Flimm.[34] Der wollte sofort mitmachen, weil er dachte, das sei ein tolles Thema auch für sein Thalia-Theater. Bei der Filmförderung in Hamburg gab es damals einen Kultursenator, Wolfgang Tarnowski, der sagte, das gab's ja nun einmal, damit müssen wir uns auseinandersetzen.

RA: War das Fernsehen daran nicht beteiligt?

RH: Nein, das Fernsehen hatte abgelehnt. Wolf-Dietrich Brücker hat mir das noch einmal gesagt, er selbst hätte mitgemacht, aber Gunther Witte und noch jemand hätten ihm gesagt, das können sie nicht machen. Und da ich wusste, dass der WDR nicht dabei ist, mussten wir dann diese Lösung finden. Ohne Junkersdorf, der das flexibel hinbekommen hat, hätte ich das nicht geschafft.

Gespräch mit Reinhard Hauff

STAMMHEIM, 1986. Hans Kremer. Aushangfoto

Filmfest 79 in Hamburg, September 1979. Reinhard Hauff, Alexander Kluge

HHP: War Hamburg Dir auch dankbar dafür, dass Du 1979 das Hamburger Filmfest mitbegründet hast?

RH: 1979 war ich nach MESSER IM KOPF ziemlich aktiv in der Filmpolitik. Es ging darum, dass hier in München jemand ein Filmfestival gründen wollte, der hieß Alfred Wurm und war Leiter der Modewoche. Wie soll das gehen, fragten wir uns, wir waren total gegen eine solche Idee.[35] Wir, das waren die Bundesvereinigung des deutschen Films, die BuFi,[36] und die hiesigen Filmemacher. Wir sind dann ins Rathaus gegangen zu dem damaligen Bürgermeister, Peter Fleischmann, Hark Bohm, ich, und haben dem gesagt, das bringt nichts. Anschließend kam Hark Bohm und sagte, er hätte ein Angebot vom Hamburger Senat, vom Sprecher des damaligen Ersten Bürgermeisters, Hans-Ulrich Klose. Wir sollten nach Hamburg kommen.[37] Daraufhin haben wir uns einen Zug genommen und sind mit 40 Leuten von München nach Hamburg gefahren, wo wir mit Musik empfangen wurden und das erste Hamburger Filmfest gemacht haben. Das war u.a. die Geburt der Hamburger Filmförderung. Norbert Kückelmann gehörte ebenfalls zu der Gruppe, die nach Hamburg fuhr, auch Alf Brustellin und Bernhard Sinkel.

HHP: Wir kommen zu Deinem Film LINIE 1, das war 1988.

RH: Ich bin nach Berlin gefahren, habe mir eine Vorstellung des Grips-Theaters angesehen und war ziemlich angetan von *Linie 1*, weil dort mit elf Personen ein Riesenpersonal vorgetäuscht wurde, alle spielten verschiedene Rollen. Dies und die Musik haben mich begeistert. Zusammen mit Volker Ludwig, dem Leiter des Theaters, bin ich zu einem Mann gefahren, der das Projekt auch gut fand, dem damaligen Direktor des Goethe-Instituts in Turin, Klaus Vetter. Er ließ uns dort wohnen, während wir das Drehbuch entwickelten. Zurück in Berlin, haben wir das Projekt realisiert, in einer leeren Halle bei Atze Brauner in Spandau. Ein oder zwei Wochen lang wurde dort trainiert, nicht zuletzt die Choreografie, entsprechend der Größe der Räume. Ein Problem war jedoch: Wie können wir die U-Bahn dort hineinbringen? Mit Kränen haben wir einen ganzen Waggon in die Halle eingesetzt und wussten nicht, ob die Studiodecke das aushalten wird. Anschließend war Brauner so frech, dafür noch etwas zu verlangen. Dabei war Junkersdorf hart beim Verhandeln. Das Drehen hat nicht viele Tage gedauert. Wir haben viele Elemente der Bühnenfassung vom Grips-Theater übernommen (Regie: Wolfgang Kolneder). Einige Leute haben wir dazu geholt, einige kleinere Rollen besetzt mit Figuren von außen, unter anderem mit Hark Bohm und Dieter Hildebrandt. Der Hauptdarstellerin aus der Grips-Inszenierung hätte man im Film nicht abgenommen, dass sie 15 Jahre alt sein soll. Wir mussten also eine jüngere Darstellerin suchen. Wir fanden Inka Groetschel. Die Musikaufnahmen waren vorher gemacht worden, wir haben die Musik dann als Playback eingespielt. Es spielten noch ein paar andere mit, etwa Andreas Schmidt, er spielte den Mann mit Hut. Dann kam die große Erstaufführung, eingeladen zur Berlinale. Als die erste Rolle gestartet werden sollte, fiel sie vom Teller. Als sie nach zehn Minuten wieder aufgerollt war, habe ich gedacht, jetzt sei alles vorbei. Doch der Film wurde freundlich aufgenommen.[38] Wir hatten mit positiven Zahlen gerechnet, aber LINIE 1 war dann doch ein wenig limitiert. Im Norden lief es sehr gut, im Süden weniger. Man muss auch dazu sagen, dass das Stück *Linie 1* in vielen Ländern aufgeführt wurde. Zum Beispiel gab es in Indien eine sehr gute Fassung, aber die tollste Version gab es in Korea. Zur 1000. Aufführung waren Volker Ludwig, der Komponist Birger Heymann und ich in Korea. Das war eine sehr gute Fassung, die dann später auch mal in Berlin gastiert hat, mit großem Erfolg.

LINIE 1, 1988. Reinhard Hauff, Frank Brühne (Hintergrund). Werkfoto.
Foto: Peter Gruchot

Linie 1, 1988

HHP: Jetzt gibt es wieder einen harten Schnitt – es wird BLAUÄUGIG.

RH: Ein interessanter Fall. Christel Buschmann, die schon lange vor meiner Zeit an der dffb zusammen mit Yaak Karsunke Drehbuch unterrichtet hatte, hatte von einer Studentin der HFF München, Dorothee Schön, ein Drehbuch bekommen, das sie mir mit dem Hinweis gab, vielleicht würde es mich interessieren. Ich fand es interessant, auch weil ich damals in München einen Studenten aus Argentinien kennengelernt hatte, Carlos Echeverría. Er hatte an der HFF München einen Film gedreht, JUAN – ALS WÄRE NICHTS GESCHEHEN (1987), über einen Verschwundenen in Argentinien, ein Dokumentarfilm. Vielleicht, dachte ich, könnte man mit dem Drehbuch und mit Carlos etwas machen. Carlos ist als zweiter Regieassistent mitgeflogen, hat mich dort in Argentinien in die Verhältnisse eingeführt und mit Leuten bekannt gemacht. Wir haben dann einen argentinischen Koproduzenten gefunden, Héctor Olivera.[39] Es war aber kompliziert, darüber hinaus auch finanziell limitiert. Ich konnte deshalb nicht den eigenen Kameramann mitnehmen, das wäre zu teuer geworden. Also nahm ich einen Kameramann von dort, Hector Morini. Da der erste Teil des Films in der Tschechoslowakei spielt, habe ich auch noch einen tschechischen Kameramann genommen, der hieß Jaroslav Kučera, einer der berühmten tschechischen Kameraleute. Er drehte den Teil in der ČSSR. Es ist die Geschichte der Ermordung Reinhard Heydrichs, Leiter des Reichssicherheitshauptamts und Stellvertretender Reichsprotektor in Böhmen und Mähren, und des Racheakts der Deutschen an dem Dorf Lidice. Deswegen drehten wir das in der ČSSR. Die Geschichte des von den Nazis wegen blonder Haare und blauer Augen geraubten Kindes, das dann entführt wurde nach Argentinien, wo es bei Militärs aufwuchs – eine sehr komplizierte Geschichte, die drehten wir in Argentinien, mit Götz George in der Hauptrolle. Wir dachten, das wäre eine Rolle für ihn. Er hat das auch gern übernommen, es war aber nicht ganz einfach, denn er sprach ebenso wenig Spanisch wie ich. Seine Gegenspieler sprachen wiederum nur Spanisch. Wir haben sehr gute argentinische Schauspieler bekommen, der Hauptdarsteller Miguel Ángel Solá war einer der berühmten argentinischen Schauspieler, der bei Fernando E. Solanas Hauptrollen gespielt hat, zum Beispiel in SUR (1988).

HHP: War der Film denn erfolgreich?

RH: Nein. In Deutschland hat sich kaum jemand dafür interessiert.

BLAUÄUGIG, 1989. Martin Korinek, Jan Preucil

MIT DEN CLOWNS KAMEN DIE TRÄNEN, 1990. Sunnyi Melles, Reinhard Hauff. Werkfoto

HHP: Auch Götz George war nicht kassenträchtig?

RH: Nein. Aber ich habe einen Preis dafür gewonnen. Und zwar in Kuba, wo er bei einem Festival als bester nicht südamerikanischer Film ausgezeichnet wurde.

HHP: Und dann, drei Teile, MIT DEN CLOWNS KAMEN DIE TRÄNEN (1990).

RH: Es war ein Angebot der Bavaria und des WDR, von Wolf-Dietrich Brücker. Johannes Mario Simmel, nach dessen Buch der Film entstanden ist, war sehr solidarisch. Das Buch haben Wittenburg und Vocks geschrieben. David Slama stand hinter der Kamera, weil Frank Brühne nicht konnte.

HHP: Und dann warst Du bereit für die dffb.

RH: Ich habe mir gesagt, bevor ich wieder eine Auftragsarbeit mache, die mir nicht liegt, gehe ich auf das Angebot ein.

HHP: Du warst als Direktor der dffb Nachfolger von Thomas Koebner.[40]

RH: Oh ja. Ich weiß noch, wie er mich durch die Berliner Schule an der Pommernallee geführt hat. Dann wurde es die Heerstraße, bevor es die Potsdamer Straße wurde.

HHP: Als Du an die dffb kamst, war eine Deiner ersten Maßnahmen die Einrichtung eines Cafés. Du brauchtest Kommunikationsraum. Eine weitere Neuerung war die Erweiterung der Filmschule um einen Drehbuchbereich. Uschi Keil war dabei Deine erste Mitinitiatorin, bevor sie dann zur Agentur Above The Line ging. Es kam noch die Produktionsklasse dazu. Diese Weiterungen waren Dir sehr wichtig.

RH: Damals dachte ich, das sei wichtig.

HHP: Ist es auch. Die dffb war ja gemessen an München und Ludwigsburg in ihrem Angebot eher begrenzt. Von der Vielgestaltigkeit in Babelsberg wollen wir gar nicht reden. Diese Öffnung ist eine große Leistung von Dir.

RH: Ich erinnere mich noch an den Versuch einer Zusammenarbeit mit der HFF Babelsberg. Es kam aber nicht dazu. Man war zueinander kommunikativ-freundlich, doch es gab keine Möglichkeit der Kooperation. Babelsberg hatte eine andere Struktur und gute Voraussetzungen, was die Kapazitäten und den Platz angeht. Während an der dffb nur unten in der Garage ein ganz kleines Studio eingerichtet worden war. Ich weiß noch, dass Michael Ballhaus sagte: »Der Raum ist klein, aber ich sage dir eins, du brauchst keine feste Deckenbeleuchtung, das macht man heute nicht mehr. Man beleuchtet einzeln mit Stativen.« Ich habe mich bedankt, das sparte viel Geld. Ich war noch die Studios gewohnt, wo oben an der Decke ganze Batterien von Lampen installiert waren.

HHP: Du konntest an die dffb viele Leute holen?

RH: Ich habe mir eine Liste aufgezeichnet mit Leuten, die ich geholt habe. Ich fange mal an: Mrinal Sen, Edward Yang, der Taiwanese, Tony Gatlif, der Franzose, Jiří Menzel, Ken Loach, Theo Angelopoulos, der Grieche, Pino Solanas, der Argentinier, Kathryn Bigelow, die Amerikanerin, Peter Lilienthal, Volker Schlöndorff, Michael Ballhaus, Aleksandr Sokurow, Nagisa Ōshima, Goran Radovanović, Mike Leigh, Dani Levy, Tilda Swinton, Mogens Rukov, der dänische Drehbuchautor, Harvey Keitel, Michael Haneke, Ulrich Seidl, Werner Herzog, Stefan Aust, Peter Glotz, Tankred Dorst,

Antonio Skármeta, Hinderk Emrich, Burkhard Driest, Stefan Dähnert, Werner Kließ, Andreas Dresen, Rosa von Praunheim, Andres Veiel, Jürgen Jürges, Naum Klejman, Carlo Rola, Kurt Rittig, Benjamin Reding, David Slama, Hans-Joachim Schlegel, Peter Sehr, Michael Verhoeven, Margarethe von Trotta, Wim Wenders, Paul Wolansky, Don Bohlinger, Günter Reisch, Siegfried Zielinski, Christian Ziewer, Regina Ziegler, Wolfgang Becker, Wolfgang Kohlhaase, Jutta Brückner, Oliver Czeslik, Bernard Eisenschitz, Alexander von Eschwege, Michael Esser, Urs Egger, Vadim Glowna, Nico Hofmann, Eberhard Junkersdorf, Klaus Keil, Sławomir Idziak, Krzysztof Zanussi, Yaak Karsunke, Reinhard Münster, Torsten C. Fischer, Sten Nadolny, Stefan Lukschy, Wieland Speck, Peter Carpentier, Chris Kraus, Sascha Arango, Angelina Maccarone, Chris Doyle.

Das Gespräch mit Reinhard Hauff wurde von Hans Helmut Prinzler und Rolf Aurich am 22. Oktober 2019 in München geführt.

1 Regierungsdirektor Wolfgang Hauff, 1899–1981, und seine Frau Irmgard (geb. Zeddies), 1907–1979. — **2** Geboren am 13.3.1932 in Demmin/Pommern. Der älteste Bruder ist Günter, geboren 1929. — **3** Peter Glotz, 1939–2005, Politiker (SPD), Publizist, Kommunikationswissenschaftler. — **4** Vgl. dazu Peter Glotz: *Von Heimat zu Heimat. Erinnerungen eines Grenzgängers.* Berlin: Ullstein 2005, S. 53 f. Zu den Laienspielaufführungen gehörte die Aufführung von Albert Camus' dreiaktigem Schauspiel *Das Mißverständnis* in der Aula der Bismarckschule am 14., 16. und 17. April 1959. Die Regie führte Peter Glotz, der auch die Rolle des Jan spielte, Reinhard Hauff war der alte Hausdiener. In der *Hannoverschen Allgemeinen Zeitung* resümierte der Kritiker Claus Harms am 16.4.1959 unter der Überschrift »Glänzende Laien-Aufführung«: »Dem Quartett der Darsteller ist ungewöhnliche Begabung und starke Persönlichkeitsausstrahlung nachzurühmen. [...] In wirkungsvollem Kontrast zu der Starrheit der Frauen die Arg- und Harmlosigkeit des sympathischen Peter Glotz. Wortlos-unheimlich schlurfte der alte Hausknecht Reinhard Hauffs durch dieses trostlose Gefängnis der Seelen. Alles in allem: Es war ein Erlebnis.« Für die Aufführung zeichnete die jugendeigene Zeitschrift *pegasus* als Veranstalter, die von Harms in demselben Blatt am 15.4.1959 unter der Überschrift »Zehn Hefte *Pegasus*. Jugendzeitschrift für Kunst und Literatur« vorgestellt wurde. Dieses seit Ende 1956 erscheinende »Forum der Meinungen«, in dem Jugend zu Jugend sprechen sollte, hatte eine Auflage von 3.000 Exemplaren erreicht und widmete sich mit dem zehnten Heft überwiegend dem Camus-Stück. In der Vorbemerkung dieser Ausgabe heißt es: »Der Kreis der Aufführenden hat sich hauptsächlich durch gemeinsame Arbeit am *pegasus*, beziehungsweise ähnlichen Versuchen (*Lit 57*), zusammengefunden.« (S. 1) Texte von Hauff ließen sich in den bei der Jungen Presse Niedersachsen überlieferten

Heften nicht ermitteln. Peter Glotz amtierte zeitweise als »Schriftleiter«. Laut eigener Auskunft führte Hauff nach dem Abitur 1960 Regie bei einer Inszenierung von Strindbergs *Fräulein Julie*, die Hauptrolle übernahm danach Glotz. — **5** An der Studiobühne der Theaterwissenschaft der Universität München war Hauff nach eigener Auskunft beteiligt an einer Inszenierung von Edgar Allan Poes *Politian*, ein selten aufgeführtes, nicht fertiggestelltes Stück. — **6** Die Produktion wurde abgebrochen. Einige Szenen wurden in andere Shows übernommen. Möglicherweise handelt es sich dabei um Bestandteile einer der von Hauff inszenierten Shows. Im Vorlass Reinhard Hauff (Kiste 10, DFF – Deutsches Filminstitut & Filmmuseum, Frankfurt am Main) findet sich ein entlegener Hinweis darauf, dass diese Arbeit mit Charlie Rivel Teil der 1967/68 entstandenen Sendefolge GUTEN ABEND. TÖNE, TAKTE UND THEATER gewesen ist. — **7** Vermutlich »Ein Clown bleibt ein Clown«. — **8** Michael Pfleghar, 1933–1991. Er galt in den 1960er Jahren als einer der profiliertesten und bekanntesten Fernsehregisseure Deutschlands, zudem drehte er auch Filme für das Kino. An seiner deutsch-italienischen Koproduktion SERENADE FÜR ZWEI SPIONE / SINFONIA PER DUE SPIE (1965) wirkte Reinhard Hauff als Regieassistent mit. Während der Dreharbeiten in und um Las Vegas, erinnert sich Hauff, sei sein eigener Film BUONA SERA IN LAS VEGAS. EINE SHOW MIT LOUIS PRIMA entstanden. Mit der vom WDR in Auftrag gegebenen und bei der Bavaria entstandenen vierteiligen Pfleghar-Reihe LIEBEN SIE SHOW …? (1962–1963) wurde eine solche Produktion erstmals in Deutschland seriell hergestellt, Vor- und Abspann waren mit einheitlichen Sequenzen versehen und wurden für jede Folge modifiziert. Diese Show müsse »als musikalische Fernsehunterhaltung schlechthin begriffen werden«, heißt es bei Otto Gmelin, Pfleghar habe damit »neue Maßstäbe gesetzt« (*Philosophie des Fernsehens I*. Pfullingen: Selbstverlag 1967, S. 45). Eine Einordnung von Pfleghars Entwicklung bei der TV-Show bietet Karl Günter Simon: Pfleghar oder Warum ist die Unterhaltung keine Königin? Teil I und II (Reihe: Stile und Profile im deutschen Fernsehen). In: *film* (Velber), Nr. 10, Oktober 1966, S. 24–27, Nr. 12, Dezember 1966, S. 22–26. Zu Pfleghar zuletzt Thorsten Krämer: Verführer im System. Der Film- und Fernsehregisseur Michael Pfleghar. In: *Geliebt und verdrängt. Das Kino der jungen Bundesrepublik Deutschland von 1949 bis 1963*. Hg. von Claudia Dillmann und Olaf Möller. Frankfurt am Main: Deutsches Institut – DIF e. V. 2016, S. 397–401. — **9** Rolf von Sydow, 1924–2019, Regisseur, Schauspieler, Autor, Produzent. 1960 Fernsehregievertrag bei der Bavaria Atelier GmbH, fortan als freier Regisseur tätig. 1973–1977 Leiter der Hauptabteilung Fernsehspiel des Südwestfunks Baden-Baden, 1977–1979 verantwortlich für Fernsehspiel und Unterhaltung beim Saarländischen Rundfunk Saarbrücken. Titel von Hauffs Regieassistenzen bei von Sydow ließen sich nicht ermitteln. — **10** Pseudonym für Gisela Kreutzmann. — **11** Für eine Unterhaltungsshow von Michael Pfleghar hat Walser das Buch geschrieben, EINE KLEINE GROSSE REISE MIT 6 MUSIKALISCHEN STATIONEN (1956). — **12** Werner Kließ: Ein paar große Minuten des Fernsehfilms. AL CAPONE IM DEUTSCHEN WALD und DIE REVOLTE. In: *Film* (Velber), Nr. 12, Dezember 1969, S. 37–38. Kließ stellt in diesem Artikel Hauffs Film gegen die Arbeit von Franz Peter Wirth aus demselben Jahr. — **13** Damit hatte Fritz Umgelter zuvor einen Nordpolfilm gedreht (SIEBEN WOCHEN AUF DEM EIS, 1967). — **14** Das Electronic-Cam-Verfahren, die Verbindung von 35-mm-Film- und Fernsehkontrolle, wurde weiterentwickelt und soll sich auch für die Herstellung von Farb-Fernsehprogrammen bewährt haben. Vgl. *10 Jahre Bavaria 1959–1969*. Hg. von der Bavaria Atelier GmbH. München: Geiselgasteig o. J. [1969], S. 30 [dort auch Foto der EC]. — **15** Vgl. dazu das Gespräch mit Wolfgang-Peter Hassenstein in diesem Band. — **16** Im Film selbst, DIE GIRLS VON TAKARAZUKA. DAS GRÖSSTE REVUE-THEATER DER WELT ZU GAST IN PARIS (1966), ist von etwa 80 Frauen die Rede, die in Paris gelandet sind. — **17** Von Georg Feil, Reinhard Hauff und Philippe Pilliod, Autoren des Films, stammen die Fragen zu drei Interviews mit zwei Medizinern und einem Regierungsdirektor, die abgedruckt sind in Heine Schoof: *Erklärung*. Frankfurt am Main: Suhrkamp 1971, S. 209–226. — **18** Martin Sperr: *Der Räuber Mathias Kneißl. Textbuch zum Fernsehfilm*. Frankfurt am Main: Verlag der Autoren 1970. — **19** Auch in dem Ort Rehlingen, rund 15 Kilometer von Weißenburg entfernt, soll gedreht worden sein. — **20** Einige Jahre später, im April 1977, nahm Reinhard Hauff zusammen mit Kolleginnen und Kollegen aus der Filmbranche teil an öffentlichen Debatten rund um die 4. Römerberggespräche in Frankfurt am Main, bei denen das Kino, das Fernsehen, die Förderung und das Publikum problematisiert wurden. Auch Günter Rohrbach, zu dieser Zeit Leiter der Hauptabteilung Fernsehspiel des WDR, sollte referieren, doch sein »Plädoyer für den amphibischen Film« musste aus Zeitgründen ausfallen. In *epd Kirche und Rundfunk* [Nr. 33, 7.5.1977] und im *Jahrbuch Film 77/78* [hg. von Hans Günther Pflaum] wurde es anschließend publiziert: »Das Subventions-TV. Plädoyer für den amphibischen Film.« Es geht darin um die gleichberechtigte »Verwertung bestimmter Filme im Kino und im Fernsehen«, der Text erzeugte »einen ambivalenten Nachhall bis in die Gegenwart«, so Hans Helmut Prinzler: In guter Gesellschaft. Günter Rohrbach, seine Texte, seine Professionen. In: *In guter Gesellschaft. Günter Rohrbach. Texte über Film und Fernsehen*. Hg. von Hans Helmut Prinzler. Berlin: Deutsche Filmakademie e. V. / Bertz + Fischer Verlag 2008, S. 342. Dort ist auch ein Nachdruck von Rohrbachs Plädoyer zu finden, S. 206–211. — **21** DIE GROSSE EKSTASE DES BILDSCHNITZERS STEINER (SKI-FLUGSCHANZE PLANICA) (1974). — **22** HOLOZÄN (Schweiz/BRD 1992, Regie: Manfred Eicher, Heinz Bütler). — **23** Burkhard Driest, 1939–2020, Schauspieler, Autor. Driest hat seine Jugend in Göttingen und Peine literarisch verarbeitet in dem Text Halbstark in Peine. In: *Kursbuch*, Nr. 39, April 1975, S. 35–46. — **24** Burkhard Driest: *Die Verrohung des Franz Blum*. Reinbek bei Hamburg: Rowohlt 1974. — **25** Zur Produktion von ZÜNDSCHNÜRE aus Sicht des WDR-Redakteurs Wolf-Dietrich Brücker vgl. Egon Netenjakob: Das Zeitgefühl ausdrücken. Wolf-Dietrich Brücker (*1945), Dramaturg. In: *Es geht auch anders. Egon Netenjakob. Gespräche über Leben, Film und Fernsehen*. Berlin: Stiftung Deutsche Kinemathek / Bertz + Fischer 2006, S. 299 f.; dort auch Ausführungen zu PAULE PAULÄNDER, DER HAUPTDARSTELLER und MESSER IM KOPF. — **26** Den zeitgeschichtlich reichen soziologischen Hintergrund zu PAULE PAULÄNDER bildet gewissermaßen Klaus Wildenhahns zweiteilige Studie LIEBE ZUM LAND, ein aspektreicher Dokumentarfilm über den Strukturwandel in der bundesdeutschen Landwirtschaft (speziell Schleswig-Holstein), der 1973 gedreht und 1975 vom NDR erstmals gesendet wurde. — **27** So etwa WoS [Wolfram Schütte] in seiner Kritik zu PAULE PAULÄNDER in der *Frankfurter Rundschau* vom 6.4.1976, der noch Peter Bogdanovichs THE LAST PICTURE SHOW

(DIE LETZTE VORSTELLUNG, 1971) als Referenz hinzufügt. — **28** Vgl. dazu Hans Helmut Prinzler: Fernsehen und Film. Eine Übersicht. In: *Jahrbuch Film 77/78. Berichte/Kritiken/Daten*. Hg. von Hans Günter Pflaum. München, Wien: Hanser 1977, S. 192–205. — **29** Zum Thema Drehbuch hat Christel Buschmann publiziert: Das Kino wird im Keim erstickt. Stoffe, Drehbücher, Drehbuchautoren. In: *Jahrbuch Film 78/79. Berichte/Kritiken/Daten*. Hg. von Hans Günther Pflaum. München, Wien: Hanser 1978, S. 111–119. — **30** Peter Schneider, geboren 1940, Schriftsteller. — **31** Burkhard Driests Romanvorlage *Mann ohne Schatten* erschien erst nach der Uraufführung des Films (Reinbek bei Hamburg: Rowohlt 1981). — **32** Peter Schneider: *Der Mauerspringer*. Darmstadt, Neuwied: Luchterhand 1982. — **33** Ernst Krüger, 1898–1995, Filmproduzent und Verbandsfunktionär, seit 1949 bei der FSK. — **34** In der Presse wurde Zweckentfremdung gemutmaßt und Kritik an den 300.000 DM des Thalia-Theaters für den Film geäußert, vgl. zum Beispiel da: Zu viel Geld für Thalia? In: *Die Welt*, 5.2.1986. — **35** Alfred Wurm, 1926–1983, Verleger, Journalist, Manager, ab 1960 Generaldirektor der Münchner Modewoche. Die Chronik des Scheiterns einer Münchner Filmmesse und eines Münchner Filmfestes, fortan »Münchner Posse« tituliert, brachte das *Jahrbuch Film* von der Ausgabe 79/80 bis 82/83. Im Herbst 1981 fand mit der Veranstaltung »Vor-Film« das Vorprogramm eines Münchner Filmfestes statt, welches wiederum 1983 mit seiner ersten Ausgabe startete, an seiner Spitze Eberhard Hauff. Dazu Eberhard Hauff: Filmfest München. Werbung für das Kino. In: *Jahrbuch Film 83/84. Berichte/Kritiken/Daten*. Hg. von Hans Günther Pflaum. München, Wien: Hanser 1983, S. 178–186. — **36** Gründung der BuFi während der Internationalen Filmfestspiele Berlin 1980 als eine Interessensvertretung aller Organisationen, die nicht der SPIO (Spitzenorganisation der deutschen Filmwirtschaft) angehören, darunter AG Kino, Arbeitsgruppe für kommunale Filmarbeit, AG neuer deutscher Spielfilmproduzenten, Hamburger Film Büro und Bundesverband der Fernseh- und Filmregisseure. Vgl. *Jahrbuch Film 80/81. Berichte/Kritiken/Daten*. Hg. von Hans Günther Pflaum. München, Wien: Hanser 1980, S. 204. Einstellung der Arbeit Mitte 2002, vgl. *Lexikon der Filmbegriffe*, http://filmlexikon.uni-kiel.de/index.php?action=lexikon&tag=det&id=6562 (Artikel vom 29.7.2011, letzter Zugriff: 5.6.2020). — **37** Vgl. zum Stand der Dinge im bundesdeutschen Film und zum Hamburger Filmfest im Sommer 1979: »Wir sind nicht mehr der Jungfilm«. *Spiegel*-Interview mit den Regisseuren Herzog, Brandner, Bohm, Hauff. In: *Spiegel*, Nr. 25, 18.6.1979, S. 181–183. Dem vorausgegangen waren Verhandlungen mit Hamburg am 28.5.1979, Hark Bohm, Reinhard Hauff und Hans W. Geißendörfer übersiedelten anschließend nach Hamburg. Das vom Hamburger Senat subventionierte Hamburger Filmfest fand Mitte September 1979 statt – in Selbstverwaltung. Die hier gemachten Erfahrungen wurden zur Basis für eine Hamburger Filmförderung. 17 Jahre nach dem Oberhausener Manifest veröffentlichten die Filmemacher während des ersten Hamburger Filmfestes eine Erklärung, mit der sie Bilanz zogen und die Zuschauer zum Verbündeten ihrer Arbeit erklärten. Die klimatische Verbesserung der Verbindung zwischen Hamburger Publikum, den an verschiedenen städtischen Orten gezeigten Filmen und ihren Produzenten, die sich den Diskussionen stellen, betont auch Reinhard Hauff – im Zug von München nach Hamburg gefilmt – als wesentliche Zielstellung des Filmfestes in Adolf Bollmanns NDR-

Beitrag DAS FILMFEST DER FILMEMACHER, der Anfang Oktober 1979 ausgestrahlt wurde. Vgl. Hans Günther Pflaum: Ein »Oscar« und viele regionale Aktivitäten. Filmchronik 1979/80. In: *Jahrbuch Film 80/81. Berichte/Kritiken/Daten.* Hg. von Hans Günther Pflaum. München, Wien: Hanser 1980, S. 193. Dazu auch Helga Bähr: Drei Millionen von der Tischtennisplatte. Das Hamburger Modell für Filmförderung. In: Ebd., S. 116–126; Cornelia Schlingmann: Wir und ihr. Das Filmfest der Filmemacher. In: Ebd., S. 127–134; Anon.: »Wichtig ist, daß wir gemeinsam kämpfen!« Interview mit Reinhard Hauff. In: *Kino* (Hamburg), Nr. 1, 1979, S. 37; Stefanie Junge: F berichtet aus Hamburg. In: *F Filmjournal* (Ulm), Nr. 16, Oktober 1979, S. 17/18. — **38** Der Film eröffnete die Internationalen Filmfestspiele Berlin 1988, in diesem Jahr war Eberhard Junkersdorf, der den Film produziert hatte, Mitglied der Wettbewerbsjury. — **39** Héctor Olivera gewann 1974 den Silbernen Berliner Bär der Internationalen Filmfestspiele Berlin mit seinem Film LA PATAGONIA REBELDE, nach Osvaldo Bayer. — **40** Zur Geschichte der dffb nach dem Tod des Direktors Heinz Rathsack 1989 vgl. Peter C. Slansky: *Filmhochschulen in Deutschland. Geschichte – Typologie – Architektur.* München: edition text + kritik 2011, S. 541–547.

Rolf Aurich

Die Grenzen von Authentizität und Fantasie

Reinhard Hauff und Mrinal Sen

»Hast Du nicht ein merkwürdiges Gefühl dabei«, fragt Reinhard Hauff seinen Gesprächspartner, »wenn sich die Wirklichkeit verändert, während die Künste in den Museen oder Archiven gleich bleiben?« Die Antwort – eine Bestätigung: »Ja, während sich die Realität ändert, gehen die Filme in die Archive, was wahrscheinlich nur beweist, dass Filme nichts Positives dazu beitragen können, um die Gesellschaft zu verändern.« Dieser knappe Dialog, Teil einer umfangreichen Konversation zwischen Reinhard Hauff und dem bengalischen Regisseur Mrinal Sen (1923–2018), wurde im Original auf Englisch geführt, in Indien, und ist so auch überliefert innerhalb des Anhangs einer 1987 in Kalkutta erschienenen Monografie über Hauffs Dokumentarfilm ZEHN TAGE IN CALCUTTA. BEGEGNUNG MIT MRINAL SEN aus dem Jahr 1984.[1] Der Film war soeben fertiggestellt, da trafen sich die beiden Herausgeber des Bandes, Anjum Katyal und Samik Bandyopadhyay, mit dem Regisseur in München, wo er ihnen das vollständige schriftliche Transkript seines Dialogs mit Sen übergab. Ein Teil davon ist im Film zu finden, dort sparsam ins Deutsche übertragen, ein weiterer Teil in Englisch als Auswahl im Buch. Es muss allerdings einen Rest geben, der unbekannt geblieben und auch nicht im Archiv Reinhard Hauff des DFF (Deutsches Filminstitut & Filmmuseum, Frankfurt am Main) zu finden ist. Würde er gefunden, wäre es möglich, diesen deutsch-indischen Dialog noch genauer zu fassen – mehr als 35 Jahre, nachdem er geführt wurde. Filme, Kunst und andere Überreste im Archiv erlauben es, zu einer immer wieder neu bestimmten Zeit die in ihnen verkapselte Vergangenheit besser verständlich zu machen. So sind solche Artefakte nolens volens auch Teil einer jeweils definierten Gegenwart, die sie nicht zuletzt selbst beeinflussen. Nicht anders verhält es sich mit Reinhard Hauffs Dokumentarfilm, verwahrt im Archiv des Westdeutschen Rundfunks, der zunächst einmal ein audiovisuelles Dokument der mittleren 1980er Jahre darstellt. Er greift als Impuls jedoch erheblich weiter aus, wenn es darum geht, im gegenwärtigen Moment, Herbst 2020, historische Fundstücke miteinander zu verknüpfen und zu kommentieren, um die Filmarbeit Reinhard Hauffs seit den 1970er Jahren auf eine breitere Verständnisgrundlage zu stellen.

Rolf Aurich

ZEHN TAGE IN CALCUTTA. BEGEGNUNG MIT MRINAL SEN, 1984. Mrinal Sen, Reinhard Hauff. Werkfoto

Als Hauff sich 1983 in Indien aufhielt, um mit Mrinal Sen zu sprechen und filmische Eindrücke zu sammeln, trug er zwei Jahrzehnte Erfahrung mit den bundesdeutschen Medien bei sich. Notgedrungen mussten sich seine Fragen und Argumente im Dialog mit Sen auch aus dieser Praxis, diesen Kenntnissen speisen. Der Horizont, den beide im Film dialogisch abstecken, aber nicht immer auch aussprechen, berührt vornehmlich Aspekte der Filmarbeit und ihrer Beziehungen zu den Wirklichkeiten, in denen sie entsteht. Da Hauff die Unterscheidung zwischen Fernseh- und Kinofilm nie sonderlich interessiert hat, weil er bei seinen Produktionen seit den späten 1960er Jahren zumeist an beide Vorführmöglichkeiten gedacht hat, war es ihm ein Anliegen, eine Sehnsucht, stets möglichst viel unverstellte Realität in jeden seiner Filme zu bekommen. Das wurde erreicht mit einer Zurückdrängung ausgesprochen formaler Aspekte und durch den Einsatz von Technik, die am Drehort nicht belästigt, etwa eine bewegliche Kamera, die wenig manipuliert und Momente von Echtheit, Authentizitätseindrücke in besonderem Maße erlaubt. Ein entscheidendes Moment dabei ist die sowohl von Hauff wie von Sen (im Besonderen in seinem Film AKALER SANDHANE / IN SEARCH OF FAMINE, 1981)[2] praktizierte Arbeit mit Laien als Darstellern. Mehr als einmal hat sich Hauff auf die diesbezügliche Tradition im italienischen Neorealismus berufen, die zum Eindruck semidokumentarischer Authentizität beiträgt.

Die 1960er Jahre brachten in der Bundesrepublik Deutschland einen Aufschwung der Dokumentarliteratur und des Dokumentarfilms – dieser hatte zumeist eine unmittelbare Bindung an das öffentlich-rechtliche Fernsehen, arbeitete mit Wirkungen der Authentizität und trug zu einer »Entdeckung des Alltags« bei, wie es der Filmkritiker Wilhelm Roth formulierte.[3] Beginnend 1969 mit DIE REVOLTE wurde für Reinhard Hauff die Arbeit mit Laien im Spielfilm eine wiederkehrende Erfahrung. Die aufmerksame Kritik erkannte in diesem Film ein Natürlichkeitsverlangen des Regisseurs und im Resultat so etwas wie eine Realitätskopie. Das war als ein kritisches Lob gemeint. Dokumentarische Elemente in diesem Film wurden identifiziert als Augenblicke des Ungefilterten, Unverfälschten. Sie vermögen in ihrer formalen Stringenz aus heutiger Perspektive obendrein als Partikel einer in ihnen aufgehobenen Alltagswirklichkeit der späten 1960er Jahre verstanden zu werden: Minutiös verfolgen Kamera und Mikrofon zeitgenössisch so vertraute Vorgänge wie eine öde routinierte Röntgenreihenuntersuchung oder den langwierigen Ablauf einer Bargeldabhebung auf der Sparkasse. Teil des

ZÜNDSCHNÜRE, 1974. Bettina Porsch, Tilli Breidenbach, Reinhard Hauff. Werkfoto

ZÜNDSCHNÜRE, 1974. Tilli Breidenbach, Bettina Porsch

abgebildeten Geschehens sind stets auch filmische Laien, zugleich Profis ihres jeweils eigenen Geschäfts, neben professionellen Schauspielern.

In den Jahren zuvor waren es für die Arbeit mit Laien zumeist wenig geeignete Sujets und Filmformen, denen Hauff sich widmete – Dokumentationen, Konzertfilme, Unterhaltungsshows, Satire und Kabarett. Die Bavaria, wo all dies entstand, war in ihrer damaligen Produktionsrealität und -mentalität hierarchisch und eher herkömmlich ausgerichtet, somit sicher der falsche Ort, um eine professionelle Flexibilität aufzubringen, die der Einsatz von Laien erfordert. Das änderte sich punktuell mit Arbeiten wie MATHIAS KNEISSL und OFFENER HASS GEGEN UNBEKANNT, die beide 1971 entstanden und ohne den Einsatz von Laien anders wirken würden. Nach OFFENER HASS wurde Hauff zu den ›sozialistischen Filmemachern‹ des deutschen Fernsehens gerechnet, denen es darauf ankäme, »an einer Auflösung der Grenzen zwischen den traditionellen Gattungen Fernsehspiel und Dokumentation zu arbeiten«.[4] Zu einer Art Hauff'scher Normalität wurde diese Form der Praxis mit Laien wie mit Professionellen 1974 durch die erste Produktion der Bioskop-Film GmbH, DIE VERROHUNG DES FRANZ BLUM. Im Gespräch mit Klaus

Antes, 1992 für die Werkschau im öffentlich-rechtlichen Fernsehen geführt, verweist Reinhard Hauff auf die dabei gemachte bedrückende Erfahrung des Drehens im Knast. Während das Filmteam abends nach Hause ging, blieben die anderen zurück. Der Film entstand nach einer Vorlage von Burkhard Driest, der in dieser seiner ersten Arbeit für den Film auch eine wichtige Rolle übernahm und dabei wie ein unausgebildeter Schauspieler agiert – der sehnige Körper kraftstrotzend und ungeschlacht, dadurch überschießend, unmittelbar authentisch. Auch die reine WDR-Produktion ZÜNDSCHNÜRE aus demselben Jahr, geschrieben von Driest, lebt unter anderem vom Reiz des darstellerischen Kontrasts – mit Händen zu greifen in einer etwa 90-sekündigen Kamerafahrt. In ihr schiebt Bettina Porsch, eine junge Laiendarstellerin, die im Rollstuhl sitzende Schauspielerin Tilli Breidenbach behutsam durch die Straßen von Ennepetal. Das Mädchen hört aufmerksam der Oma zu, die – politisch schon früh links orientiert – am Ende des Zweiten Weltkriegs einen Abriss ihrer in diesen Sekunden geradezu nachgelebten Biografie gibt, vom Bergarbeiterstreik 1905 über die Novemberrevolution von 1918 bis zur Verhaftung 1934 mit zweieinhalb Jahren Frauengefängnis. In einer knappen und ganz selbstverständlichen, weil alltäglichen Nachfrage des Mädchens nach einem Ortsnamen, den sie nicht verstanden hatte (»Werl«), spitzt sich die ästhetische Methode Hauffs zu – ein ganz starker, ein echter Moment. Lange Einstellungen hat Hauff stets gemocht, wichtig waren ihm Schauspieler, die sie auch tragen konnten. Oder auch Laien, wäre zu ergänzen. Vor Beginn der Dreharbeiten zu ZÜNDSCHNÜRE hatte der Regisseur den mitwirkenden Kindern Roberto Rossellinis ROMA CITTÀ APERTA (ROM, OFFENE STADT, 1945), ein herausragendes Beispiel des neorealistischen Films, gezeigt und ihre Reaktionen darauf genau registriert.[5]

Zu einem Höhepunkt mit dieser Arbeitsweise gelangte Reinhard Hauff bei PAULE PAULÄNDER, der 1976 ebenfalls nach einem Drehbuch des ehemaligen Strafgefangenen Burkhard Driest entstand – die zugrunde liegenden Erzählungen aus der niedersächsischen Provinz stammten von einem Mitgefangenen. Nicht zu unterschätzen sind biografische Fragmente, die Autor und Regisseur miteinander verbanden, denn beide kannten das Landleben zwischen Göttingen, Peine und Hannover, ihnen dürften die konservativen Traditionen der Schützenfeste, darunter das Ausschießen des Schützenkönigs, ebenso bekannt gewesen sein wie rustikales bäuerliches Leben auf kleinen Höfen. Mit PAULE PAULÄNDER schaut ein Film hinter die Fassade der auf dem Dorf herrschenden autoritären und paternalistischen sozialen Welt. Sie bröckelt auf allen Ebenen – ökonomisch, religiös, auch beim Zusammenleben von Mann und Frau. Diese Welt ist überkommen, hat aber zugleich

Rolf Aurich

Paule Pauländer, 1976. Reinhard Hauff, Angelika Kulessa. Werkfoto

Paule Pauländer, 1976. Katharina Tüschen, Manfred Gnoth

wenig Aussicht auf fundamentale Besserung. Ihre Darstellung im Film wird getragen von einer außergewöhnlichen Besetzung, bestehend aus Laien in den Hauptrollen des jungen Paule Pauländer (Manfred Reiss), seines an ihn geketteten Vaters (Manfred Gnoth) und der Jugendlichen Elfi, die Paule die Kraft und den Mut zum Aufbruch vermittelt, sowie überwiegend Professionellen in den sie umrahmenden Rollen. Sein Vermögen, mit Laien zu überzeugenden und scheinbar entspannten Regielösungen zu kommen, beweist Hauff in einer knapp zweiminütigen Passage, die unmittelbar folgt auf eine Szene, in der der Pastor Entsetzen heuchelt ob der von Paul und Elfi auf dem Friedhof praktizierten Hasenjagd – Paul hatte das gefangene Tier mit einem gezielten Schlag gegen einen Grabstein getötet (es ist nicht die einzige Tiertötung durch Paule in diesem Film, dafür ist er Fachmann). Im abendlichen Dämmerlicht, beide an die Friedhofsmauer gelehnt, erzählt Elfi Paule aus ihrem Leben. Mit direkter Rede spricht sie für eine Laiendarstellerin außergewöhnlich lange, improvisiert dabei sprachlich und vollzieht unwillkürliche Körperbewegungen. Elfi, gespielt von Angelika Kulessa, war demnach ein Heimkind, dem übel mitgespielt wurde. Das biografische Statement dürfte nicht allein der Rolle im Drehbuch entsprungen sein, sondern auch dem Herzen der Darstellerin. Später im Film verlässt Elfi das Dorfleben zusammen mit einem 25-jährigen Mann, der über ein lockeres Mundwerk verfügt, einen US-amerikanischen Straßenkreuzer fährt und große Versprechungen macht. Sie könne in Hannover in der »Budik Cindy« arbeiten. Der Mann wird gespielt von Rolf Zacher, Berufsschauspieler und zu dieser Zeit bereits seit einigen Jahren heroinsüchtig. Seine Lebensgefährtin war – Angelika Kulessa, von ihm »Geli« genannt, auch sie auf Droge. Über die Dreharbeiten schreibt er in seinen Erinnerungen *Endstation Freiheit*: »Geli war ein Arbeiterkind, ihr Vater hatte Haus und Hof verspielt, mit 15 bekam sie ein Kind, das von der Großmutter, Gelis Mutter, aufgezogen wurde. Geli steckten sie ins Heim. Da lief ein ganz anderer Film ab. Geli war nicht gebildet und kultiviert, sie hatte eine große Schnauze und ein großes Herz, so etwas Wahres, Pures an sich. […] Geli war zwar keine ausgebildete Schauspielerin, aber ihre ungeheure Kraft und Natürlichkeit begeisterten Regisseur und Produzent gleichermaßen. Ich hatte einen Gastauftritt, die große Nummer in diesem Film hieß jedoch Angelika Kulessa, also Geli.«[6]

Für Reinhard Hauff stellte PAULE PAULÄNDER eine einschneidende Erfahrung dar. Die komplizierte Situation zwischen dem in der Entwicklung begriffenen Sohn und dem Vater Pauländer, dessen grallige Stimme den Film wie eine akustische Brandspur durchzieht, von Gewalt, Rohheit und überdies Eifersucht gegen das Drehteam geprägt, dieses einseitig brüllende und doch wie stummgestellte Herr-Knecht-Verhältnis verschlimmerte sich erkennbar und langfristig über die Zeit der Dreharbeiten hinaus, für die es – vergebliche – Hoffnungen auf Freundschaft und eine Lehrstelle in der Stadt gegeben hatte. Pauls Emanzipation am Ende des Films (die letzten Worte des rennenden Jungen im Drehbuch: »Ich haue ab! Ich haue ab! Ich haue ab!«)[7] wurde für den Darsteller Manfred Reiss existenziell konterkariert von einer Frustration im Leben nach der Arbeit am Film. Den Preis für eine gelungene Zusammenarbeit an diesem Film hatten anschließend beide Seiten zu zahlen. Was aus den Laien wurde, erfuhr keine öffentliche Bekanntmachung. Doch für Reinhard Hauff bot sich damit die Chance, den nächsten Stoff, verfasst von seiner Lebensgefährtin Christel Buschmann, als kinowirksame Reflexion aufzuziehen, professionell dargestellt, um der selbst erlebten Geschichte nachzuspüren, wie dubios es ist, wenn einer in einen anderen Konfliktbereich einbricht, um letztlich unverrichteter Dinge wieder zu gehen: DER

DER HAUPTDARSTELLER, 1977. Requisit aus dem Film, fiktive Credits

Hauptdarsteller von 1977 ist insofern eine Verarbeitung der Erfahrungen von Paule Pauländer und so auch ein Metafilm. Er erzählt von den Dreharbeiten an einem Film mit dem Titel »Pepes Leben« und geht dabei so weit, die von Vadim Glowna verkörperte Figur des Filmregisseurs durch die grobe Vaterfigur (Mario Adorf) denunzieren zu lassen, wenn er im Fernsehen über die schwierige Verschlingung von Fiktion und Dokumentation in seinem Film monologisiert. »Pepes Leben«, auf der Berichtsebene gescheitert, ist der Erzählstoff, der sich in und hinter Paule Pauländer verbirgt, Der Hauptdarsteller der gelungene Film zu diesem Kontext. Auf einer anderen Ebene, handlungsorientiert und doch über den Film selbst hinausweisend, führt die Figur des Jugendlichen Pepe, gespielt von Michael Schweiger – das Alter Ego des Paule Pauländer – neuerlich zu Angelika Kulessa und Rolf Zacher, hier in den Rollen eines Automechanikers und seiner Freundin. Eine solche innere Verknüpfung zwischen beiden Filmen, die auch eine ist zwischen dem Regisseur und den Schauspielern, darf als starkes Merkmal einer Authentizität verstanden werden und damit als das nuancierte Eindringen von außerfilmischer Wirklichkeit in das Konstrukt eines Films. Nur wenige Jahre später, 1980, wirkte Angelika Kulessa letztmals in einem Film mit. Sie ist die Mo in Christel Buschmanns deprimierender Hamburg-Hafen-Story Gibbi Westgermany. Kurz darauf beendeten Zacher und sie ihre Beziehung. »Geli starb wenige Jahre nach unserer Trennung an Krebs wie zuvor ihre Schwester.«[8] Zacher seinerseits spielte zum letzten Mal unter Hauffs Regie in Endstation Freiheit, 1980, an der Seite von Burkhard Driest, nach dessen Drehbuch der Film entstand. Spielfilme als bleibende Dokumente des Lebens.

Der Höhepunkt seiner Methode, mit Laien und Professionellen gleichermaßen zu arbeiten, war überschritten, als 1978 Hauffs Messer im Kopf erschien. Tonangebend sind hier professionelle Schauspieler wie Bruno Ganz, Angela Winkler und Hans Christian Blech. Dem wesentlich von den Ereignissen des »Deutschen Herbsts« 1977 geprägten Film sei die Diskussion um einen Satz von Paul Schrader vorausgegangen, dem Drehbuchautor von Martin Scorseses Taxi Driver (1976). Auf die Frage, ob die darin von Robert De Niro verkörperte Figur des Travis Bickle nicht ein sehr amerikanischer Typus sei, der aus Frustration zur Gewalt komme, habe Schrader geantwortet: vermutlich, ein Europäer würde das wohl eher nach innen fressen. Daran erinnert sich Hauff 1992 im Gespräch mit Klaus Antes. Und er fügt hinzu, dass es in Westdeutschland zu dieser Zeit eine Art »Selbstmordstimmung« unter den Intellektuellen gegeben habe. Bruno Ganz neben Robert De Niro – die Vorstellung allein rechtfertigt Fritz Göttlers Frage, ob

Rolf Aurich

DER HAUPTDARSTELLER, 1977

Reinhard Hauff »womöglich näher dran an dem amerikanischen Kino« war, »von dem die Jungfilmer einst alle träumten, näher als Wenders, Thome, Schlöndorff«.[9] »Ein Amerikaner in meiner Lage würde vermutlich blind aus dem Fenster schießen.« Das ist Ganz' erster Satz in diesem Film. »Bruno Ganz ist der Biogenetiker Hoffmann, in der Krise offenbar, persönlich und politisch, und als ihm dann bei einem Polizeieinsatz ein Schuss in den Kopf verpasst wird und er Erinnerung, Sprachvermögen, Persönlichkeit verliert, ist das so gut wie ein Neuanfang.«[10] Die Sehnsucht nach Ruhe und Neubeginn ist dem Film inhärent. Dagegen aber steht als Hindernis ein Staat, der dem Bürger eine neue, eine falsche Identität einreden will. Nachdem Mrinal Sen MESSER IM KOPF zum dritten Mal gesehen hatte, sprach er 1983 zu seinem Besuch aus Deutschland: »It's so close to my heart, and this problem intrigues me, it warns me, it's like my own problem. Hoffman is German, I am an Indian, I wish he were me. I wish I could start my life over again, I could start from scratch, from the zero point, but I don't certainly want the bullet to hit my brain. This is not a German phenomenon, this is to me a world phenomenon.«[11]

Reinhard Hauff und Mrinal Sen

Straßenszene in Kalkutta, 1983. Foto: Reinhard Hauff

Straßenszene in Kalkutta, 1983. Foto: Reinhard Hauff

Rolf Aurich

In den frühen 1970er Jahren lernte Reinhard Hauff in Kalkutta Mrinal Sen und seine Filme kennen. In dem Dokumentarfilm ZEHN TAGE IN CALCUTTA spricht er anfangs über diese frühe Begegnung, der viele weitere folgen sollten – und dazu eine erfolgreiche Werkschau seiner Filme 1979 in Kalkutta, veranstaltet von der Federation of Film Societies of India.[12] Auf Hauff, der in diesem Film »Ich« sagt, wirken Sens Filme widersprüchlich und provokativ, ganz anders als europäische Arbeiten, sie sind für ihn im Einklang erzählt mit dem Lebensrhythmus der Stadt Kalkutta, die Günter Grass Mitte der 1970er Jahre erlebt und anschließend literarisch als einen »Haufen Scheiße« verewigt hat.[13] Ein persönlicher Eindruck vermittelt sich in einfachen Farbfotos, die Hauff vermutlich während der Dreharbeiten in der Stadt angefertigt hat. Es mag Zufall sein, doch viele dieser Fotos sind in einer bestimmten Blickperspektive auf den Straßenalltag entstanden, zeigen Ruhe und Bewegung zugleich, Statisches neben Belebtem.[14] »Ich wollte erfahren, was seine Filme so anders macht«, formuliert Hauff seine Fragestellung an das Werk Sens und an die Person. Anders nicht nur im Verhältnis zu europäischen Filmen, sondern anders auch als die »indischen Seifenopern«, die Hauff im Blick hat und über die er urteilt, dass sie »über den ganzen südostasiatischen und afrikanischen Kontinent bis in die arabischen Länder hinein vertrieben werden«.[15] Interessanterweise hatte auch Grass, der von Kalkutta »nachhaltig verunsichert« wurde, bei seiner Indien-Visite eine Begegnung mit Sen.[16] Ob es sich dabei um jenen »Teebesuch bei einem Filmemacher« gehandelt hat, den er im *Butt* beschreibt, muss offen bleiben. Dort jedenfalls sprechen beide Romanfiguren über ein wichtiges Thema – die »Toten in Kalkuttas Straßen, die gegen Morgen eingesammelt werden. Die gebe es immer«. Weiter: »Schon 1943, als er ein Kind war, seien zwei Millionen Bengalen verhungert, weil die britische Armee alle Reisvorräte im Krieg gegen die Japaner verbraucht habe. Ob es einen Film darüber gebe. Nein, leider nicht. Hunger könne man nicht filmen.«[17]

In gewisser Weise könnte diese Begegnung – und wenn es nur in unserer Imagination wäre – dazu beigetragen haben, dass solch ein Film anschließend hergestellt wurde. Es handelt sich um Mrinal Sens AKALER SANDHANE / IN SEARCH OF FAMINE. Unter dem Festivaltitel ANATOMIE EINER HUNGERSNOT lief der Farbfilm 1981 im Wettbewerb der Internationalen Filmfestspiele Berlin und wurde unter anderem mit dem Silbernen Bären ausgezeichnet. Die *Stuttgarter Zeitung* notierte: »Ein Filmteam reist in ein bengalisches Dorf, um dort an historischen Stätten einen Spielfilm zu drehen. Thema ist eine der gewaltigsten Hungerkatastrophen, die 1943 fünf Millionen Opfer gefordert hatte. […] Szenen werden geprobt, man sucht noch Darsteller, vor allem

Reinhard Hauff und Mrinal Sen

AKALER SANDHANE / IN SEARCH OF FAMINE, 1981. Dhritiman Chatterjee, Smita Patil

AKALER SANDHANE / IN SEARCH OF FAMINE, 1981. Smita Patil

Menschen, in deren Gesichtern der Hunger geschrieben steht, die realistisch, authentisch wirken. Doch die Menschen im Dorf fühlen sich von den Filmemachern belästigt, sehen ihre Ruhe, ihr Privatleben gestört, und es kommt zu wirklichen Konflikten, als man eine Darstellerin für eine Frau sucht, die, um ihre Familie zu retten, sich prostituiert. Man hat im Dorf eine andere Moral als in Kalkutta. Am Ende rät den Filmleuten der weise Lehrer, eine Art Dorfältester, doch lieber wieder in die Stadt zu gehen und den Film im Atelier zu drehen. Das Filmteam reist ab.«[18] Mrinal Sen, zu Gast in Berlin, in der DDR-Wochenzeitung *Sonntag* über seinen Film: »Ich wollte folgenden Widerspruch zeigen: Auf der einen Seite ist da eine Armee von Leuten, die mit der Herstellung eines Films beschäftigt ist. Sie reden über die Hungersnot von 1943 und essen dabei doch gut und rauchen ihre importierten Zigaretten. Man sieht den Darsteller des hungernden Bauern, wie er in der Drehpause eine leere Schachtel Importzigaretten wegwirft, und dann eine Horde Kinder, die sich um die Schachtel streiten. Ich wollte in diesem Film eine Verbindung von Vergangenheit und Gegenwart deutlich machen. Während jene jungen Filmleute die Vergangenheit aufleben lassen, stellen sie fest, daß sie schnurstracks in die Gegenwart hineinführt. Vor der Vergangenheit erschrecken sie, und sie laufen auch vor der Wirklichkeit davon.«[19] Eine Schlussfolgerung zu diesem ebenso rauen wie schönen, dabei ästhetisch exakt kalkulierten Film, der mehr Fragen stellt als Antworten gibt: »Sens Film ist ein Film über die Moral, über die verschiedenen Auffassungen von Moral und schließlich vor allem über die Moral des Filmemachens.«[20]

Mit dieser Charakterisierung treffen sich Sens ausgezeichneter Film von 1981 und Hauffs DER HAUPTDARSTELLER. Originalton Reinhard Hauff in ZEHN TAGE IN CALCUTTA: »Das Team verlässt den Drehort, die Hungersnot ist abgedreht, die Dorfbewohner bleiben zurück, mit ihnen ihre Probleme. Ich selbst habe mich mit meinem Film DER HAUPTDARSTELLER von diesem Trauma zu befreien versucht. Aber die Wirklichkeit holt den Film immer wieder ein. Nie verlassen sie uns, diese echten Gesichter, die nicht begreifen können, wo der Film aufhört und das Leben beginnt. Die nur wollen, dass es ihnen besser geht – wenn nicht im Leben, dann im Film.« Über Verbindungen und Differenzen zwischen ihren beiden Arbeiten diskutierten die Regisseure bereits 1979 in Kalkutta mit Zuschauern. Nicht zuletzt das positive Echo auf die eigenen Filme in Indien, schreibt Hauff 1983 an den Fernsehspielchef des auftraggebenden WDR, habe dazu beigetragen, sich für das Projekt ZEHN TAGE IN CALCUTTA zu entscheiden.[21] Nach Hauffs zweiter Adaption eines Peter-Schneider-Stoffes, DER MANN AUF DER MAUER von 1982, scheint sein Bedürfnis groß gewesen zu sein, auf einen Neuanfang hinzuarbeiten. Dessen Sujet, die Frage der Durchlässigkeit der Berliner Mauer (in den 1980er Jahren noch immer ein ungelöstes, vor allem aber festzementiertes Problem in Deutschland, für das kaum politischer Lösungsbedarf zu bestehen schien), sollte mit ihrem Einsturz zum Ende des Jahrzehnts auf beinahe prophetische Weise eine Grundannahme Hauffs und Sens bestätigen – »daß die Realität stärker ist als jegliche Fiktion«.[22] Über gesellschaftliche Realitäten, die sich verändern, und adäquate künstlerische Reaktionen auf solche Entwicklungen wollte der Bundesdeutsche mit Sen einen Dialog führen. Denn noch immer verstand sich Hauff »als kommerzieller Filmemacher, weil ich will, daß meine Filme von vielen Leuten gesehen werden«.[23] »Selbstkritik«, zitiert Hauff einen etwas pathetischen Sen, »muß immer der Anfang unseres Kampfes sein«, um »mit neuer Energie wieder anzufangen«.[24] Eine selbst auferlegte Zäsur wird erkennbar im Schaffen Hauffs, als in der Bundesrepublik nach längerer sozialliberaler Regierungszeit 1983 mit Helmut Kohl wieder ein CDU-Kanzler gewählt worden war – wobei die Bedeutung dieses politischen Aspekts für Hauff nur gemutmaßt werden kann. Womöglich war ihm zu dieser Zeit ein Widerspruch in der öffentlichen Wahrnehmung eigener Arbeiten aufgefallen. In einem und demselben Moment, 1983, äußerte sich Hauff inkonsistent. Einerseits attestierte er nationalen Filmproduktionen, auch deutschen, denen es an oft »universellen Emotionen« mangele, das wachsende Problem, ein internationales Publikum zu erreichen, je »konkreter« und »gedanklicher« sie erzählen.[25] Auf der geistigen Produktionsebene war es aus seiner Sicht zudem immer schwieriger geworden, in den »komplexen Gesellschaftsstrukturen« der Länder des Westens »klare Gründe für Konflikte aufzuzeigen«, würden »Machtentscheidungen« doch nunmehr »auf Ebenen getroffen, die kaum noch filmbar« seien.[26] Damit sprach er an, was der Film- und Literaturwissenschaftler Eric Rentschler zehn Jahre später im Rückblick als ein zunehmendes Fehlen von ›Kontext und kritischer Resonanz‹ im bundesdeutschen Film der 1980er Jahre konstatiert hat.[27] Andererseits konnte Hauff erleben, wie er sowohl mit Mrinal Sen als auch mit dem Publikum in Indien bei allen Verständnishindernissen zwischen zwei Kulturbereichen auf einer höheren Ebene längst in einen höchst produktiven Diskurs getreten war, den er mit ZEHN TAGE IN CALCUTTA filmisch zu fixieren gedachte. Nicht im Film, jedoch schriftlich überliefert, formuliert Sen diesen transnationalen Gedanken: »When I watch your films you remain a German, and I remain an Indian, an incredible Indian. But I think I understand you as much as any German would do. I share your views, not that I don't argue with your conclusions, but I also agree. I never fail to identify with your anguish, your crisis. I have the feeling that, sooner or later, the national cinema will cease to exist. There will be two kinds of cinema: a cinema reflecting the views of the privileged and a cinema capturing the world and the views of the underprivileged, and that will be all.«[28] Wobei sich Sen zur zweiten Gruppe der Filmemacher zählte.

Im Werk von Reinhard Hauff versteckt sich der kaum bekannte Indien-Dokumentarfilm ZEHN TAGE IN CALCUTTA als ein unscheinbares Juwel und wichtiger Verständnisbaustein, entsprungen einem ausgesprochen persönlichen Verlangen des Regisseurs, der im Sommer 1983 gegenüber der *Süddeutschen Zeitung* verzweifelt äußerte: »Wir müssen unberechenbarer werden, denn das ist es, was die fürchten: Unberechenbarkeit!«[29] Eine Filmkrise war in dieser Phase nicht zu bestreiten. Deutschland schien für einige prominente Regisseure ein Land in der Ferne. Vadim Glowna drehte DIES RIGOROSE LEBEN (1983) in Texas, Werner Herzog machte Australien als Ort aus, WO DIE GRÜNEN AMEISEN TRÄUMEN (1984), Wim Wenders ging für PARIS, TEXAS (1984) nach Mexiko bzw. in die USA sowie für TÔKYÔ-GA (1985) nach Japan, Volker Schlöndorff arbeitete mit DEATH OF A SALESMAN / TOD EINES HANDLUNGSREISENDEN (1985) erstmals in den USA. Als Günter Grass gegenüber Reinhard Hauff Ende 1985 den Wunsch äußerte, dessen Film ZEHN TAGE IN CALCUTTA einmal zu sehen, begründete er das mit seiner bevorstehenden zeitweisen Übersiedlung nach Indien, um »ein Jahr Abstand von Deutschland, mehr noch, von Europa« zu gewinnen, seinen »eignen Eurozentrismus aufzubrechen« und sich »anderen Risiken« zu stellen – »mit unbekanntem Ergebnis«.[30] Distanz? Flucht? Selbstkritik?

Seit Anfang 1984 war in der Bundesrepublik ein duales System von öffentlich-rechtlichem und privatwirtschaftlichem Rundfunk nicht mehr in statu nascendi, sondern eine Realität. »Gibt es einen Kulturauftrag der öffentlich-rechtlichen Rundfunkanstalten?« – so lautete das Thema eines auf realpolitische Veränderungen reagierenden Medien-Hearings Ende Oktober 1985 an der Akademie der Künste in Berlin. Seit dem Vorjahr war Reinhard Hauff Akademie-Mitglied. Sein Redebeitrag fiel knapp aus, doch deutlich – auch in der Selbstkritik. Er verwies auf die kulturelle »Gesamtlandschaft« in Westdeutschland, auf ihre Bedrohung durch die Entwicklung hin zu einer »Bestseller-Kultur«, befördert durch von ihm so genannte »Kulturvollstrecker«, das seien »die Funktionäre ganz oben«. Innerhalb eines bedenklichen Gesamttrends an kultureller Nivellierung nimmt sich Hauff von der Verantwortung nicht aus: »Ich glaube, wir müssen uns alle sehr viel selbst fragen, was haben wir geleistet, welchen Anteil haben wir selbst an dieser Verflachung und an dieser nicht mehr radikalen Haltung, denn nichts anderes kann ja Kultur in dem Begriff, wie er hier wohl diskutiert wird, heißen.«[31]

Die intensiven Debatten mit Mrinal Sen lagen kaum hinter ihm, doch brachte Hauff nicht sie offen ins Spiel, sondern berichtete von einer erhellenden Unternehmung mit deutschen Kolleginnen und Kollegen aus dem Vorjahr. In der Abgeschiedenheit der Berge hatte man der Frage auf den Grund gehen wollen, welchem Ansatz und welchen Träumen man anfangs gefolgt sei, um feststellen zu können, ob denn heute noch eine »Besessenheit« vorhanden sei, eine »Notwendigkeit, Filme zu machen«. Schließlich könne es sein, dass man inzwischen »einfach sekundären Interessen gefolgt« sei und so den eigentlichen Weg verloren habe. Man müsse unbedingt versuchen, noch etwas »aufzuhalten«, nämlich »diese zynischen Quoten« des Fernsehens. Nicht um sie gehe es, sondern um Inhalte. Und dazu »müßten wir versuchen, solche Gespräche wieder zu führen«.[32] Hauffs Einforderung von Streitgesprächen verblasste indessen bereits, als bemerkt wurde, wie enttäuschend die öffentliche Resonanz auf das Hearing ausgefallen war. Er klang nun geradezu hoffnungslos: »Das Thema ist einfach theoretisch nicht mehr zu bewältigen. Es ist eine Frage der Macht im Staat geworden. Während wir diskutieren, produzieren die anderen ihre Sauce unaufhaltsam weltweit, multinational ungeniert weiter.«[33]

Wie sollte angesichts solcher Verzweiflung gegenüber den Verhältnissen künftig noch etwas realisiert werden, was Mrinal Sen als die Prinzipien seiner eigenen Filmarbeit so formuliert hatte: »Ich möchte meine sozialpolitischen Ansichten über meine Umwelt darstellen und formulieren. Ich möchte durch meine Filme meiner eigenen Zeit dienen, die mein großer Lehrer ist. Das, was ich mache, ist so eine Art korrespondierende Aktion zwischen mir und meiner Zeit.«[34] Wie im Schnelldurchlauf spielte Hauff innerhalb weniger Jahre Möglichkeiten durch. Ohne Beteiligung des Fernsehens entstand 1985 in kurzer Zeit sein politisch heftig umstrittener Film STAMMHEIM. DIE BAADER-MEINHOF-GRUPPE VOR GERICHT. Der prononcierte Schauspielerfilm zeigte einen denkbaren Ausweg aus der Krise, zumindest ästhetisch – die Rückkehr zum Theater, Hauffs Leidenschaft seit den 1950er Jahren. LINIE 1, das Film-Musical von 1988, wies einen anderen Weg – den Rückbezug auf die Unterhaltung, mit der er beim Fernsehen der 1960er Jahre grundlegende Erfahrungen gesammelt hatte, mit choreografierten Szenen, politisch links eingefärbt. Aspekte einer spezifisch deutschen Vorgeschichte zum Stammheim-Thema, den Nationalsozialismus, bearbeitete er 1989 in BLAUÄUGIG – geweitet zur politischen Gegenwart Argentiniens. Als kritischer Kommentator aktueller Ereignisse begab sich Hauff in eine ähnliche Position wie mit MESSER IM KOPF, als MIT DEN CLOWNS KAMEN DIE TRÄNEN (1990) im Fernsehen ausgestrahlt wurde. Am Ende seiner Regiearbeiten steht

1991 der Dokumentarfilm MILIZSTATION MOSKAU, die einzige Auftragsarbeit für eine private Sendeanstalt. Die darin gemachten Beobachtungen im Moskauer Polizeirevier 69 wirken höchst deprimierend und zeugen von einem rauen, harten Alltag zwischen zumeist angetrunkenen Aufgegriffenen und Polizisten während des teilweise blutigen Zerfallsprozesses der Sowjetunion. Die meisten Menschen landen wie nach einem festen Ritual hinter Gittern, wenn auch nur zeitweise. Erinnerungen an Hauffs und Walsers AUSWEGLOS ... AUSSAGEN ÜBER EINEN LEBENSLAUF (1970) drängen sich auf – die in Moskau gemachten Aussagen geraten allerdings oft zu irritierenden Dokumenten sozialer Stummheit. Unter den Festgesetzten findet sich ein junger Mann, der sich, hinter Gitter gesperrt, gegen einen Polizisten zu wehren versucht, verbal und physisch. Die letzte Aufnahme des Films, zugleich das letzte Bild eines von Reinhard Hauff verantworteten Films, friert die Darstellung dieses Gesichts ein, wie es hinter Metallstäben erstarrt. Die Fantasie, angeregt von soviel Tragik, erkennt darin den Beginn einer neuen und authentischen Erzählung, für die die Hauptfigur aus PAULE PAULÄNDER als Muster hätte dienen können. »Ich haue ab!« Das schreit hier niemand heraus. Denn dieser Film hat kein Drehbuch.

Reinhard Hauff und Mrinal Sen

DER WEG DES FILMS IST DER WEG DER GEFÜHLE

Ein filmischer Dialog mit MRINAL SEN
von Reinhard Hauff

Reinhard Hauff: Der Weg des Films ist der Weg der Gefühle

Rolf Aurich

Seit ich 1972 in Kalkutta Mrinal Sen und seine Filme kennenlernte, hatte ich immer das Gefühl, in ihm einen von seinen Ideen her verwandten Filmemacher getroffen zu haben. Fast jedes Jahr sind wir uns seither begegnet und haben unsere Filme miteinander besprochen. Er hat vieles verwirklicht, was ich für den richtigen Weg des Filmemachens halte. Es sind nicht nur die ähnlichen Themen, die mich ansprechen, sondern die Grundhaltung dieses kritischen Realisten, der nie aufgegeben hat, für sein politisches, moralisches Engagement zu kämpfen.

"Es ist nicht so, daß wir uns der Realität nicht bewußt würden, wir sind uns ihrer durchaus bewußt, aber wir haben Angst, ihr in die Augen zu sehen". (Cesare Zavattini)

Mrinal Sen, dessen Filme häufig die Armut und die Ausbeutung der Armen zum Thema haben, dreht 1980 seinen Film "ANATOMIE EINER HUNGERSNOT" (Aakaler Sandhaney). Der Film zeigt, wie ein Filmteam in ein bengalisches Dorf einzieht: Es soll ein Film über eine Hungersnot, bei der 1943 fünf Millionen Menschen ums Leben kamen, gedreht werden. Während der Dreharbeiten verschmelzen zunehmend Fiktion und Realität, Vergangenheit und Gegenwart. Der Hunger, die zu verfilmende Fiktion wird zur eigentlichen Realität und das Filmteam, die Realität, wird angesichts des realen Elends der Dorfbewohner zur puren Fiktion in dieser Umgebung. Der Film stellt die Frage nach dem Gewissenskonflikt, den die Konfrontation mit der Not für das Filmteam heraufbeschwört. Es geht um die Bankrotterklärung eines Regisseurs, der einmal mehr feststellen muß, daß die Realität stärker ist als jegliche Fiktion.

Mrinal Sen, der oft durch fast dokumentarische Aufzeichnung der Realität zu provozieren versuchte und der seinen kritischen Standpunkt nie verleugnete, mußte sich diesem Widerspruch gegenüber sehen, weil er eben ein "Filmemacher der Recherche" ist, einer, der seine Geschichten nie abgehoben erfindet, außerhalb politischer und moralischer Verantwortung.

Nach anfänglich mehr agitatorischen Filmen ist die ANATOMIE EINER HUNGERSNOT sicher Ausdruck einer stärker reflektierenden Haltung in seinen jüngsten Filmen. Sen sagt: "Selbstkritik reinigt uns, warnt uns und hilft uns, die Wirklichkeit mit mehr Mut und mehr Mitgefühl zu begreifen. Es macht uns stärker und weiser und freier für die richtigen Gefühle." Die Wandlung innerhalb der Arbeiten Mrinal Sen's hat auch damit zu tun, daß sich die politische Situation aufgrund von Filmen wenig verändert hat und daß sich damit die Mittel für den Künstler auch ändern müssen. Sen sagt: "Es gab eine Ziet, da kämpfte ich gegen die anderen als die sozialen und politischen Übeltäter. Jetzt ist die Zeit, daß ich erst mal gegen die Übel in mir selbst angehe. Das geschieht nicht, um mich zu schwächen, sondern um mich zu stärken und mit neuer Energie wieder anzufangen. Es ist doch so, Selbstkritik muß immer der Anfang unseres Kampfes sein." Der filmische Dialog mit Mrinal Sen soll Fragen dieser Art behandeln. Über die Entwicklung der Ästhetik politischer Filmarbeit und über die veränderten gesellschaftlichen Bedingungen, in der Filmemacher leben. Mrinal Sen ist nicht nur einer der wichtigsten Exponenten des kritischen Realismus, sondern er ist auch einer der vitalsten und emotionalsten. Analysen in Emotionen umzusetzen, das ist, was ich an ihm bewundere.

Rolf Aurich

Ein anderer kritischer Realist, Francesco Rosi, hat das so formuliert: "Der Weg des Films ist der Weg der Gefühle. Ein Film kann nicht der logischen Progression eines Essays folgen ... alle Logik kann im Film durch das Mittel des Gefühls ausgedrückt werden, aber es genügt nicht, beim Gefühl stehen zu bleiben. Man sollte es benutzen, um eine tiefere Bedeutung auszudrücken, um so Teilnahme auf der Ebene der Logik zu bewirken... ein Künstler muß direkt zum Publikum sprechen, unter der Bedingung, daß er wirklich an seiner Epoche teilnimmt."

Ein Teil dieses filmischen Dialoges wird es ausmachen, den Filmemacher Sen in seinen gesellschaftlichen Zusammenhängen zu zeigen: ein engagierter Regisseur inmitten der größten kommerziellen Filmindustrie der Welt (über 700 Filme pro Jahr), wie er sich nicht zu schade ist, die Themen seiner Filme zu durchleben oder zumindest genauestens zu recherchieren, bevor er das Wagnis eines Filmes eingeht. "An einer Epoche teilnehmen", das heißt eben, konkrete Bilder und Gefühle zeigen, Zusammenhänge analysieren und begreifen. Dazu gehört aber auch ein Bewußtsein über die eigene Position, über die Produktionsbedingungen, über die daraus resultierenden Abhängigkeiten und die Auswirkungen auf die Filme. Mrinal Sen ist ein Außenseiter inmitten einer Großproduktion indischer "Soap-operas" geblieben, ebenso wie wir in Deutschland inmitten amerikanischer Entertainment-Programme die Außenseiterposition noch nicht aufgeben konnten. Der Wirklichkeit ins Auge sehen und sie nicht zugunsten eines bekannten Erfolgsschemas oder einer Kinoillusion im Wesen verändern, das macht unsere Filme aus.

-4-

"Realistische Filme sind solche, die die Wirklichkeit nicht zugunsten eines vordergründig propagandistischen Zweckes oder spektakulärer Hintergedanken verändern, sondern sich bemühen, menschliche Konflikte in ihrem kompletten Zusammenhang von psychologischen, materiellen, moralischen und historischen Ursachen zu begreifen," (Hauff. Aus dem Presseheft zu "DER HAUPTDARSTELLER")

Mrinal Sen, u.a., aufgrund der radikaleren Verhältnisse in denen er lebt, wohl auch der radikalere Filmer: "Man sagt, daß ich mit meinen Filmen propagandistische Wirkungen anstrebe. Dem widerspreche ich nicht. Meiner Meinung nach ist Kunst immer Propaganda, aber nicht jede Propaganda ist Kunst."

Zur Form: Der Film soll in Kalkutta entstehen. Ich werde Szenen stellen, Dialoge dokumentieren, Impressionen filmen und Zitate aus von uns beiden geschätzten Filmen bringen. Der Film wird aber auch die ökunomische Situation Mrinal Sen's zeigen und seine Position innerhalb des kulturellen Spektrums in Kalkutta: ein bürgerlicher, politisch engagierter Filmregisseur. Viele seiner Kollegen kenne ich ebenfalls seit Jahren. Ich würde gern mit einigen über Sen sprechen: Satyajit Ray, Shyam Benegal, Gotom Gosh, Buddhadep Dasgupta.

WESTDEUTSCHER RUNDFUNK
z.Hd. Herrn Gunter Witte
Appellhofplatz 1

5000   Köln   1   München, 16. August 1983

Lieber Herr Witte,

in Ergänzung zu meinem Entwurf für einen Dokumentarfilm über
eine Begegnung zwischen zwei Regisseuren hier noch ein paar
Bemerkungen.

Wenn jemand wie ich seit Jahren versucht, einer Linie mit -
wie ich glaube - kritisch realistischen Filmen treu zu bleiben,
dann ist er immer auf der Suche, wo gibt es Anstöße, wo gibt
es Leute, die ähnliches wollen. Es ist ja schon eigenartig,
daß ich immer wieder auf den Neorealismus der Italiener zurück-
komme, auf einige Russen und natürlich auf Amerikaner wie
Kazan, Scorsese, Cassavetes, Lumet, wenn ich gefragt werde,
wo Vorbilder zu finden seien. Sieht man aber mal von den
Realismen des Sozialismus aufgrund des anderen Hintergrunds
ab, so merkt man zunehmend die Schwierigkeiten der Regisseure
westlicher Länder in ihren komplexen Gesellschaftsstrukturen
klare Gründe für Konflikte aufzuzeigen. Immer mehr werden die
Machtentscheidungen auf Ebenen getroffen, die kaum noch filmbar
sind, d.h. es wird immer schwerer, Bilder zu finden, vor allem
Bilder, die nicht ihre Kraft verloren haben im zivilisierten
Einerlei. Ein großes gebrauchtes Luxusauto kann man heute
manchmal billiger kaufen, als einen neuen Kleinwagen, man kann
den Schein erwecken, zu den Erfolgreichen zu gehören, nicht nur
im Film, sondern auch im Leben. Francesco Rosi hat die
schwierigen Machtverhältnisse und ihre Strukturen aufzuzeigen
in mehreren Filmen vorgeführt, wobei die offenen Widersprüche
der italienischen Gesellschaft vielleicht noch klarer zu beschreiben sind, als es bei uns der Fall ist. Vielleicht liegt
es auch daran, daß wir immer mehr die Faszination für unsere
Umgebung verlieren, für alle Fragen haben wir mehrere Antworten
parat, vielleicht sind wir auch systematisch blind gemacht
worden, konfliktscheu aus Bequemlichkeit, vielleicht liegt es
auch daran, daß Intellektuelle die einfachen Fragen vergessen,
so lange sie keiner existenziellen Bedrohung ausgesetzt sind.

-2-

Reinhard Hauff an Gunther Witte, 16.8.1983

Dieser existenziellen Bedrohung aber begegnet man immer wieder in den Filmen der Dritten Welt und damit auch den klaren Bildern, Symbolen, Konflikten. Auch aus Ländern, in denen eine Oberschicht die westliche Zivilisation zu kopieren versucht und Umwälzungen langfristig schon erkennbar sind, kommen immer wieder Filme hervor, die in der Lage sind, gesellschaftliche Konflikte noch bei den Wurzeln zu erkennen und vor allen Dingen zu zeigen. Vielleicht liegt das auch daran, daß die Filmemacher dort diesen starken existenziellen Druck hinter sich haben und irgendwie auch noch an die Wirkung ihrer Arbeit glauben. Mein größtes Erlebnis auf diesem Gebiet ist nun seit Jahren die Begegnung mit dem indischen Film und das speziell mit dem Filmemacher Mrinal Sen. Daß ich selbst mit meinem Film in Indien ein positives Echo fand, hat sicher auch einen Ausschlag gegeben, mich für dieses Projekt zu entscheiden. Ich war immer wieder überrascht, daß gerade die - wie ich glaube - in meinen Filmen konkret benannten bundesdeutschen Probleme auch in einer Stadt wie Kalkutta verständlich waren. Oft ist es doch so, daß man durch Konkretheit zu spezifisch wird, informativ nur im eigenen Kulturbereich. Gelingt es aber, ohne ungenau zu werden, das Universale einer Geschichte, die poetische Dimension eines allgemeinen und konkreten Konflikts zu formulieren, dann kann man eben die Grenzen der eigenen Kultur überschreiten. Meine Begegnung mit Mrinal Sen, dessen Filme ich zuerst in Indien kennenlernte, war für mich ein Ereignis, weil ich in seinen Filmen vieles vom Leben, das ich auf der Straße kennenlernte, wiederfand. Ich fand in ihm jemanden, der ähnliches mit seinen Filmen erreichen wollte und dies mit dem ganzen Druck seiner gesellschaftlichen Probleme im Hintergrund durchsetzte. Alle Widersprüche, die so ein Filmer mit seiner Rolle in der Gesellschaft seines eigenen Landes verkörpert, fand ich bei ihm wieder. Im Laufe der Jahre begannen wir uns immer mehr Fragen zu stellen und es waren eigentlich immer die Fragen nach den eigenen Problemen, die man vom anderen beantwortet haben wollte. Einmal fragte ich ihn, wie schaffst Du es über Jahre mit diesem engagierten Anspruch in deinem Land Filme zu machen und immer der Außenseiter zu bleiben, obwohl du kulturell anerkannt bist. Wie schafft man es mit diesem Eingeständnis der Ohnmacht zu leben und in den Zeitungen als kulturelles Markenzeichen behandelt zu werden. Er sagte, ich habe keine Zeit, darüber nachzudenken, ich muß einen neuen Film machen, damit ich überhaupt leben kann, denn verdienen kann man mit dieser Art Film nur minimal. Du weißt, meine Filme kommen nur manchmal in den normalen Kinolauf, manche Filme sind nur im Ausland gezeigt worden. Wir haben unsere indischen Schinken wie ihr die Amerikaner habt. Natürlich weiß ich von seinem Problem, aber ich weiß auch, wie relativ abgesichert ich im Verhältnis zu ihm lebe. Dabei gibt es in Indien Leute, die so reich mit Film geworden sind, wie man es sich nur im Traum vorstellen kann.

Schnitt.

Wir sitzen bei ihm zuhause, ein Bettler von der Straße kommt in seine Wohnung, er sagt, er habe bei ihm mal in einem Film mitgespielt, er war einer von vielen, Mrinal erinnert sich nicht, sagt aber ja und gibt ihm einen kleinen Geldbetrag. Ich frage ihn, warum eigentlich hat noch nie jemand einen Film über Bettler gemacht, jedenfalls kenne ich keinen, sie sind ein Beruf wie viele andere, etliche sogar organisiert in Syndikaten mit strenger Platzordnung, wer, wann, wo betteln und wer wem was abzuliefern hat, wieviel Prozent oder gar alles. Ich merke bei Mrinal eine natürliche Scheu dem Thema gegenüber, intellektuell hat er auch schon daran gedacht, er sieht auch bei mir so eine exotische Distanz wie ich darüber rede. Wir diskutieren die Bettlerfrage, warum gibst du, warum gibt man überhaupt. Mrinal hat einen anderen Ansatz, er sagt, es seien nur wenige von den Millionen Obdachlosen, die betteln müßten, die man zu den Profis zählen könne und damit sei die Frage eigentlich eine andere.

Er geht mit mir zu einer Familie, mit der er mal einen Film gedreht hat (THE MAN WITH THE AXE). Er erklärt mir die ökumenischen Bedingungen anhand der einzelnen Familienmitglieder. Ich frage ihn, wann ist ein Thema reif, eine Filmstory zu werden, brauchst du schon die Konstruktion aus einer Zeitungsnotiz oder gehst du vom Thema aus und konstruierst selbst. Wie hast du die Geschichte zu THE MAN WITH THE AXE gefunden. Wir sprechen über dieses für Filmemacher immer wiederkehrende Problem.

Schnitt.

Anhand einer Szene aus dem Film sprechen wir dann über Fiktion und Wirklichkeit, wie schaffen wir es, die starke dokumentarische Wirklichkeit in der Fiktion zumindest zu erhalten, wenn nicht gar zu überbieten, wie schaffen wir es, die Emotion, die wir auf der Straße mitgenommen haben, in einer Dramaturgie zu führen, sodaß sie auch noch zu einem Problempunkt hingelangt. Ich sage ihm, daß ich auch dieser fiktiven Szene anmerke, mashminh in Kalkutta nie verlassen hat, eine Betroffenheit dessen, der am Schicksal seiner Mitmenschen noch in der Lage ist, mitzuleiden, nicht schnell darüber zur Tagesordnung zu schreiten. Und: eine Wut auf die, die das zulassen und auf die eigene Ohnmacht. Srinal sagt, solange do noch Wut auf dich hast, schläfst du nicht, gibt es noch Hoffnung. Ich frage ihn, hast du schon mal daran gedacht, für die Probleme außerhalb des Films etwas zu tun. Welche Möglichkeiten haben wir?

Schnitt.

Ein Filmclub in Kalkutta (1979 habe ich dort mit 5 Filmen in 4 Tagen über 30.000 Zuschauer erreicht). Mrinal Sen und ich diskutieren mit den Zuschauern über unsere beiden Filme DER HAUPTDARSTELLER und ANATOMIE EINER HUNGERSNOT. Die Zuschauer vergleichen den Ansatz, den beide Regisseure hatten, ihren jeweiligen Film zu drehen, sie erkennen und beschreiben Ähnlichkeiten. Ein Zuschauer fragt mich, ob ich der Meinung sei, daß es sich hier um eine arme Bauernfamilie handle, da man doch sähe, daß der Vater einen Mercedes-LKW besitze, wovon in Indien mehrere Familien leben könnten. Ich erkläre die fragliche Situation dieses Bauern, merke aber, wie einfache Symbole einen Blick verstellen können und weiß, daß dieses Hindernis zwischen zwei Kulturbereichen immer wieder auftauchen wird.

Schnitt.

Wir sprechen über das Interview, das Truffaut mit Hitchcock geführt hat und von dem ich glaube, daß es immer noch eines der besten Filmbücher ist. Wir meinen, die Methode ließe sich auch auf unseren Dialogfilm anwenden, auch wenn wir das Prinzip einer Gegenseitigkeit mehr im Auge haben.

In der Hoffnung, Ihnen mit diesen Bemerkungen ein wenig mehr Vertrauen in die Subjektivität dieses dialogischen Tagebuch-Films gegeben zu haben verbleibe ich

mit besten Grüßen,

13.11.1985

Lieber Reinhard Hauff,

ich habe Sie bei der Akademie-Tagung vermißt, zum einen, weil heftig diskutiert wurde und mir der Rückhalt durch die Film- Und Medienabteilung wichtig ist, zum anderen, weil ich mit Ihnen eine Reise besprechen wollte, für die ich mich ab Spätsommer des nächsten Jahres entschlossen habe.
Vor etwa zehn Jahren war ich in Indien und also auch in Kalkutta. Diese komplexe Stadt und ihre Menschen haben mich nachhaltig verunsichert - siehe "Der Butt", Kapitel "Vasco kehrt wieder" -, weshalb ich mit meiner Frau nach Abschluß meines letzten Buches "Die Rättin", das imnFrühjahr erscheinen wird, ein Jahr dort Wohnsitz nehmen will.
Wie mir Herr Ohlau - vor Zehn Jahren Leiter des Goethe-Instituts in Kalkutta - geschrieben hab, haben Sie mit dem Filmemacher Mrinal Sen, den ich damals kennenlernte, gemeinsam einen Film gemacht; diesen Film würde ich gerne bei Gelegenheit sehen, am liebsten mit Ihnen gemeinsam: sei es in Berlin oder an meinem zweiten Wohnsitz in Hamburg oder notfalls in München. Anbei meine beiden Telefonnummern (030-852 38 08, 040- 22 46 31).
DEr Grund meiner Reise: ich möchtnach all dem Kampf und Krampf und den Durststrecken literarischer wie politischer Arbeit ein Jahr Abstand von Deutschland, mehr noch, von Europa gewinnen, meinen eignen Eurozentrismus aufzubrechen, mich also anderen Risiken stellen - mit unbekanntem Ergebnis. Wenn Sie "Die Rättin" gelesen haben werden, wird Ihnen mein Wunsch deutlicher sein.
Was die Akademie betrifft, habe ich mich für eine weitere Kandidatur ab Frühjahr nächsten Jahres unter der Bedingung zur Verfügung gestellt, daß Egon Monk Vizepräsident wird und mich in unserem gemeinsamen Sinn, der in vielen Fällen

- 2 -

Günter Grass an Reinhard Hauff, 13.11.1985. Nicht signierter Durchschlag

- 2 -

nicht Sinn aller Akademie-Mitglieder sein kann, während meines Indien-Aufenthaltes zu vertreten. Jedenfalls werden Monk und ich unter diesem Vorzeichen kandidieren und vor der Wahl unser Programm offenlegen; die Wahl wird's zeigen.

Freundliche Grüße
Ihr

1 *Hauff on Sen. Ten Days in Calcutta. A Portrait of Mrinal Sen. A film by Reinhard Hauff.* Script reconstructed by Anjum Katyal and Samik Bandyopadhyay. Kalkutta: Seagull 1987, p. 66. — **2** Dazu: *In Search of Famine (Akaler Sandhaney). A Film by Mrinal Sen.* Script reconstructed and translated by Samik Bandyopadhyay. Calcutta: Seagull 1983. — **3** Wilhelm Roth: *Der Dokumentarfilm seit 1960.* München und Luzern: Bucher 1982, S. 60f. — **4** Vgl. Michael Buselmeier, Karin Buselmeier: Zur Dialektik der Wirklichkeit. Dokumentarische Fernsehsendungen. In: *Dokumentarliteratur.* Hg. von Heinz Ludwig Arnold und Stephan Reinhardt. München: edition text + kritik 1973, S. 116–117. — **5** Vgl. mak: Das Dritte Reich »ein Wildwestfilm«? In: *Frankfurter Allgemeine Zeitung,* 10.7.1974. — **6** Rolf Zacher: *Endstation Freiheit. Erinnerungen.* Berlin: Argon 2002, S. 156 und 186. — **7** *Paule Pauländer.* Drehbuch: Burkhard Driest. Regie: Reinhard Hauff. München: Bioskop Film GmbH & Co. Produktionsteam KG, 18.7.1975. Akademie der Künste, Berlin, Jürgen-Jürges-Archiv, Nr. 18. — **8** Rolf Zacher: *Endstation Freiheit,* a. a. O., S. 209. — **9** Fritz Göttler: Alles auf Neuanfang. Der Filmemacher Reinhard Hauff wird siebzig. In: *Süddeutsche Zeitung,* 23./24.5.2009. — **10** Ebd. — **11** *Hauff on Sen,* a. a. O., p. 47. — **12** Vgl. Samik Banerjee: Reinhard Hauff in Calcutta. Interview with Reinhard Hauff. In: *film mmb* [Kalkutta], Nr. 1, o.J. [1979], S. 31–33. Sowie: Reinhard Hauff an Gunter Witte/WDR, München, 16.8.1983, S. 3 [S. 138–141 in diesem Band]. Beides DFF – Deutsches Filminstitut & Filmmuseum, Frankfurt am Main/Archiv Reinhard Hauff, Kiste 6. 1995 zeigte man in Indien eine weitere Retrospektive der Filme von Reinhard Hauff. Vgl. Material in DFF – Deutsches Filminstitut & Filmmuseum, Frankfurt am Main/Archiv Reinhard Hauff, Kiste 11. — **13** Günter Grass: *Der Butt. Roman.* Darmstadt und Neuwied: Luchterhand 1977, S. 235. — **14** Es handelt sich um fünf Konvolute derartiger Farbfotos, Oberfläche glänzend, im Format etwa 9x13 cm, teils mit automatischem Datumstempel auf der Rückseite versehen. DFF – Deutsches Filminstitut & Filmmuseum, Frankfurt am Main/Archiv Reinhard Hauff, Kiste 6. — **15** Reinhard Hauff/Peter Lilienthal: »Die Leute sind fasziniert vom amerikanischen Leben, vom amerikanischen Denken usw. Das ist Kasse. Diese Überzeugung wird nicht von allen geteilt, von uns schon gar nicht.« In: Alexander Kluge (Hg.): *Bestandsaufnahme: Utopie Film.* Frankfurt am Main: Zweitausendeins 1983, S. 272. — **16** Günter Grass an Reinhard Hauff, 13.11.1985. Akademie der Künste, Berlin, Günter-Grass-Archiv, 3174 [S. 142–143 in diesem Band]. — **17** Günter Grass: *Der Butt. Roman,* a. a. O., S. 232. — **18** Hermann Rosenbaum: Die Moral der Not. Lichtblick eines indischen Films im dünnen Wettbewerb der Berlinale '81. In: *Stuttgarter Zeitung,* 23.2.1981. — **19** Gerhard Haase: Ein Medium als Kanzel. Bericht und Gespräch [mit Mrinal Sen]. In: *Sonntag* [Berlin/DDR], Nr. 11, 15.3.1981. — **20** Hermann Rosenbaum: Die Moral der Not, a. a. O. — **21** Reinhard Hauff an Gunter Witte/WDR, München, 16.8.1983, S. 3. DFF – Deutsches Filminstitut & Filmmuseum, Frankfurt am Main/Archiv Reinhard Hauff, Kiste 6. — **22** *Der Weg des Films ist der Weg der Gefühle. Ein filmischer Dialog mit Mrinal Sen von Reinhard Hauff.* Undatiert [um 1983], 5 Seiten [hier S. 1, S. 133–137 in diesem Band]. DFF – Deutsches Filminstitut & Filmmuseum, Frankfurt am Main/Archiv Reinhard Hauff, Kiste 6. — **23** Reinhard Hauff/Peter Lilienthal: »Die Leute sind fasziniert«, a. a. O., S. 275. — **24** *Der Weg des Films ist der Weg der Gefühle,* a. a. O., S. 2. —

25 Reinhard Hauff / Peter Lilienthal: »Die Leute sind fasziniert«, a.a.O., S. 277. — **26** Reinhard Hauff an Gunter Witte / WDR, a.a.O., S. 1. — **27** Vgl. Eric Rentschler: Film der achtziger Jahre. Endzeitspiele und Zeitgeistszenerien. In: *Geschichte des deutschen Films*. Hg. von Wolfgang Jacobsen, Anton Kaes und Hans Helmut Prinzler in Zusammenarbeit mit der Stiftung Deutsche Kinemathek. Stuttgart und Weimar: Metzler 1993, S. 299. — **28** *Hauff on Sen. Ten Days in Calcutta*, a.a.O., S. 62. — **29** Reinhard Hauff in *Süddeutsche Zeitung*, 23.6.1983. Marginalspalte in Eric Rentschler: Film der achtziger Jahre, a.a.O., S. 290. — **30** Günter Grass an Reinhard Hauff, 13.11.1985, a.a.O. — **31** Interne Abschrift des Medien-Hearings vom 25.10.1985 an der Akademie der Künste, Berlin, Blatt 82. Akademie der Künste, Egon-Monk-Archiv, 376. Vgl. zu diesen Medien-Hearings auch Rolf Aurich: Das einstmals unsichtbare Fernsehen. Was Eberhard Fechners einstiges Akademie-Projekt einer Deutschen Mediathek mit der heutigen Mediathek Fernsehen der Deutschen Kinemathek verbindet. In: *Eberhard Fechner. Chronist des Alltäglichen*. Hg. von Rolf Aurich und Torsten Musial. München: edition text + kritik 2019, S. 76–103. — **32** Interne Abschrift des Medien-Hearings vom 25.10.1985, a.a.O., Blatt 83. — **33** Reinhard Hauff an Walter Huder, 19.11.1985. Akademie der Künste, Berlin, Akademie der Künste (West), Archivdirektion, 74. — **34** Gerhard Haase: Ein Medium als Kanzel, a.a.O.

Rolf Aurich

»Literaturverfilmungen lagen mir besonders, die Kostüme, das Licht, eine Traumwelt«

Gespräch mit dem Kameramann Wolfgang-Peter Hassenstein

Rolf Aurich: Beginnen wir mit WIRB ODER STIRB, eine Ihrer ersten Kooperationen mit Reinhard Hauff, zu der Sie mir soeben ein sehr schönes Werbefaltblatt gezeigt haben. Anfang 1969 wurden Sie für diese Arbeit, aber auch für eine weitere Regie von Hauff, CINDERELLA ROCKEFELLA, Hans Dieter Schwarzes SCHICHTWECHSEL und SAMMY DAVIS JR. IN EUROPA von Heinz Liesendahl mit der »Goldenen Kamera« des Jahres 1968 ausgezeichnet. Sie standen damals als recht junger Kameramann im Rampenlicht.

Wolfgang-Peter Hassenstein: WIRB ODER STIRB wurde 1968 in der Primetime ausgestrahlt. Gedreht wurde der Film ein wenig im Hinblick auf die Rose von Montreux, das Festival der Fernsehunterhaltung, das hat aber nicht geklappt. Es gab kein regelrechtes Drehbuch, es ist eine Persiflage auf Werbung, eine Satire. Der Bavaria-Direktor Helmut Jedele hat uns dabei sehr unterstützt. Wir haben zu dieser Zeit gut verdient, hatten auch unsere eigene Freiheit. Der Jedele sagte oft: »Macht's mal, ihr Büble«. Weil er gesehen hat, dass für ein gewisses Publikum natürlich auch unterhaltende Filme entstehen mussten.

RA: Ich war überrascht, dass Reinhard Hauff fest angestellt war bei der Bavaria. Er meint, es seien elf Jahre gewesen.

WPH: So lange? Ich habe ihn kennengelernt durch Michael Pfleghar, bei dem er Regieassistent war. Durch die Zusammengehörigkeit bei der Bavaria wird auch diese Freundschaft entstanden sein. Ich habe dann mit der Ausnahme Pfleghar und Heinz Liesendahl keine Unterhaltung mehr gemacht.

RA: War Rolf von Sydow für Sie ähnlich wichtig wie für Reinhard Hauff?

WPH: Nicht so wichtig. Ich habe eine Serie mit ihm gemacht, als Schwenker, das war die deutsche Bearbeitung von I LOVE LUCY, eine US-amerikanische

Gespräch mit Wolfgang-Peter Hassenstein

SAMMY DAVIS JR. IN EUROPA, 1968. Heinz Liesendahl, Wolfgang-Peter Hassenstein, Sammy Davis Jr. Paris, 14.6.1967. Werkfoto

Sitcom, die seit den frühen 1950er Jahren lief. Von Sydow inszenierte sie 1961 unter dem Titel TYPISCH LUCY für den WDR, geschrieben von Dieter Werner. Wir kannten uns gut, aber kamen nicht so richtig zusammen. Bei Studio Hamburg habe ich noch einen Film mit ihm gemacht, mit Götz George. Das war 1984, ABGEHÖRT. Peter Ustinov, der die Buchvorlage geschrieben hatte, wirkte ebenfalls mit.

RA: Wieso war Michael Pfleghar eine wichtige und große Figur?

WPH: Er war schon etwa als 22-Jähriger in Stuttgart der Chefcutter. Und dann hat er Regie geführt. Eine Art kleines Wunderkind, stammte aus einem wohlhabenden Elternhaus in Stuttgart und ging gleich zum Fernsehen, er machte keinen Umweg über das Theater. Mit ihm habe ich später noch zusammengearbeitet. So etwa 1969 bei dem aufwendigen ZDF-Zweiteiler ROMEO UND JULIA 70, mit weltumspannenden Drehorten und internationaler Besetzung, darunter Hampton Fancher, später Mitautor von BLADE RUNNER (1982), Tina Sinatra, Ray Charles, Dean Martin, Jerry Lewis und Frank Sinatra. Oder bei der Serie ZWEI HIMMLISCHE TÖCHTER, die 1978 von der Bavaria für den WDR produziert wurde. Vom Theater kamen andere Regisseure, mit denen ich gern gearbeitet habe, Franz Peter Wirth, Hans Dieter Schwarze oder Peter Beauvais zum Beispiel. Literaturverfilmungen lagen mir besonders, die Kostüme, das Licht, eine Traumwelt. Beauvais kam ja als Kulturoffizier aus den USA zurück. Er hat Szenen wahnsinnig oft wiederholt. Wir haben irgendwann zu wetten begonnen, ob es die 34. oder die 35. Einstellung werden wird. Trotzdem hat er die erste genommen. Er glaubte stets, noch mehr herausholen zu können aus den Schauspielern. Er hatte geradezu »Opfer« wie die Sabine Sinjen, die er so formte, wie er sie brauchte. Eine sehr schöne gemeinsame Produktion war 1971 STERBEN nach Arthur Schnitzler, der an einem See in Österreich gedreht wurde.

RA: Wie ist es für den Kameramann, wenn eine Szene vielfach wiederholt wird? Man ist sicher nicht immer einer Meinung mit dem Regisseur.

WPH: Ich habe zum Glück wenig mit solchen Regisseuren zu tun gehabt, die – wie etwa Fassbinder – alles bestimmen. Die meisten haben mit den Schauspielern gearbeitet, und ich habe meine Bilder dazu gemacht. Ein positives Beispiel war Rolf Hädrich. Ich habe gern mit ihm gearbeitet, zum Bei-

FISCHKONZERT, 1973. Brynjólfur Johannesson

Gespräch mit Wolfgang-Peter Hassenstein

Fischkonzert, 1973. Wolfgang-Peter Hassenstein (rechts).
Werkfoto

spiel 1973 beim Fischkonzert nach Halldór Laxness, eine nicht ganz einfache Produktion, bei der es während des Drehs in Island unter anderem aufgrund von Unwettern zu Zwischenfällen mit der eigens gebauten Reykjavíker Straße kam. Oder zwei Jahre später beim Stechlin nach Theodor Fontane. Fischkonzert, eine Koproduktion des NDR mit mehreren skandinavischen Sendern, war interessant, denn wir haben zum ersten Mal mit Color Grading gearbeitet. Es gab ein Gerät, das hatte der NDR und wohl auch der WDR, das dazu bestimmt war, aktuelle Berichte für die Tagesschau einander anzugleichen, kamen diese doch auf vielen verschiedenen Materialien in Hamburg an, zumeist auf Umkehrmaterial. Ein junger Techniker meinte dann, das Gerät könnten wir auch für Geschichten benutzen, also für Szenisches. Das war Winfried Staschau, einer der Pioniere, der beim Grading das Letzte herausholen konnte. Der Produzent von Fischkonzert, Dieter Meichsner, hat das zunächst nicht verstanden, er sagte, wir machen Film und müssen diese Technik nicht benutzen. Aber mit dem Gerät haben wir bei diesem Film noch einiges an Qualität erzielt, die wir sonst nicht gehabt hätten. Es war die Zeit, als kein Filmmaterial mehr gesendet wurde, sondern aus Sicherheitsgründen entweder eins zu eins zunächst auf Zwei-Zoll-Bänder und dann auf Ein-Zoll-Bänder überspielt bzw. mit dem Color Grading gearbeitet wurde, mit dem

Der STECHLIN, 1975. Franziska Bronnen

man sehr, sehr viel machen konnte. Das Grading hat sich durchgesetzt. Die Geräte wurden verbessert, vor allem für Szenisches.

RA: Hat eigentlich der Kameramann auf dem Fernsehgerät, wie es in Millionen Haushalten vorhanden ist, seine komplexe Arbeit wiedererkannt? Waren die Geräte so gut, dass sie Ihre eigenen Überlegungen und die technischen Leistungen der Kamera adäquat wiedergeben konnten?

WPH: Nein. Am Anfang war der Kontrastumfang beim Fernsehen so gering, dass es schief ging, wenn man das Problem des Lichts nicht sorgfältig genug berücksichtigt hatte. Dann passierten halt Sachen, bei denen man enttäuscht war, nachdem alles so schön ausgesehen hatte bei der Vorführung. Es konnte ein Unterschied wie Tag und Nacht sein. Das gibt es heute nicht mehr. Der heute mögliche Kontrastumfang ist gigantisch. Damals waren es ungefähr acht Blendenstufen zwischen einer Sichtbarkeit und einer Nicht-Sichtbarkeit, je nach Material und wie es entwickelt wurde. Wenn das berücksichtigt wurde, dann war man auch zufrieden mit dem Resultat. Im Übrigen habe ich auch recht häufig und gern »day for night« gemacht, also amerikanische Nacht, ein Faktor der Kostensenkung, bei dem es ebenfalls

Gespräch mit Wolfgang-Peter Hassenstein

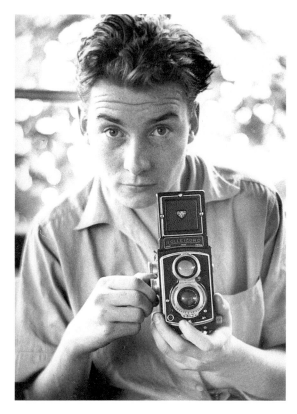

Wolfgang-Peter Hassenstein als junger Fotograf, um 1956

zentral um die Fragen des Lichts und um Unterbelichtung geht, indem Nachtszenen am Tag gedreht werden.

RA: Würden Sie mir beschreiben, wie Sie zur Kamera gekommen sind?

WPH: Ich wurde am 14. März 1938 in Frankfurt am Main geboren, bin ein Schauspielerkind und zog mit meiner Mutter Helmka Sagebiel nach dem Krieg von Theater zu Theater. Sehr früh fing ich mit der Fotografie an, hatte auch bald schon meine eigene Dunkelkammer. Für den Südwestfunk habe ich die sogenannten Randspaltenbilder gemacht, das waren Fotos für die Pressestelle des Senders. Meine Mutter war bei Hannes Tannert in Baden-Baden am Theater engagiert. Prominente Theater- und Filmschauspieler wurden damals gelockt durch Engagements in Hörspiel- und Fernsehspiel-Ensembles, das war so bei Gert Westphal und dann auch bei Tannert am Theater. Große Namen wie Jürgen Goslar und Horst Frank haben dort angefangen. Meine Mutter war auch dabei. Wir kamen aus Trier, wo ich zum Gymnasium gegangen war. Nebenher machte ich die besagten Randspaltenbilder für den Funk, die es mir erlaubten, bereits zur Schulzeit ein wenig Geld zu verdienen. Eines Tages, ich hatte eine Fotomappe angelegt, kam der noch ganz junge Franz Peter Wirth nach Baden-Baden und hat bei Tannert *Die Tochter des Brunnenmachers* von Marcel Pagnol inszeniert. Darin spielte meine Mutter mit. Wirth hat bei dieser Gelegenheit meine Fotos gesehen. »Wir brauchen dringend Regieassistenten«, hat er gesagt, was natürlich nichts mit den Fotos zu tun hatte, und: »Fahr doch mal rüber nach Stuttgart und stell Dich in der Baracke vor.« Das waren damals noch die Holzbaracken auf dem Killesberg. Ich war mitten im Abitur und fuhr nach Stuttgart, um diese Chance zu nutzen. Dort angekommen, habe ich die Dramaturgie gesucht, den Hans Gottschalk, und kam dabei durch die Kameraabteilung. Als erstes begegnete ich dem Chefkameramann Fritz Moser, der die Bilder sah und mir sagte, dass ich unbedingt zur Kamera müsse. Nach wenigen Tagen schon habe ich als Operator mit dem Fritz Moser zusammen DAS HEISSE HERZ gemacht, das war 1957, die Regie hatte Peter Beauvais.

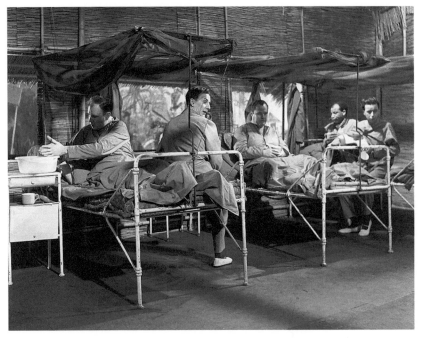

DAS HEISSE HERZ, 1957. Hanns Lothar, Benno Sterzenbach (2. und 3. von links)

Gespräch mit Wolfgang-Peter Hassenstein

DAS HEISSE HERZ, 1957.
Wolfgang-Peter
Hassenstein (zweiter
von rechts). Werkfoto

RA: Sie waren ein Quereinsteiger.

WPH: Ja, von der Fotografie her.

RA: Haben Sie das Abitur geschmissen?

WPH: Natürlich. Obwohl ich mittendrin stand.

RA: Das würde man heute seinen Kindern nicht raten. Aber für Sie war es genau die richtige Entscheidung?

WPH: Unbedingt. Es gab noch einen weiteren großen Vorteil. Ich war Volontär. Der Moser hat uns Fernsehspiele machen lassen, zum Beispiel 1958 Franz Peter Wirths DER KAUKASISCHE KREIDEKREIS mit Käthe Reichel, eines der großen Fernsehspiele, die damals live entstanden. Und für die Abendschau und Kulturbeiträge hat uns Moser außerdem die 16-mm-Filmkamera in die Hand gedrückt. Wir sind zudem an den Schneidetisch gegangen und hatten so einen sehr guten Überblick vom Metier. Es war die Zeit, bevor das ZDF eröffnet wurde, die Freies Fernsehen GmbH produzierte Probesendungen in »Telesibirsk« in Eschborn, und von dort gab es Bemühungen, von den Sendern Leute abzuwerben, obwohl das eigentlich nicht erlaubt war. Zu

Rolf Aurich

Chefkameramann Fritz Moser, Wolfgang-Peter Hassenstein beim Südfunk Stuttgart, 1958

dieser Zeit gingen etliche wichtige Mitarbeiter aus Stuttgart, darunter die Regisseure Michael Pfleghar und Franz Peter Wirth sowie der Regieassistent Heinz Liesendahl, und vom WDR – dort war es vor allem die Technik unter Walter Pindter, dem technischen Direktor – zur Bavaria Atelier GmbH. Auf diese Weise bin auch ich zur Bavaria gekommen. Nur ein weiterer Kameramann gehörte zur Stuttgarter Gruppe, das war Kurt Gewissen, der in den 1960er Jahren unter anderem mit Reinhard Hauff gearbeitet hat. Beim WDR war Günter Rohrbach, Chef des Fernsehspiels, seit Mitte der 1960er Jahre eine wichtige Figur auch für die Bavaria, die zahlreiche Produktionen im Auftrag dieser Sendeanstalt produzierte.

RA: Die Bavaria Atelier GmbH wurde 1959 gegründet.

WPH: Die Bavaria Filmkunst AG war pleite. Die Sender selbst durften das Gelände in Geiselgasteig nicht kaufen, aber die Tochterfirmen, die Werbefirmen des WDR und des SDR. Der Süddeutsche Rundfunk hat das »künstlerische Personal« gestellt, der WDR eher die Technik. Es gab bei der Bavaria auch den Michael Bittins, Sohn des Produzenten und Produktionsleiters

Alfred Bittins, ein ausgebildeter Musikkaufmann, er war Anfang 20 und der jüngste Produktionsleiter der Bavaria, aber schon ein Genie. Er hat auch mit Reinhard Hauff und mit mir gearbeitet. Als Reinhard und ich 1968 in London mit den Ofarims CINDERELLA ROCKEFELLA gedreht haben, war Michael Bittins mit seinem Aufnahmeleiter Manfred Kercher dabei. Es hat alles exzellent funktioniert mit den beiden.

RA: Als Sie nach Grünwald zur Bavaria kamen – was waren Ihre ersten Aufgaben? Mit was wurden Sie konfrontiert?

WPH: Ich war gleich Operator. Die gab es damals noch. Ich hatte für einige Zeit auch mit dem von der Bavaria entwickelten Drei-Kamera-System zu tun, der Electronic Cam. Es stellte sich heraus, dass es eine völlige Fehlkonstruktion war.

RA: Ist das die Technik, die in die Sowjetunion verkauft wurde?

WPH: Genau. Alfred Jetter, der Entwickler, er ist vorher technischer Direktor in Stuttgart gewesen, hatte sich vorgestellt, dass der Kameramann bzw. Schwenker Zoom plus Schärfe selber machen kann. Das war aber nicht möglich. Es war in unserer Generation so, dass die jungen Regisseure möglichst mit einem jungen Kameramann zusammenarbeiten wollten, der Licht macht und schwenkt. Was ja in den Urzeiten des Films so war. Es war für viele, auch für den Reinhard, ganz wichtig, dass man sozusagen mit einer Person »verheiratet« war.

RA: Reinhard Hauff war bereits zu Beginn einer von den Regisseuren bei der Bavaria, mit denen Sie gearbeitet haben?

WPH: Es war eine Gruppe. Dazu gehörte auch der Gernot Roll, er kam von der DEFA. Mir lag zu dieser Zeit die Unterhaltung mehr, andere haben eher mit dem Franz Peter Wirth gearbeitet, seriös. Und durch die Unterhaltung ergab sich auch die Arbeit mit dem Reinhard. Freilich war sie ein wenig verpönt – bei den Dramaturgen.

RA: Wie war denn die Zusammenarbeit mit den Ofarims bei beiden Filmen in der Regie von Reinhard Hauff? Wie kam es aus Ihrer Sicht dazu?

DIE OFARIMS, 1967.
Reinhard Hauff,
Wolfgang-Peter
Hassenstein. Hamburg.
Werkfoto

DIE OFARIMS, 1967. Auf dem Auto Reinhard Hauff, Wolfgang-Peter Hassenstein, Frank Brühne. München, Playback-Lautsprecher am Heck des Autos. Werkfoto

Gespräch mit Wolfgang-Peter Hassenstein

CINDERELLA ROCKEFELLA, 1968. Abi Ofarim

CINDERELLA ROCKEFELLA, 1968. Esther und Abi Ofarim

WPH: Der eine war noch schwarz-weiß, der andere in Farbe. Reinhard und ich hatten darüber gesprochen, dass man mit den Ofarims etwas anfangen könne. Er hielt die beiden für schauspielerisch begabt. Für den ersten Film, DIE OFARIMS (1967), haben wir den größten Teil in Hamburg gedreht. Der zweite Film, CINDERELLA ROCKEFELLA (1968), war dagegen in Farbe und schon eher poppig. Dafür haben wir viel in London gedreht. Auch unser Film JANIS JOPLIN (1970) ist erwähnenswert. Dabei entstanden zunächst große Probleme. Reinhard und ich fuhren zum Konzertsaal, der Jahrhunderthalle in Frankfurt-Hoechst, wo wir Janis Joplin trafen. Sie schlug vor, nach der Show extra für uns ein zusätzliches Konzert zu arrangieren, dann hätte man es besser im Griff. Es gab ja kaum deutsches Publikum, weil nur Amerikaner, vor allem GIs, gekommen waren. Joplin wollte zum Schluss des Konzerts ansagen, dass bitte noch ein paar aus dem Publikum bleiben sollten. Das war der große Fehler. Es blieben nämlich die, die bereits da waren, und es kam außerdem noch einmal die gleiche Menge. Wir waren an die Bühne gepresst, es war furchtbar. Das Ganze war nur aufzunehmen mit der 16er ARRI, die Kassetten fassten jeweils zehn Minuten, von denen wir einige vorbereitet hatten. Wir wechselten nur den Elektromotor der Kamera mittendrin aus, es musste ja synchron sein, es musste ans Netz angeschlossen sein, wie der Ton auch. Die Tonleute waren angeschlossen ans Netz, und dadurch war es synchron, also anlegbar. Wir hatten eine zweite Kamera, und da war ein Kollege von mir, der Paul Ellmerer, er war freischaffender Kameramann beim WDR und hatte vorher schon mit Joplin gedreht, in Schwarz-Weiß, für Michael Leckebusch vielleicht, vielleicht für dessen BEAT-CLUB, eines dieser Kurzinterviews. Wir sagten ihm, du kriegst unsere Kamera, dies und das brauchen wir ... letztlich stellte sich heraus, auf diesen tausenden von Metern war nichts drauf, absolut nichts. Kodak hat das untersuchen lassen. Genau genommen war schon etwas drauf, doch mindestens um 15 Blenden unterbelichtet. Der Hintergrund war dieser: Ich hatte damals das sogenannte EF-Material bestellt, das Umkehrmaterial von Kodak, doch es kam als Commercial an, also sehr unempfindlich, allerdings mit dem einen Vorteil: Man kann es auf 35-mm-Material aufblasen und es sieht dann wunderschön aus. Wir haben beraten, sollten wir die Arbeit am Film abbrechen? Dann hatten wir die Idee, dass sich alles mit einem Spot, einem ganz starken Spot abspielt. So kriegen die Musiker kaum noch etwas ab, das Licht ist dann nur für die Sängerin. Sie musste natürlich damit einverstanden sein. Der Paul Ellmerer wiederum hatte noch seine eigene Kamera mit dem empfindlichen Tri-X-Material von Kodak vor dem inneren Auge, das er zuvor verwendet hatte. Er bekam die Kamera von uns und machte sofort die Blende zu. Das war bei dem eingelegten Material ein Fehler. Also hatten wir letztlich nur Aufnahmen einer Kamera. Dazu kam das Gedränge. Wir sind auf jeden Fall mit allem durchgekommen.

RA: Das Ergebnis hat mich sehr beeindruckt. Sie gehen ganz nah an die Musiker heran, befinden sich auch auf der Bühne.

WPH: Ich hatte mich ganz auf Janis Joplin konzentriert, habe aber auch die Musiker mit einbezogen.

RA: Ähnlich habe ich es vom Film über das Wilson-Pickett-Konzert in Erinnerung. Mich hat dabei fasziniert, dass man den Musikern bei aller Bewegung und Unruhe dennoch sozusagen in aller Ruhe dabei zuschauen kann, wie sie Musik machen.

WPH: Ich habe das immer vertreten: Egal, welche Filme man macht, nicht nur Unterhaltung, das Ein-Kamera-System ist für mich oft das bessere.

RA: War dies alles erst durch die neue Technik der 16-mm-Tonkameras möglich geworden?

Die Ofarims, 1967. Abi und Esther Ofarim, Wolfgang-Peter Hassenstein, Frank Brühne. Hamburg. Werkfoto

WPH: Ja. Und es kommt unter technisch-künstlerischen Aspekten noch etwas anderes hinzu, was auch bei MATHIAS KNEISSL (1971) der Fall war: Es gab in Deutschland keine 35-mm-Kamera, die so geräuschlos gewesen wäre wie eine Panavision oder eine Panaflex. Es gab dafür den Blimp, die schalldämmende Ummantelung. Das leiseste, was es gab, war der 120er Blimp, der bot Material für etwa vier Minuten – beim 300er Blimp waren es ungefähr zehn Minuten. Oder, wenn der Regisseur dazu bereit war, hat man stumm gedreht und anschließend synchronisiert. Bei STERBEN nach Schnitzler war es so, dass Beauvais damit zum ersten Mal konfrontiert wurde. Die Bavaria hat dann etwas Druck ausgeübt, er hat es eingesehen, obwohl er es sonst nie gemacht hat. Dann allerdings war er ganz überrascht, was er mit der Synchronisation noch erreichen konnte. Beim KNEISSL sollte es ursprünglich Originalton sein, was wir zum größten Teil auch realisierten. Doch dazu brauchte es den Blimp, der die Kamera weniger flexibel macht. Ich habe stets sehr viel aus der Hand gedreht. Aber immer so, dass man es möglichst nicht merkt. Also nicht, um zu zeigen, das ist Handkamera, sondern es war halt eine Notlösung. Es atmete ein bisschen.

RA: Mir ist etwas anderes aufgefallen, und zwar bei dem Film OFFENER HASS GEGEN UNBEKANNT (1971). Es gibt darin ausgiebige Parallelfahrten, die etwa aus einem Zug heraus entstanden sind. Das scheint mir etwas zu sein, was später Wim Wenders ebenso gemacht hat wie Jim Jarmusch. Wie kommt man auf eine solche Idee, an der Kamera bis zu einer Minute lang aus einem Zugfenster eine Landschaft vorbeiziehen zu lassen? In diesem Film wird ja eigentlich nicht gespielt, er ist dokumentarisch, aber es gibt dieses Bestreben der Kamera, nicht allein abzubilden, sondern auch noch etwas anderes zu erzählen, zum Beispiel mit Hilfe solch langer Fahrten. Steht so etwas im Drehbuch?

WPH: Bei diesem Film gab es kein richtiges Drehbuch. Es ist eine gute Frage, was diese Fahrten ausdrücken sollten. Wahrscheinlich haben wir sie benutzt, um die Reisen der Hauptfigur zu zeigen, zwischen den Orten.

RA: Die Drehorte sollen gewesen sein: München, Hamburg, Lübeck, Gütersloh und Neumünster. Und dazu Sylt.

WPH: Als Publikum sollte man sich hineindenken können in die Fluchten des Hauptakteurs. Einen Aufriss, in dem derartige Überlegungen niedergelegt waren, hat es natürlich gegeben.

RA: Sie haben viele Filme gemacht, mir fehlt der Überblick. Gibt es einen anderen Regisseur, mit dem Sie ähnlich lange zusammengearbeitet haben wie mit Reinhard Hauff?

WPH: Durch die Literaturverfilmungen, die ich sehr gern mag, habe ich sehr häufig mit Rolf Hädrich gearbeitet, auch wenn es nicht eine so lange Zeitspanne war.

RA: Kann in einer solchen Zeit wie mit Hauff etwas entstehen wie ›blindes Vertrauen‹?

WPH: Es ist wie eine langjährige Beziehung. Man braucht gar nicht mehr über alles miteinander zu reden. Jeder weiß bereits, wie der andere tickt.

RA: Die Gefahr der so entstehenden Routine ist sicher nicht von der Hand zu weisen.

WPH: Das ist vielleicht auch der Grund dafür gewesen, dass wir auf einmal nicht mehr miteinander konnten. Ich kann mich nicht mehr genau erinnern, aber es gab wahrscheinlich ganz doofe Diskussionen.

RA: Wie ging es bei Ihnen anschließend weiter, nachdem Ihr letzter gemeinsamer Film, Die Verrohung des Franz Blum, 1974 fertiggestellt war? Sie haben ja nie wieder zusammengearbeitet. Interessanterweise wurde Ihr Assistent Frank Brühne dann der neue Kameramann von Reinhard Hauff.

WPH: Messer im Kopf (1978) hätte ich eigentlich noch gerne mit Reinhard gemacht. Es war doch erfreulich, was man nicht vermutet hätte, dass der Reinhard nach unserer ganzen Unterhaltungsgeschichte sehr gut mit den Schauspielern gearbeitet hat und ihnen etwas vorspielen konnte. Da ist er sehr begabt. Er wollte einmal Sänger werden.

RA: Haben Sie selbst einmal inszeniert?

WPH: Das mochte ich nie. Und zwar, wenn man in der Branche groß geworden ist, weiß man, was ein guter Regisseur ist – und dass ich das nicht erreicht hätte. Ich hätte wahrscheinlich nicht so gut mit den Menschen arbeiten können.

RA: Können Sie noch etwas zur Entstehung von Wirb oder stirb sagen? Das ist doch ein ganz verrückter Film.

WPH: Wir verfügten in der Bavaria über eine gewisse Narrenfreiheit. Die wurde durch Jedele ermöglicht. Wir hatten zur Pop-Kultur, die es in London bereits gab, Chelsea, Carnaby Street, bis dahin keine Berührung. Jedele hat das begriffen und zu uns gesagt, wir sollten nach London fahren, dabei drückte er uns 1000 DM in die Hand. Das war rührend. Dann sind wir für eine Woche zur Vorbereitung nach England gefahren. Völlig erschlagen davon, was wir dort erlebt hatten, kamen wir zurück. Es war für uns eine ganz andere Welt. Auch bei Janis Joplin war es für uns so, dass wir mit ihr für das Interview nicht ihre Sprache sprachen – im übertragenen Sinn. Das Gespräch hat dann jemand anderes gemacht, ein Engländer, vermutlich von der BBC-Sendung Top of the Pops. Der konnte die richtigen Fragen an sie richten.

RA: Sie sprechen von einer Art Gründerzeit.

WPH: Ja, das war es auch. Das betrifft ebenso die Technik. Das ganze starre System von Opas Kino haben wir hinter uns gelassen. Unlängst sah ich aus Anlass von Liselotte Pulvers 90. Geburtstag im Fernsehen Ich denke oft an Piroschka von 1955. Das kann doch nicht sein, dachte ich, immerhin war Kurt Hoffmann der Regisseur. Ich habe in dem Moment verstanden, wieso wir damals Einiges anders machen wollten.

RA: Können Sie das noch etwas konkreter beschreiben? Ist Ihnen ein Film wie dieser zu behäbig?

WPH: Natürlich, zu langsam, zu breit, er hat nicht das, was wir durch den italienischen und französischen Film kannten, wo meine Vorbilder Kameraleute wie Vittorio Storaro und Gianni di Venanzo waren, oder Nicolas Roeg, der später selbst Regie gemacht hat, auch ein Regisseur wie Stanley Kubrick, der von der Fotografie kommt, nicht zu vergessen Ingmar Bergman mit dem Kameramann Sven Nykvist.

RA: Beziehen Sie das beim damaligen Film in Deutschland zunächst einmal auf die Kamera?

WPH: Ich beziehe das nicht auf die Kamera allein, sondern auf das gesamte Werk.

RA: Ihr Hauptwerk ist für das Fernsehen entstanden, es gibt nur wenige Kinoarbeiten. Darunter besonders hervorzuheben ist vielleicht Jack Arnolds THE SWISS CONSPIRACY, in Deutschland PER SALDO MORD, ein rasanter Erpresser-Krimi, der in der Schweiz spielt, eine deutsch-amerikanische Koproduktion unter Beteiligung der Bavaria. Mit David Janssen in einer späten Rolle, dazu Senta Berger, Arthur Brauss und Elke Sommer. Außerdem wäre DIE MAGD zu nennen, inszeniert von Louis Jent, der bereits in den späten 1960er Jahren mit Reinhard Hauff und Ihnen kooperiert hatte als Autor bei WIRB ODER STIRB und CINDERELLA ROCKEFELLA. Das ist eine schweizer Literaturadaption, ein ungewöhnlicher Heimatfilm aus dem Emmental mit beeindruckender Besetzung – Silvia Reize, Christof Wackernagel und Sigfrit Steiner. Beide Filme wurden 1975 gedreht.

WPH: Es gab in den 1960er Jahren noch zwei ganz schreckliche Kinofilme, daran erinnere ich mich ungern. Ich war als Operator daran beteiligt. Beide entstanden für einen schwäbischen Produzenten, Piran-Film + Televisions GmbH aus Stuttgart. Der eine Film hieß DIE BANDITEN VOM RIO GRANDE

ALLOTRIA IN ZELL AM SEE, 1963. Wolfgang-Peter Hassenstein an der Kamera, Harald Juhnke im Flugzeug. Zell am See. Werkfoto

Rolf Aurich

ALLOTRIA IN ZELL AM SEE, 1963. Adrian Hoven, Hannelore Elsner

(Regie: Helmuth M. Backhaus). Tolle Schauspieler wie Wolfgang Kieling oder Harald Leipnitz haben daran 1965 natürlich mitgewirkt wegen der Kohle. Und dann noch ALLOTRIA IN ZELL AM SEE (Regie: Franz Marischka), auch nicht schlecht besetzt, mit Harald Juhnke und Hannelore Elsner, aber es waren gruselige Voraussetzungen, das war 1963. Am meisten haben mir die großen Abendserien Spaß gemacht, die beinahe schon Spielfilmcharakter hatten. Also etwa 1972 Franz Peter Wirths WDR-Film DIE ROTE KAPELLE, auch der Fünfteiler HÄRTE 10, der ist ebenfalls für den WDR 1974 bei der Bavaria mit dem Regisseur Gordon Flemyng entstanden, mit guter Besetzung, beispielsweise Horst Janson und Wolfgang Kieling. Eine schöne Kooperation gab es mit dem Regisseur Alexander von Eschwege, der in den 1970er Jahren mehrfach bei Reinhard Hauff assistiert hatte, bei der Adaption des Romans *Flächenbrand* von Max von der Grün. Das war 1981, eine frühe Auseinandersetzung mit rechten Tendenzen in der Bundesrepublik. Produziert hat der WDR, die Besetzung war prominent: Nina Hoger, Horst Frank, Manfred Krug, Curt Bois, Renate Küster. Übrigens habe ich auch selbst produziert, das war mit meiner Londoner Firma Georgian Films. Es hat schon Spaß gemacht, es einmal zu versuchen, doch dorthin dauerhaft zu wechseln, lag mir nicht.

Gespräch mit Wolfgang-Peter Hassenstein

HÄRTE 10, 1974. Gordon Flemyng, Wolfgang-Peter Hassenstein, Udo B. Drebelow. Belgien. Werkfoto

DIE BANDITEN VOM RIO GRANDE, 1965. Wolfgang Kieling

RA: Das ist der Titel TORQUEMADA, auch DARKNESS COVERS THE EARTH / FINSTERNIS BEDECKT DIE ERDE, in der Regie von Stanislav Barabas, ein Stoff um die Spanische Inquisition des 15. Jahrhunderts, den die ARD im November 1988 in zwei Teilen ausstrahlte. Wie kam es zu diesem einmaligen Fall, bei dem Sie auch die Kamera verantworteten? Bereits 1977 war er beim NDR in Planung.

WPH: Den Stoff hatte der Rolf Hädrich in der Schublade, Jerzy Andrzejewskis Abrechnung mit dem Stalinismus, *Finsternis bedeckt die Erde.* Ein gutes Buch, doch Hädrich, der schon schwer krank war, wollte ein Kammerspiel daraus machen. Aus meiner Sicht wäre das schade gewesen, denn das gab's ähnlich schon einmal mit Alec Guinness, 1955, nämlich THE PRISONER von Peter Glenville. Ich wollte es anders machen und Co-Partner besorgen. Der französische Schauspieler Georges Claisse, der bei DIE ROTE KAPELLE beteiligt war, schrieb zusammen mit Barabas das Drehbuch. Er hat in Frankreich Antenne 2 von dem Projekt überzeugt. Meine Partnerin Kirsty Malcolm und ich gründeten in London die Georgian Films Ltd., um die Vorbereitungen anzugehen. Antenne 2 verfügte über eigene gute Erfahrungen in Portugal und empfahl uns das Land als Drehort. Bei einer längeren Motivsuche fanden wir an verschiedenen Stellen, die teilweise weit auseinander lagen, passende Landschaften, alte Klöster und Festungen. Für die Hauptrolle des Großinquisitors Tomás de Torquemada konnten wir Francisco Rabal gewinnen. Wir hatten auch darüber hinaus nur gute Leute, Dietmar Schönherr wirkt mit, dazu Constanze Engelbrecht, Michel Auclair, André Julien, Jacques Breuer, und Klaus Doldinger machte die Musik. Während der NDR die Rechte für Deutschland und den Verkauf nach Österreich und der Schweiz hatte, konnten wir den Film in mehrere Länder weltweit verkaufen, was ein ganz gutes Geschäft war.

Das Gespräch mit Wolfgang-Peter Hassenstein führte Rolf Aurich am 23. Oktober 2019 in München.

Literaturhinweise:

Hans Albrecht Luznat: Plädoyer für die Serie. Gespräch mit Kameramann Wolfgang-Peter Hassenstein. In: *Film & TV Kameramann,* Nr. 12, 1991, S. 42–46.

Wolfgang Fischer: »Filmemachen hat sehr viel mit Geschmack zu tun.« In: *Film & TV Kameramann,* Nr. 3, 1998, S. 94–103.

Klaus Hoeppner

Werkverzeichnis

Film und Fernsehen

Die vorliegende Filmografie verzeichnet neben den eigenständigen Regiearbeiten Reinhard Hauffs auch seine Beteiligungen an Fernsehsendungen, Fernsehspielen, Kinofilmen und Dokumentationen anderer, sei es als Regieassistent, Drehbuchautor, Produzent, Darsteller, Moderator oder Interviewer bzw. Interviewter. Die Sortierung erfolgt nach der Fernseh-Erstausstrahlung bzw. der Kino-Uraufführung (es werden beide Daten genannt, so sie verifiziert werden konnten).

Die Filmografie basiert im Wesentlichen auf den folgenden Quellen: Vor- und Nachspänne der Film- und Fernsehproduktionen; Materialien aus der Bibliothek, dem Schriftgutarchiv und den Datenbanken der Deutschen Kinemathek, Berlin (SDK); Daten von CineGraph – Hamburgisches Centrum für Filmforschung e.V. sowie aus *Cinegraph – Lexikon zum deutschsprachigen Film*. Hg. von Hans-Michael Bock. München: edition text + kritik 1984f. [Lieferung 11, 15.7.1988]; Unterlagen des DFF – Deutsches Filminstitut & Filmmuseum, Frankfurt am Main (Textarchiv und Archiv Reinhard Hauff); Material des Archivs der Hochschule für Fernsehen und Film, München (HFF); Angaben aus Material der Mediathek der Universitätsbibliothek der Universität der Künste, Berlin (UdK), des Deutschen Rundfunkarchivs, Frankfurt am Main (DRA), des Bayerischen Rundfunks, München (BR), des Westdeutschen Rundfunks, Köln (WDR), von Spiegel TV GmbH, Hamburg, des Südwestrundfunks, Stuttgart (SWR), und des Zweiten Deutschen Fernsehens, Mainz (ZDF); Programmblättern und Pressemitteilungen von ARD, Bavaria, SDR, WDR und ZDF; dem Programmteil der Fernsehzeitschrift *Hörzu*; Günter Zeutzschel: *Das Fernsehspiel-Archiv*. Karlsruhe: Selbstverlag ab 1966; Hans-Wolfgang Jurgan: *Filmbibliographisches Jahrbuch der BRD 1971* und *1972*. Wiesbaden-Breckenheim: Deutsche Gesellschaft für Filmdokumentation 1973 und 1975; sowie die Online-Datenbanken https://www.filmportal.de, https://www.imdb.com und https://pro.imdb.com.

R: Regie. RA: Regieassistenz. B: Drehbuch. K: Kamera. T: Ton. S: Szenenbild. SC: Schnitt. M: Musik. CHO: Choreografie. D: Darsteller/in. PL: Produktionsleitung. PD: Produzent/in. RED: Redaktion. P: Produktion. UA: Uraufführung (Kino). DE: Deutsche Erstaufführung (Kino). KS: Kinostart. EA: Erstausstrahlung (TV). s/w: Schwarz-Weiß.

Mitunter werden in einer Anmerkung verantwortliche Personen genannt, die wiederholt mit Reinhard Hauff zusammengearbeitet haben und von besonderer Bedeutung sind, deren Verantwortungsbereich (Trick-Aufnahmen, Kostüme, Aufnahme- und Herstellungsleitung) jedoch im Raster dieser Filmografie nicht vorgesehen ist. In Einzelfällen werden dort zusätzlich Personen erwähnt, deren Arbeit (z. B. Modefotografie, Grafik) für einzelne Filme prägend war. Die jeweils aufgeführten Namen in der Rubrik Darsteller/in geben eine Auswahl wieder.

1Plus: EinsPlus (digitaler Fernsehsender der ARD). ARD: Arbeitsgemeinschaft der öffentlich-rechtlichen Rundfunkanstalten der Bundesrepublik Deutschland. arte: Association Relative à la Télévision Européenne, Straßburg/Baden-Baden (Deutsch-französischer Kulturkanal). B1: Drittes Programm des Senders Freies Berlin. BFI: British Film Institute, London. BR: Bayerischer Rundfunk, München. BRD: Bundesrepublik Deutschland. dffb: Deutsche Film- und Fernsehakademie Berlin. FR3: France Régions 3, Paris. HR: Hessischer Rundfunk, Frankfurt am Main. IA: IA – Neues Fernsehen für Berlin und Brandenburg, Berlin. NDR: Norddeutscher Rundfunk, Hamburg. Nord 3: Drittes Fernsehprogramm des Norddeutschen Rundfunks, von Radio Bremen und des Senders Freies Berlin. RAI 2: Radiotelevisione Italiana, Rom [Rai Due]. RTL plus: Radio Télévision Luxembourg, Köln. SAT.1: Sat.1 Satelliten Fernsehen, Mainz. SDR: Süddeutscher Rundfunk, Stuttgart [Südfunk Stuttgart]. SFB 3: Drittes Programm des Senders Freies Berlin. SWF: Südwestfunk, Baden-Baden. TVE: Televisión Española, Madrid. WDR: Westdeutscher Rundfunk, Köln. WWF: Westdeutsches Werbefernsehen GmbH, Köln. ZDF: Zweites Deutsches Fernsehen, Mainz.

1964. BRD. DER KLEINE GRAMLADEN. KABARETTISTISCHE KURZWAREN, SCH(M)ERZARTIKEL ETC, PP. IN WORTEN UND NOTEN FEILGEBOTEN VON HANNS DIETER HÜSCH. R: Hans Dieter Schwarze. RA: Reinhard Hauff. B: Wilfried Schröder, Reinhard Hauff. K: Wolf Schneider. T: Hans-Joachim Richter. S: Maleen Pacha. SC: Malvine Stöhr. D: Hanns Dieter Hüsch, Hans Karl Friedrich, Anne [Anneliese] Bock. PL: Kurt Zeimert. P: Bavaria Atelier GmbH, Geiselgasteig, im Auftrag des ZDF. EA: 23.4.1964, ZDF. 35 mm, s/w. 32 Min.

1964. BRD. MELANKOMISCHE GESCHICHTEN. AUFGESAGT VON HANNS DIETER HÜSCH. R: Reinhard Hauff. B: Wilfried Schröder, Reinhard Hauff. K: Hermann Gruber. T: F. W. [Friedrich Wilhelm] Dustmann. S: Maleen Pacha; Walter Joseph Blokesch. SC: Monika Erfurth. M: Hanns Dieter Hüsch. D: Hanns Dieter Hüsch, Rose Renée Roth, Charlotte Scheier-Herold, Lisa Helwig. PL: Kurt Rendel. PD: Heinz Liesendahl. P: Bavaria Atelier GmbH, Geiselgasteig, im Auftrag des ZDF. EA: 6.8.1964, ZDF. 35 mm, s/w. 30 Min.

1964. BRD. DIE GROSSE SCHAU VON TOKYO. EINE UNTERHALTUNGSSENDUNG VON MICHAEL PFLEGHAR. R: Michael Pfleghar. RA: Reinhard Hauff. K: Ernst Wild.

T: Yasuharu Tanaka. SC: Margot von Schlieffen. M: Heinz Kiessling (Musikalische Leitung); Emi Itô, Yumi Itô (Musiker). CHO: Hideya Koido. Mitwirkende: Peanuts, Mie Nakao, Michio Azusa, Nakano Brothers, Stars und Solisten der Takarazuka-Revue. PL: Dixie Sensburg. P: Bavaria Atelier GmbH, Geiselgasteig, im Auftrag des SDR. EA: 3.10.1964, ARD. 35 mm, s/w. 90 Min.

1965. BRD. LIEDER UND TÄNZE AUS ISRAEL. EINE SENDUNG MIT DEN KARMON ISRAELI DANCERS. R: Reinhard Hauff. K: Kurt Gewissen; Peter Reimer, Charly Steinberger, Ingo Grill. T: Hans Endrulat, Hans-Joachim Richter. SC: Ulrike Mahr. M: Bert Grund (Musikalische Begleitung). CHO: Jonathan Karmon. Mitwirkende: Karmon Israeli Dancers. PL: Karl-Heinz Elsner. P: Bavaria Atelier GmbH, Geiselgasteig, im Auftrag des WDR. EA: 3.5.1965, ARD. 35 mm. 30 Min. Anmerkung: Von den vier Teilen der Sendereihe unter diesem Titel inszenierte Reinhard Hauff Teil 3, die anderen verantwortete Rolf von Sydow.

1965. BRD. BUONA SERA IN LAS VEGAS. EINE SHOW MIT LOUIS PRIMA. R: Reinhard Hauff. K: Ernst Wild. T: Gene Valentino, Werner Seth. SC: Heidi Rente [Genée]. Mitwirkende: Louis Prima, Gia Maione, Sam Butera and The Witnesses. PL: Dixie Sensburg. P: Bavaria Atelier GmbH, Geiselgasteig, im Auftrag des SDR. EA: 18.5.1965, ARD. 35 mm, s/w. 25 Min. Anmerkung: In den Sendeunterlagen des SWR ist Michael Pfleghar als Regisseur genannt, was lt. Aussage von Reinhard Hauff nicht den Tatsachen entspricht. Der Film entstand in Las Vegas während der Dreharbeiten an Pfleghars SERENADE FÜR ZWEI SPIONE.

1965. BRD/Italien. SERENADE FÜR ZWEI SPIONE/SINFONIA PER DUE SPIE. R: Michael Pfleghar, Alberto Cardone. RA: Reinhard Hauff. B: Klaus Munro, Michael Pfleghar; nach einem Roman von K. H. Günther. K: Ernst Wild. S: Peter Scharff. SC: Margot von Schlieffen. M: Francesco De Masi. D: Hellmut Lange, Tony Kendall, Barbara Lass, Heidelinde Weis, Wolfgang Neuss, Mimmo Palmara, Luciano Stella, Annie Giss. PL: Hansjürgen Pohland. P: modern art film gmbh, Berlin/Metheus Film, Rom. UA: 19.8.1965. EA: 18.11.1989, RTL plus. 35 mm, Eastmancolor. 95 Min. Anmerkung: Verantwortlich für Kostüme war Holger [Helmut Holger], die Aufnahmeleitung hatte Peter Genée.

1966. BRD. DIE GIRLS VON TAKARAZUKA. DAS GRÖSSTE REVUE-THEATER DER WELT ZU GAST IN PARIS. R: Michael Pfleghar (Gesamtleitung und Regie). RA: Reinhard Hauff. K: Ernst Wild; Franz Hofer, Kai Borsche, Kurt Brückner. T: Werner Seth, Rudolf Wohlschläger. S: Walter Dörfler (Bühnenbild). SC: Margot von Schlieffen. M: Heinz Kiessling (Musikalische Leitung). CHO: Paddy Stone, William Milié. Mitwirkende: Maho Shibuki, Wataru Nachi, Chiho Asadori, Kisaragi Miwako, Hisayuri Miwa, Kou Nishiki, Takarazuka Revue Company, Juliette Gréco. PL: Dixie Sensburg. P: Bavaria Atelier GmbH, Geiselgasteig, im Auftrag des SDR. EA: 26.2.1966, ARD. 35 mm, Farbe. 92 Min. Anmerkung: Verantwortlich für Kostüme war Holger [Helmut Holger].

SERENADE FÜR ZWEI SPIONE/SINFONIA PER DUE SPIE, 1965. Abspann

1967. BRD. GUTEN ABEND. TÖNE, TAKTE UND THEATER (Folge 4). R: Reinhard Hauff. K: Werner Kurz, Hannes [Hans] Staudinger. S: Utz Elsässer, Hans Ehegartner. M: Heinz Kiessling (Arrangement), Orchester Kurt Graunke. CHO: Gordon Marsh. Mitwirkende: Harald Leipnitz, Klaus Löwitsch, Willy Reichert, Udo Jürgens, Kurt Pratsch-Kaufmann, Peter Radenković, Dieter Hildebrandt, Ray Anthony. P: Bavaria Atelier GmbH, Geiselgasteig, im Auftrag des ZDF. EA: 8.1.1967, ZDF. 35 mm, s/w. 60 Min.

1967. BRD. DIE RAY ANTHONY-SHOW. R: Reinhard Hauff. K: Kurt Gewissen. S: Utz Elsässer, Hans Ehegartner. Mitwirkende: Ray Anthony, Nathalie Moore, Kitty Oliver, Karin Small, Diane Varga, The Bookends. P: Bavaria Atelier GmbH, Geiselgasteig, im Auftrag des ZDF. EA: 10.2.1967, ZDF. 35 mm, s/w. 50 Min.

1967. BRD. GUTEN ABEND. TÖNE, TAKTE UND THEATER (Folge 5). R: Reinhard Hauff. K: Werner Kurz, Hans Staudinger. S: Utz Elsässer, Hans Ehegartner. M: Heinz Kiessling (Arrangement), Orchester Kurt Graunke. CHO: Gordon Marsh.

Mitwirkende: Harald Leipnitz, Sandie Shaw, Georg Thomalla, Karel Gott. P: Bavaria Atelier GmbH, Geiselgasteig, im Auftrag des ZDF. EA: 12.3.1967, ZDF. 35 mm, s/w. 50 Min.

1967. BRD. DIE OFARIMS. R: Reinhard Hauff. B: Uwe Ortstein, Reinhard Hauff. K: Wolfgang-Peter Hassenstein, Franz Hofer, Karl [Charly] Steinberger. T: Werner Seth, Carsten Ullrich, Christian Schubert. SC: Anneliese Schönnenbeck. M: Esther und Abi Ofarim. Mitwirkende: Esther Ofarim, Abi Ofarim, Mogens von Gadow, Klaus Weiss Trio, Ingo Cramer. PL: Dixie Sensburg. P: Bavaria Atelier GmbH, Geiselgasteig, im Auftrag des WDR. EA: 31.5.1967, ARD. 35 mm, s/w. 48 Min. Anmerkung: Verantwortlich für Trick-Aufnahmen war Hal Clay und für Kostüme Ursula Sensburg.

1967. BRD. SHOW-REAL. 1. VARIATION FÜR SCHLAGZEUG / 2. VARIATION FÜR SAXOPHON / 3. VARIATION FÜR GEIGE. R: Reinhard Hauff. B: Marcus Conradt, Reinhard Hauff. K: Wolfgang-Peter Hassenstein. M: Klaus Doldinger (Arrangements). Mitwirkende: Janie Marden, Stuff Smith, Klaus Doldinger, Willi Johanns, Don Adams. P: Bavaria Atelier GmbH, Geiselgasteig, im Auftrag des WWF (WDR). 35 mm, Farbe. 25 Min. pro Folge. Anmerkung: Die Daten der Fernseh-Erstausstrahlungen, mutmaßlich im ARD-Vorabendprogramm oder im 3. Programm des WDR, waren nicht zu ermitteln. Die Dreharbeiten zu der dreiteiligen Reihe fanden im August 1967 statt. Zitat *Bavaria Presse-Information* vom 23.8.1967: »Der

SHOW-REAL, 1967. *Bavaria Information,* um 1967

Struktur und den Gags nach [...] ist SHOW-REAL der Versuch, eine in Deutschland noch ziemlich unbekannte Unterhaltungsgattung zu pflegen: Die experimentelle Show.«

1968. BRD. GUTEN ABEND. TÖNE, TAKTE UND THEATER (FOLGE 6). R: Reinhard Hauff. K: Wolfgang-Peter Hassenstein. S: Helmut Gassner, Götz Weidner. M: Orchester Kurt Graunke. CHO: Gordon Marsh. Mitwirkende: Harald Leipnitz, Alice und Ellen Kessler, Jürgen von Manger, Monika Grimm. P: Bavaria Atelier GmbH, Geiselgasteig, im Auftrag des ZDF. EA: 15.4.1968, ZDF. 35 mm, Farbe. 60 Min.

1968. BRD. WIRB ODER STIRB. R: Reinhard Hauff. B: Louis Jent, Reinhard Hauff. K: Wolfgang-Peter Hassenstein. T: Christian Schubert. S: Götz Weidner, Helmut Gassner. SC: Hilwa von Boro. M: Klaus Doldinger. D: Hella Möckl, Ulrich Radke, Karin Kernke, Walter Feuchtenberg, Jochen Busse, Ellen Umlauf, Petra Schürmann, Mogens von Gadow, Maxl Graf, Eva Stolze. PL: Michael Bittins. P: Bavaria Atelier GmbH, Geiselgasteig, im Auftrag des SDR. EA: 28.4.1968, ARD. 35 mm, Farbe. 55 Min. Anmerkung: Verantwortlich für die Trick-Aufnahmen waren Theo Nischwitz, Hal Clay und Flo Nordhoff, für Modefotografie Michael Doster, für Pyrotechnik Karl Baumgartner sowie für Kostüme Holger [Helmut Holger].

1968. BRD. GUTEN ABEND. TÖNE, TAKTE UND THEATER (FOLGE 7). R: Reinhard Hauff. K: Wolfgang-Peter Hassenstein. S: Helmut Gassner, Götz Weidner. M: Orchester Kurt Graunke. CHO: Gordon Marsh. Mitwirkende: Harald Leipnitz, Liesbeth List, Georg Kreisler, Esther und Abi Ofarim, Mogens von Gadow. P: Bavaria Atelier GmbH, Geiselgasteig, im Auftrag des ZDF. EA: 9.5.1968, ZDF. 35 mm, Farbe. 60 Min.

1968. BRD. GUTEN ABEND. TÖNE, TAKTE UND THEATER (FOLGE 8). R: Reinhard Hauff. K: Wolfgang-Peter Hassenstein. S: Helmut Gassner, Götz Weidner. M: Orchester Kurt Graunke. CHO: Gordon Marsh. Mitwirkende: Harald Leipnitz, Klaus Schwarzkopf, Gitte [Gitte Hænning], Liesbeth List, Georg Kreisler, Jürgen von Manger, Rudolf Vogel, Mogens von Gadow. P: Bavaria Atelier GmbH, Geiselgasteig, im Auftrag des ZDF. EA: 30.6.1968, ZDF. 35 mm, Farbe. 60 Min.

1968. BRD. CINDERELLA ROCKEFELLA. R: Reinhard Hauff. B: Reinhard Hauff, Louis Jent. K: Wolfgang-Peter Hassenstein. T: Christian Schubert, John Bromage. SC: Hilwa von Boro. M: Abi Ofarim. Mitwirkende: Esther und Abi Ofarim, Joyce Henderson, Günther Fersch, Dave Lee Travis, Andrew Nelson. PL: Michael Bittins. P: Bavaria Atelier GmbH, Geiselgasteig, im Auftrag des WDR. EA: 9.9.1968, ARD. 35 mm, Farbe. 43 Min. Anmerkung: Verantwortlich für Trick-Aufnahmen waren Theo Nischwitz und Hal Clay, für Grafik Claus Knézy und für Kostüme Holger [Helmut Holger].

Werkverzeichnis

TV-PRODUKTION
TV-PRODUCTION

GUTEN ABEND Programme 6 und 7
von Reinhard Hauff

Dies ist der Titel einer Unterhaltungsmagazin-Serie mit Harald Leipnitz als Show-Master.

Harald Leipnitz wird seinem Publikum auch in diesen beiden neuen Folgen eine vielfältige Mischung aus allen Bereichen der Unterhaltung präsentieren.

Unter Operette, Musical, Schlager, Chanson, Kabarett, Grotesktanz, Stummfilmszenen, Sketchen, Komikersolos und einer Bühnenshow mit Alice und Ellen Kessler kann jeder, der sich unterhalten lassen will, unschwer etwas speziell für ihn Erdachtes finden.

Schlager und Chanson vertreten Liesbeth List und Herve Vilard, das Kabarett repräsentiert Georg Kreisler, die Partei der Komiker vertreten Jürgen von Manger und Rudolf Vogel, Folklore wird von Kerry und Kaye dargeboten, skurrile Kurzdokumentationen berichten vom Bauchtanz bei den Pyramiden von Gizeh und dem Surf auf Hawaii, einen Pas de comic tanzen last not least Ursula Heimerer und Freddy Kaindl.
Weiterhin wirken mit Judith Blegen, Gitte, Monika Grimm, Per Asplin, William Blankenship, Mogens von Gadow, Werner Krenn, Gordon Marsh, Peter Muciulski, Klaus Schwarzkopf.

Regie führt Reinhard Hauff.

GOOD EVENING programs 6 and 7
by Reinhard Hauff

This is the title of a series of variety programs with Harald Leipnitz as show-master.

Also in these two new programs, Harald Leipnitz presents his audience with a versatile cocktail mixture of all types of entertainment.

Given a variety of operetta and musical numbers, hits, chansons, and cabaret numbers, grotesque dances, silent film scenes, sketches, comic solos, and a stage show with Alice and Ellen Kessler, anybody who wants to be entertained, can easily make a choice.

Liesbeth List and Herve Vilard represent the hit and chanson category, Georg Kreisler represents cabaret, the comedians are represented by Jürgen von Manger and Rudolf Vogel, folklore is performed by Kerry and Kaye. Unusual short documentaries report on the belly dance which is performed near the pyramids of Gizeh and on the surf in Hawaii. Last but not least, Ursula Heimerer and Freddy Kaindl dance a pas de comic.
Other artists are Judith Blegen, Gitte, Monika Grimm, Per Asplin, William Blankenship, Mogens von Gadow, Werner Krenn, Gordon Marsh, Peter Muciulski, Klaus Schwarzkopf.

The program is directed by Reinhard Hauff.

GUTEN ABEND. TÖNE, TAKTE UND THEATER (Folge 6 und 7), 1968. Produktionsankündigung in *Bavaria TV-Produktion*, um 1968

1969. BRD. SOULTIME R: Reinhard Hauff. K: Wolfgang-Peter Hassenstein, Gernot Roll, Karl [Charly] Steinberger. T: Hans Endrulat. SC: Eva Gschwilm. Mitwirkende: The Vibrations [James Johnson, Carl Fisher, Dave Gowan, Don Bradley, Ricky Owens], Betty Turner, The Senate [Robbie McIntosh, Alex Ligertwood, Robert Mather]; Mal Sandock [Sondock] (Interviews). PL: Michael Bittins. P: Bavaria Atelier GmbH, Geiselgasteig, im Auftrag des WDR. EA: 5.4.1969, ARD. 16 mm, s/w. 30 Min. Anmerkung: Der Film wurde bereits im Januar 1968 gedreht. In einigen Filmdatenbanken wird er unter dem Titel THE VIBRATIONS geführt.

1969. BRD. UNTERMANN – OBERMANN. GESPRÄCHE MIT EMIL L., WALTER W. UND IHREM FREUND HANS B. R: Reinhard Hauff, Volker Koch. B: Reinhard Hauff, Volker Koch (Konzept). K: Dieter von Soden. T: Karsten Ulrich. SC: Eva Gschwilm. Mitwirkende: Emil L., Walter W., Hans B.; Reinhard Hauff, Volker Koch (Interviews). P: Bavaria Atelier GmbH, Geiselgasteig, im Auftrag des SDR. UA: 16.5.1969, 3. Internationale Filmtage Hof, Central-Theater. EA: 12.12.1969, Südwest 3. 16 mm, s/w. 44 Min.

1969. BRD. WILSON PICKETT-SHOW. R: Reinhard Hauff. K: Wolfgang-Peter Hassenstein, Michael Busse, Peter Reimer. T: Hans Endrulat. SC: Eva Gschwilm. M: Wilson Pickett. Mitwirkende: Wilson Pickett und die Midnight Movers [Jack Philpot, Chris Lowe, Charles »Skip« Pitts, Ernest Smith, Elbert »Woody« Woodson, George Patterson, Curtis Pope]; Reinhard Hauff (Interviews). PL: Michael Bittins. P: Bavaria Atelier GmbH, Geiselgasteig, im Auftrag des WDR. EA: 18.5.1969, ARD. 16 mm, s/w. 44 Min. Anmerkung: Der Film wurde bereits im Februar 1968 gedreht.

1969. BRD. DIE REVOLTE. R: Reinhard Hauff. RA: Stefan Wildgruber. B: Peter Glotz, Volker Koch, Reinhard Hauff. K: Wolfgang-Peter Hassenstein; Udo B. Drebelow. T: Karsten Ullrich, Harald Hamela. S: Max Ott jr. SC: Hilwa von Boro. M: Creedence Clearwater Revival. D: Hans Brenner, Raimund Harmstorf, Katrin Schaake, Marquard Bohm, Hanna Schygulla, Hans Beerhenke, Claus-Dieter Reents, Art [Arthur] Brauss, Helmut Reusse, Hark Bohm, Mathias Hell, Roderich Wehnert, Michael Hoffmann, Veith von Fürstenberg, Irm Herrmann, Kurt Raab, Peer Raben. PL: Michael Bittins. PD: Helmut Krapp [Helmut Friedrich Krapp]. P: Bavaria Atelier GmbH, Geiselgasteig, im Auftrag des WDR. EA: 21.10.1969, ARD. Kino: 11.3.1979, 3. Kemptener Filmwochenende, Colosseum. 35 mm, Farbe. 93 Min.

1970. BRD. OLTENIA. LIEDER UND TÄNZE MIT DEM RUMÄNISCHEN NATIONALBALLETT. R: Reinhard Hauff (Bildregie). K: Kurt Gewissen, Peter Göpel, Hans Elsinger, Peter Reimer, Karl Heinz Feldhaus. T: Rudolf Wohlschläger. S: Helmut Gassner. SC: Johannes Nikel. M: Constantine Arvinte, Ionel Budișteanu (Musikalische Leitung und Bearbeitung). CHO: Gheorghe Baciu, Sigmund Seifert. Mitwirkende: Ioana Craciun, Stefania Rares, Gheorghe Bouleanu, Ion Christoreanu (Gesangssoli); Gheorghe Baluta, Constantin Chisar, Nicolae Visan, Nicolae

Pirvu, Ionel Budisteanu (Instrumentalsolisten). PL: Michael Bittins. P: Bavaria Atelier GmbH, Geiselgasteig, im Auftrag des WDR. EA: 17.1.1970, ARD. 35 mm, Farbe. 30 Min. Anmerkung: Die Sendung wurde bereits 1966 produziert, wie die *Bavaria Presse-Information* vom 30.6.1966 ausweist. Eine Datenbank des WDR führt sie als Produktion, die in zwei Folgen ausgestrahlt wurde – am 11.1.1970 (29 Min.) sowie am 17.1.1970 (30 Min.). Die Programmfahnen des WDR nennen allein den 17.1.1970.

1970. BRD. JANIS JOPLIN. R: Reinhard Hauff. K: Wolfgang-Peter Hassenstein, Paul Ellmerer. T: Hans Endrulat. SC: Eva Gschwilm. Mitwirkende: Janis Joplin, Sam Andrew, Richard Kermode, Bradley Campell, Terrence Clemens, Cornelius »Snooky« Flowers, Terrence Hensley, Roy Markowitz, John Byrne Cooke. PL: Michael Bittins. P: Bavaria Atelier GmbH, Geiselgasteig, im Auftrag des WDR. EA: 21.1.1970, ARD. 16 mm, Eastmancolor. 46 Min. Anmerkung: Teile der Konzertaufnahmen fanden Verwendung in dem Dokumentarfilm JANIS (JANIS – DIE JANIS-JOPLIN-STORY) von Howard Alk und Seaton Findlay (USA 1974). In den Credits ist Wolfgang-Peter Hassenstein dort unter den »European Sequences« genannt.

1970. BRD. AUSWEGLOS ... AUSSAGEN ÜBER EINEN LEBENSLAUF. R: Reinhard Hauff. B: Martin Walser, Gottfried Just, Reinhard Hauff. K: Wolfgang-Peter Hassenstein, Paul Ellmerer, Kurt Brückner. T: Anton Ketterle. SC: Jean-Claude Piroué. Mit Martin Walser (Einführung), Bekannten, Freunden, Arbeitgeber, dem Anwalt und dem Geliebten von Gisela K. PL: Jochen Graubner, Manfred Kercher. RED: Martin Walser, Gottfried Just, Reinhard Hauff. P: Bavaria Atelier GmbH, Geiselgasteig, im Auftrag des SDR. EA: 20.10.1970, ARD. 16 mm, s/w. 72 Min.

1971. BRD. DER PLÖTZLICHE REICHTUM DER ARMEN LEUTE VON KOMBACH. R: Volker Schlöndorff. RA: Hans-Jörg Weyhmüller. B: Volker Schlöndorff, Margarethe von Trotta; nach dem Bericht »Der Postraub in der Subach« von Carl Franz. K: Franz Rath; Franz Koll, Klaus Müller-Laue. T: Klaus Eckelt. S: Hanna Axmann [Hanna von Axmann-Rezzori]. SC: Claus von Boro. M: Klaus Doldinger. D: Reinhard Hauff, Georg Lehn, Karl-Josef Cramer, Wolfgang Bächler, Harry Owen, Harald Mueller, Margarethe von Trotta, Joe Hembus, Eva Pampuch, Rainer Werner Fassbinder. PL: Eberhard Junkersdorf. PD: Volker Schlöndorf. RED: Hans Prescher. P: Hallelujah-Film GmbH, München / HR. EA: 26.1.1971, ARD. KS: 29.1.1971, Frankfurt am Main, Lupe 2. 16 mm (Blow-Up 35 mm), s/w. 102 Min.

1971. BRD. MATHIAS KNEISSL. R: Reinhard Hauff. RA: Michael Lähn. B: Martin Sperr, Reinhard Hauff. K: Wolfgang-Peter Hassenstein; Udo B. Drebelow, Michael Härtel (2. Kamera). T: Adolf Kredatus. S: Max Ott jr. SC: Jean-Claude Piroué. M: Peer Raben. D: Hans Brenner, Ruth Drexel, Eva Mattes, Hanna Schygulla, Frank Frey, Kelle Riedl, Alfons Scharf, Gustl Bayrhammer, Rainer Werner Fassbinder, Heinz Hofer, Karl Obermayr, Kurt Raab, Walter Sedlmayr, Martin Sperr, Adolf Leimböck, Irm Hermann, Franziska Stömmer, Annemarie

Wendl, Ursula Strätz, Werner Kließ, Eggert Langmann, Volker Schlöndorff, Franz Peter Wirth. PL: Michael Bittins. PD: Philippe Pilliod. RED: Günter Rohrbach. P: Bavaria Atelier GmbH, Geiselgasteig, im Auftrag des WDR. EA: 20.4.1971, ARD. Kino-Erstaufführung: 14.5.1971, 24. Internationale Filmfestspiele Cannes (Quinzaine des Réalisateurs). KS: 28.5.1971, München, Cinemonde. 35 mm, Eastmancolor. 94 Min. Anmerkung: Verantwortlich für Kostüme war Barbara Baum, die Aufnahmeleitung hatten Rolf Müller und Heinz Badewitz, die Spezialeffekte verantwortete Karl Baumgartner.

1971. BRD. OFFENER HASS GEGEN UNBEKANNT. AUS DER ERKLÄRUNG DES STRAFGEFANGENEN H. S. R: Reinhard Hauff. RA: Stefan Wildgruber. B: Georg Feil, Reinhard Hauff, Philippe Pilliod; nach dem Buch »Erklärung« von Heine Schoof. K: Wolfgang-Peter Hassenstein; Udo B. Drebelow. T: Karsten Ullrich, Christian Schubert. S: Max Ott jr. SC: Gudrun Keyser. D: Akim Ahrens, Paul Scherbe, Jürgen Matheis, Edgar Mandel, Heide Deutschmann, Alexandra Deleff, Suzanne [Susanne] Schaefer, Gabriele Sprigath, Dagmar Somogyvar, Reinhard Hauff (Sprecher der Einleitung). PL: Michael Bittins. PD: Philippe Pilliod. P: Bavaria Atelier GmbH, Geiselgasteig, im Auftrag des ZDF. EA: 26.5.1971, ZDF. 35 mm, s/w. 88 Min. Anmerkung: Die im Film verwendeten Collagen stammen von H. S. [Heine Schoof].

1971. BRD. JAKOB VON GUNTEN. R: Peter Lilienthal. RA: Peter Gauhe, Bernardo Fernández. B: Ror Wolf, Peter Lilienthal; nach dem gleichnamigen Roman von Robert Walser. K: Dietrich Lohmann. T: Gunther Kortwich, Hans Dieter Schwarz. S: Max Ott jr., Jaime Chavarri. SC: Siegrun Jäger. D: Hanna Schygulla, Alexander May, Sebastian Bleisch, Peter Kern, Gerhard Sprunkel, Hanna von Axmann-Rezzori, Reinhard Hauff, Benno Kaminski, Peter Gauhe. PL: Benno Kaminski. RED: Eckart Stein. P: ZDF. EA: 6.10.1971, ZDF. 16 mm, Eastmancolor. 97 Min. Anmerkung: Verantwortlich für Kostüme waren Barbara Baum und Claudia Stich.

1972. BRD. DAS GOLDENE DING. R: Ula Stöckl, Edgar Reitz, Alf Brustellin, Nikos Perakis. B: Edgar Reitz, Ula Stöckl; nach der »Argonautensage«. K: Edgar Reitz. T: Hans Walter Kramski. S: Nikos Perakis, Toni Lüdi, Peter Tschaikner. SC: Hannelore von Sternberg. M: Nikos Mamangakis; Maria Farantouri (Gesang). D: Christian Reitz, Ramin Vahabzadeh, Colombe Smith, Konstantin Sautier, Michael Jeron, Reinhard Hauff, Alf Brustellin, Angela Elsner, Oliver Jovine. PD: Edgar Reitz. RED: Joachim von Mengershausen. P: Edgar Reitz Filmproduktion, München/WDR. EA: 11.1.1972, ARD. Kino-Erstaufführung: 30.6.1972, 22. Internationale Filmfestspiele Berlin (2. Internationales Forum des jungen Films 1972 – Neue deutsche Filme), Arsenal. 35 mm, Farbe. 118 Min.

1973. BRD/Jugoslawien. HAUS AM MEER. R: Reinhard Hauff. RA: Michael Lähn, Peter Zobec. B: Philippe Pilliod, Reinhard Hauff. K: Wolfgang-Peter Hassenstein; Udo B. Drebelow. T: Günter Blumhagen, Christian Schubert. S: Max Ott jr., Jože Merjasec. SC: Jean-Claude Piroué. M: Eugen Illin, Michel Seigner. D: Hanna Schygulla, Rolf Becker, Paolo Bonetti, Branko Pleša, Milan Srdoč, Ivanka Mežanova, Svetlana Makarivič, Goran Radovanović, Jovan Ličina, Duan Felicijan. PL: Michael Bittins, Ivan Mažgon. PD: Philippe Pilliod. P: Bavaria Atelier GmbH, Geiselgasteig / Triglav-Film, Ljubljana, im Auftrag des WDR. EA: 10.4.1973, ARD. 16 mm, Farbe. 99 Min. Anmerkung: Verantwortlich für Kostüme war Barbara Baum.

1973. BRD. Desaster. R: Reinhard Hauff. RA: Michael Lähn. B: Manfred Grunert. K: Wolfgang-Peter Hassenstein; Udo B. Drebelow. T: Manfred Thust. S: Michael Pilz. SC: Jean-Claude Piroué. M: Mike Lewis. D: Klaus Löwitsch, Dieter Laser, Ruth Maria Kubitschek, Georg Marischka, Eva Mattes, Margarethe von Trotta, Kai Fischer, Horst Michael Neutze. PL: Dieter Minx. PD: Helmut Krapp. P: Bavaria Atelier GmbH, München, im Auftrag des WDR. UA: 19.5.1973, 26. Internationale Filmfestspiele Cannes (Quinzaine des Réalisateurs), Le Français. EA: 6.9.1973, ARD. 16 mm, Eastmancolor. 96 Min.

1974. BRD. Die Verrohung des Franz Blum. R: Reinhard Hauff. RA: Thomas Grimm. B: Burkhard Driest; nach seinem gleichnamigen Roman. K: Wolfgang-Peter Hassenstein; Udo B. Drebelow, Michael Härtel. T: Lothar Mankewitz. S: Nikos Perakis. SC: Jane Sperr [Seitz], Heidi Handorf. M: Mike Lewis. D: Jürgen Prochnow, Eike Gallwitz, Burkhard Driest, Tilo Prückner, Karlheinz Merz, Claus-Dieter Reents, Nico Milian, Kurt Raab, Gert Haucke, Charles Brauer, Edgar Bessen. PL: Eberhard Junkersdorf. PD: Reinhard Hauff. RED: Gunther Witte. P: Bioskop-Film GmbH, München, im Auftrag des WDR. EA: 26.3.1974, ARD. KS: 9.8.1974. 16 mm (Blow-Up 35 mm), Eastmancolor. 108 Min.

1974. BRD. Zündschnüre. R: Reinhard Hauff. RA: Thomas Grimm, Alexander von Eschwege. B: Burkhard Driest; nach dem gleichnamigen Roman von Franz Josef Degenhardt. K: Frank Brühne, Achim Pritzel. T: Gerhard Trampert. S: Wolfgang Schünke. SC: Marie-Anne Naumann, Roswitha Patommel. M: Franz Josef Degenhardt. D: Michael Olbrich, Bettina Porsch, Kurt Funk, Thomas Visser, Tilli Breidenbach, Tana Schanzara, Heinz Meier, Burkhard Driest, Christine Wodetzky, Jan Groth, Marie-Luise Marjan, Hermann Lause, Peter Franke. PL: Fred Ilgner. RED: Wolf-Dietrich Brücker. P: WDR. EA: 6.9.1974, ARD. 16 mm, s/w. 102 Min. Anmerkung: Für die Spezialeffekte war Karl Baumgartner verantwortlich.

1974. BRD. Übernachtung in Tirol. R: Volker Schlöndorff. B: Peter Hamm, Volker Schlöndorff. K: Franz Rath. T: Klaus Eckelt. S: Robert Strath. SC: Suzanne Baron. M: Stanley Myers, Ivan de la Mea. D: Margarethe von Trotta, Rita Scherrer, Ivry Gitlis, Reinhard Hauff, Heinrich Schweiger, Louise Martini, Herbert Achternbusch, Ivan de la Mea. PL: Günter Sturm, Eberhard Junkersdorf. PD: Volker Schlöndorff. P: Hallelujah-Film GmbH, München, im Auftrag des HR. EA: 8.10.1974, ARD. 35 mm, Eastmancolor. 78 Min.

1974. BRD. Jeder für sich und Gott gegen alle. R: Werner Herzog. RA: Benedikt Kuby. B: Werner Herzog. K: Jörg Schmidt-Reitwein; Klaus Wyborny (2. Kamera, Traumsequenzen), Werner Herzog (Zusatzaufnahmen). T: Haymo Henry Heyder. S: Henning von Gierke. SC: Beate Mainka-Jellinghaus. M: Popul Vuh, Johann Pachelbel, Orlando di Lasso, Tommaso Albinoni, Wolfgang Amadeus Mozart. D: Bruno S., Walter Ladengast, Brigitte Mira, Willy Semmelrogge, Volker Prechtel, Enno Patalas, Alfred Edel, Clemens Scheitz, Herbert Achternbusch, Florian Fricke. PL: Walter Saxer. PD: Werner Herzog. RED: Willi Segler. P: Werner Herzog Filmproduktion, München / ZDF. UA: 1.11.1974, Dinkelsbühl, Zeltkino des Cinemobils; 2.11.1974, 8. Internationale Filmtage Hof. EA: 8.4.1977, ZDF. 35 mm, Eastmancolor. 109 Min. Anmerkung: Reinhard Hauff spielte in dem Film mit, doch seine Rolle wurde in der endgültigen Fassung des Films herausgeschnitten. Im Vorspann verblieb seine Namensnennung.

1975. BRD. Das Andechser Gefühl. R: Herbert Achternbusch. B: Herbert Achternbusch. K: Jörg Schmidt-Reitwein, Michael Gast. T: Haymo Henry Heyder, Willi Schwadorf (Mischung). SC: Karin Fischer. D: Margarethe von Trotta, Barbara Gass, Ingrid Gailhofer, Herbert Achternbusch, Alois Hitzenbichler, Walter Sedlmayr, Heinz Braun, Reinhard Hauff, Judith Achternbusch. PD: Eberhard Junkersdorf. P: Bioskop-Film GmbH, München. UA: 18.4.1975, Gauting, Dorfgasthof. KS: 21.10.1976. EA: 21.2.1977, Südwest 3. 16 mm (Blow-Up 35 mm), Eastmancolor. 68 Min.

1976. BRD. Paule Pauländer. R: Reinhard Hauff. RA: Thomas Grimm. B: Burkhard Driest; Eberhard Hauff (Adaption). K: Jürgen Jürges, Peter Braumüller. T: Gerhard Birkholz. S: Will Kley, Werner Pelzer. SC: Ines [Inez] Regnier, Heidi Handorf. M: Richard Palmer-James. D: Manfred Reiss, Manfred Gnoth, Katharina Tüschen, Angelika Kulessa, Margret Homeyer, Werner Eichhorn, Achim Sauter, Heinz Hürländer, Wolf-Dietrich Berg, Klaus Hellmold, Rolf Zacher, Claus-Dieter Reents, Tilo Prückner. PL: Herbert Kerz, Eberhard Junkersdorf. RED: Wolf-Dietrich Brücker. P: Bioskop-Film GmbH, München, im Auftrag des WDR. EA: 6.4.1976, ARD. Kino-Erstaufführung: 29.6.1976, 26. Internationale Filmfestspiele Berlin (6. Internationales Forum des jungen Films – Neue Deutsche Filme 75/76), Arsenal. 16 mm, Eastmancolor. 95 Min. Anmerkung: Verantwortlich für die Aufnahmeleitung war Alexander von Eschwege.

1977. BRD. Der Hauptdarsteller. R: Reinhard Hauff. RA: Alexander von Eschwege. B: Christel Buschmann, Reinhard Hauff. K: Frank Brühne. T: Gerhard Birkholz, Willi Schwadorf (Mischung). S: Winfried Hennig. SC: Stefanie Wilke. M: Klaus Doldinger. D: Michael Schweiger, Mario Adorf, Vadim Glowna, Hans Brenner, Rolf Zacher, Akim Ahrens, Karl Obermayr, Eberhard Hauff, Angelika Kulessa, Doris Dörrie, Claus-Dieter Reents. PL: Herbert Kerz. PD: Eberhard Junkersdorf. RED: Wolf-Dietrich Brücker. P: Bioskop-Film GmbH,

München, im Auftrag des WDR. UA: 28.12.1977, Bernkastel-Kues, Casino. EA: 6.2.1980, ARD. 35 mm, Eastmancolor. 91 Min.

1978. BRD. MESSER IM KOPF. R: Reinhard Hauff. RA: Peter Fratzscher; Barbara von Weitershausen (Schnittassistenz und Script). B: Peter Schneider. K: Frank Brühne. T: Vladimir Vizner; Willi Schwadorf (Mischton). S: Heidi Lüdi. SC: Peter Przygodda. M: Irmin Schmidt. D: Bruno Ganz, Angela Winkler, Hans Christian Blech, Heinz Hönig [Hoenig], Hans Brenner, Udo Samel, Eike Gallwitz, Carla Egerer [Aulaulu], Hans Noever, Michael Wiedemann. PL: Michael Wiedemann. PD: Eberhard Junkersdorf. RED: Wolf-Dietrich Brücker. P: Bioskop-Film GmbH, München / Hallelujah-Film GmbH, München / WDR. UA: 11.10.1978, Festival Cinematographique International de Paris (Compétition Officielle), Empire. DE: 27.10.1978, 12. Internationale Filmtage Hof, Central. KS: 17.11.1978 (KS DDR: 9.11.1981). EA: 24.5.1981, ARD. 35 mm, Eastmancolor. 113 Min.

1979 BRD. ... SONST WÜRDE DAS KINO STERBEN. DREI JUNGE DEUTSCHE FILMPRODUZENTEN. R: Hannes Karnick, Wolfgang Richter. K: Manfred Krings, Wolfgang Laetsch. T: Gustl Haas (Mischung). SC: Anneliese Weigand, Brigitte Lippmann. Mitwirkende: Regina Ziegler, Bernd Eichinger, Eberhard Junkersdorf; Marianne Lüdcke, Wolf Gremm, Volker Schlöndorff, Reinhard Hauff, Margarethe von Trotta. PL: Norbert Mitschka. P: ZDF. EA: 12.6.1979, ZDF.

1979. BRD. FILM-FESTIVAL IN HAMBURG. Berichterstatter: Jochen Wolf. Moderation: Cornelius Bormann. Mitwirkende: Reinhard Hauff, Peter Fleischmann. P: NDR. RED: Wilrun Dieck, Tagesthemen. EA: 18.9.1979, ARD (TAGESTHEMEN). 16 mm, Farbe. 5 Min.

1979. BRD. DAS FILMFEST DER FILMEMACHER. R: Adolf Bollmann. B: Adolf Bollmann. K: Peter Gonscherowski. SC: Brombach. Mitwirkende: Les Blank, Dagmar Damek, Ingemo Engström, Peter Glotz, Reinhard Hauff, Helmut Herbst, Werner Herzog, Hans-Ulrich Klose, Alexander Kluge, Rosa von Praunheim, Margarethe von Trotta, Heiner Roß, Bernhard Sinkel, Wolfgang Tarnowski, Gyula Trebitsch. PL: Holger Bernitt. RED: Horst Goetzmann. EA: 9.10.1979, Nord 3. 16 mm, Farbe. 43 Min.

1980. BRD. ENDSTATION FREIHEIT. R: Reinhard Hauff. RA: Ursula Kley. B: Burkhard Driest; nach seinem Roman *Mann ohne Schatten*. K: Frank Brühne. S: Heidi Lüdi, Toni Lüdi. SC: Peter Przygodda. M: Irmin Schmidt. T: Vladimir Vizner, Willi Schwadorf (Mischung). D: Burkhard Driest, Rolf Zacher, Katja Rupé, Carla Egerer [Aulaulu], Kurt Raab, Joey Buschmann, Veit Relin, Hans Noever, Hark Bohm, Christel Buschmann, Irm Hermann, Marquard Bohm, Peter Genée. PL: Manfred Heid. PD: Eberhard Junkersdorf, Dieter Schidor. RED: Willi Segler. P: Bioskop-Film GmbH, München / Planet-Film GmbH, München / ZDF. UA: 29.10.1980, 14. Internationale Filmtage Hof, Central. KS: 31.10.1980. EA: 15.11.1985, ZDF. 35 mm, Eastmancolor. 112 Min.

1982. BRD. DER MANN AUF DER MAUER. R: Reinhard Hauff. RA: Peter Carpentier. B: Peter Schneider; nach seiner Erzählung »Der Mauerspringer«. K: Frank Brühne. T: Lothar Mankewitz, Hartmut Eichgrün (Mischung). S: Nikos Perakis, Rainer Schaper. SC: Peter Przygodda. M: Irmin Schmidt. D: Marius Müller-Westernhagen, Julie Carmen, Karin Baal, Patricia von Miserony, Towje Kleiner, Günther Meisner, Oliver Stritzel, Richy Müller, Sergio Vesely, Eberhard Feik, Hans Noever, Werner Eichhorn, Claus-Dieter Reents, Volker Eckstein, Marquard Bohm, Frieder Rometsch. PL: Gudrun Ruzicková-Steiner, Herbert Kerz. PD: Eberhard Junkersdorf, Willi Benninger. RED: Nicolaus Richter. P: Bioskop-Film GmbH, München / Paramount Film Production, München / ZDF. UA / KS: 8.10.1982. EA: 4.9.1984, ZDF. 35 mm, Kodacolor. 105 Min.

1984. BRD. MORGEN IN ALABAMA. R: Norbert Kückelmann. RA: Renate Leiffer, Peter Carpentier. B: Norbert Kückelmann, Thomas Petz, Dagmar Kekulé. K: Jürgen Jürges. T: Hajo [auch: Hayo] von Zündt, Paul Schöler (Mischung). S: Winfried Hennig, Franz Bauer. SC: Siegrun Jäger. M: Markus Urchs. D: Maximilian Schell, Lena Stolze, Robert Aldini, Wolfgang Kieling, Reinhard Hauff, Jörg Hube, Klaus Höhne, Robert Atzorn, Claus-Dieter Reents, Jan Groth, Reinhard Kolldehoff, Dagobert Lindlau. PL: Inge Richter. PD: Norbert Kückelmann. P: FFAT, München / Pro-ject Filmproduktion im Filmverlag der Autoren, München / Rübezahl-Filmproduktionsgesellschaft mbH, München / WDR. UA: 23.2.1984, 34. Internationale Filmfestspiele, Berlin (Wettbewerb), Zoo-Palast. KS: 29.3.1984, Berlin, Delphi-Filmpalast. EA: 10.8.1986, HR 3 und Nord 3. 35 mm, Farbe. 123 Min.

1984. BRD. ZEHN TAGE IN CALCUTTA. BEGEGNUNG MIT MRINAL SEN. R: Reinhard Hauff. RA: Supantha Battacharya. B: Reinhard Hauff. K: Frank Brühne. T: Sanjay Mukherjee, Willi Schwadorf (Mischung). SC: Heidi Handorf. M: Vijay Raphava Rao, Bhaskar Chandavarkar, Salil Chowdhury u. a. Mitwirkende: Mrinal Sen, Gita Sen, K. K. Mahayan, Smita Patil, Arita, Reinhard Hauff (Interviews, Sprecher). PL: Mukul Chowdhury. PD: Eberhard Junkersdorf. RED: Wolf-Dietrich Brücker. P: Bioskop-Film GmbH, München, im Auftrag des WDR. UA: 30.6.1984, Europäisches Filmfestival Filmfest München, Film-Museum. EA: 10.12.1984, WDF (West 3). 16 mm, Eastmancolor und s/w. 81 Min.

1986. BRD. STAMMHEIM. DIE BAADER-MEINHOF-GRUPPE VOR GERICHT. R: Reinhard Hauff. RA: Peter Carpentier, Peter Homann, Alexander Duda. B: Stefan Aust; basierend auf Recherchen für sein Buch *Der Baader-Meinhof-Komplex*. K: Frank Brühne; Günther Wulff (2. Kamera). T: Jan van der Eerden, Richard Borowski (Mischung). S: Dieter Flimm. SC: Heidi Handorf. M: Marcel Wengler. D: Ulrich Pleitgen, Ulrich Tukur, Therese Affolter, Sabine Wegner, Hans Kremer, Hans Christian Rudolph, Hans-Michael Rehberg, Dominique Horwitz. PL: Rolf Paulin, Ludwig von Otting, Bettina von Leoprechting (Produktion Thalia). PD: Eberhard Junkersdorf, Jürgen Flimm. P: Bioskop-Film GmbH, München / Thalia Theater, Hamburg. UA: 30.1.1986, München, Neues Arri und Frankfurt am Main, Alpha, Turm 6. Internationale Premiere: 18.2.1986, 36. Internationale Filmfestspiele Berlin (Wettbewerb), Zoo-Palast. EA: 23.12.1996, Kabel 1. 35 mm, Eastmancolor und s/w. 107 Min.

1988. BRD. LINIE 1. R: Reinhard Hauff. RA: Peter Carpentier. B: Volker Ludwig, Reinhard Hauff; nach dem gleichnamigen Musical von Volker Ludwig. K: Frank Brühne; Rainer Hartmann (2. Kamera). T: Christian Moldt (Originalton), Ralf Krause (Musik-Aufnahmen), Hartmut Eichgrün (Mischung). S: Benedikt Herforth, Mathias Fischer-Dieskau. SC: Peter Przygodda. M: Birger Heymann; Volker Ludwig (Songs), Matthias Witting (Musikalische Einstudierung). CHO: Neva Howard. D: Inka Groetschel, Ilona Schulz, Dieter Landuris, Thomas Ahrens, Christian Veidt, Petra Zeiser, Else Nabu, Rainer Strecker, Andreas Schmidt, Eva Ebner, Hark Bohm, Dieter Hildebrandt. PL: Gudrun Ruzicková. PD: Eberhard Junkersdorf. RED: Wolf-Dietrich Brücker. P: Bioskop-Film GmbH, München / WDR / SFB. UA: 12.2.1988, 38. Internationale Filmfestspiele Berlin (Wettbewerb, außer Konkurrenz, Eröffnungsfilm), Zoo-Palast. KS: 18.2.1988 (KS DDR: 12.5.1989). EA: 15.4.1990, ARD. 35 mm, Eastmancolor. 99 Min.

1989. BRD. BLAUÄUGIG. R: Reinhard Hauff. RA: Peter Carpentier, Alberto Lecchi, Carlos Echeverría, Fernando Bassi, Javier Olivera (Argentinien); Vladimir Michalek, Sona Tichacková (ČSSR). B: Dorothee Schön; Florian Hopf (Deutsche Synchron-Fassung). K: Hector Morini (Argentinien), Jaroslav Kučera (ČSSR). T: José Luis Diaz, David Mantecon (Argentinien), Christian Moldt (ČSSR), Hubert Henle (Mischung), Michael Laske (Synchronschnitt). S: Marta Albertinazzi (Argentinien), Karel Vacek (ČSSR). SC: Heidi Handorf. M: Marcel Wengler. D: Götz George, Miguel Ángel Solá, Julio de Grazia, Alex Benn, Emilia Mazer, Alberto Segado, Noemi Morelli, Monica Galan. PL: Fernando Molina (Argentinien), Jan Kadlec, Tomáš Gabriss (ČSSR). PD: Eberhard Junkersdorf. RED: Christoph Holch. P: Bioskop-Film GmbH, München / ZDF. UA: 9.9.1989, 46. Internationale Filmfestspiele Venedig (Wettbewerb), Sala Grande. KS: 5.10.1989. EA: 21.10.1991, ZDF. 35 mm, Eastmancolor. 88 Min.

1989. BRD. SPIELEN WILLST DU JA ALLES. GÖTZ GEORGE – RASTLOS IM EINSATZ. R: Heiko R. Blum, Meinolf Zurhorst, Martina Kaimeier. K: Hugo Graswinckel, Gerald Fritzen, Reinhold Kringel, Erhard Krüger. T: Thomas Evers, Walter Kordt, Reiner Penzholz, Jens Thering. SC: Martina Kaimeier. M: Miles Davis. Mitwirkende: Götz George, Reinhard Hauff, Dominik Graf, Theodor Kotulla, Horst Wendlandt, Hajo Gies, Katja Riemann, Eberhard Feik, Jan George, Alice Schwarzer. P: De Campo Film, Köln, im Auftrag des WDR. EA: 18.11.1989, ARD. Farbe. 56 Min.

1990. BRD / Frankreich / Italien / Spanien. MIT DEN CLOWNS KAMEN DIE TRÄNEN. R: Reinhard Hauff. RA: Holger Barthel, Gabriella Spierer. B: Horst Vocks, Thomas Wittenburg; nach dem Roman »Doch mit den Clowns kamen die Tränen«

von Johannes Mario Simmel. K: David Slama, Wolf-Dieter Fallert. T: Martin Müller, Markus Urchs (O-Ton); Heinz Schürer (Synchron-Ton), Michael Kranz (Mischung), Mabel Leonetti (Tonschnitt). S: Benedikt Herforth, Andree Schmidt, Tomas Bergfelder. SC: Heidi Handorf, Andreas Althoff. M: Rainer Viertlböck, J.J. Gerndt, Gianna Nannini (Titelsong). D: Sunnyi Melles, Olgierd Łukaszewicz, Hans Christian Blech, Bernard-Pierre Donnadieu, Ida Di Benedetto, Ulrich Pleitgen, August Zirner, Leonard Lansink, Christian Doermer, Marquard Bohm, Leonie Thelen, Sissi Perlinger, Claus-Dieter Reents, Christoph Wackernagel, Hans Noever. PL: Peter Sterr; Alexandru Riosanu (Frankreich). PD: Veith von Fürstenberg. RED: Wolf-Dietrich Brücker. P: Bavaria-Film GmbH, Geiselgasteig/FR 3, Paris/RAI 2, Rom/TVE, Madrid, im Auftrag des WDR. EA: 23.9., 26.9. und 29.9.1990, ARD. 16 mm, Farbe. 90 Min. pro Folge.

1991. BRD. MILIZSTATION MOSKAU. R: Reinhard Hauff. B: Reinhard Hauff; André Batrak, Regine von Flemming, Jörg Hammermeister, Astrid Triebsees (Mitarbeit). K: Rainer März. S: Ute Kampmann, Erwin Pridzuhn. Mitwirkende: Gerhard Garbers, Brigitte Janner, Rainer Strecker (Sprecher). PL: Ute Zilberkweit. PD: Kathrin Warkotz. RED: Thomas Schäfer, Stefan Aust (Leitung). P: Spiegel TV, Hamburg, im Auftrag von SAT.1. EA: 22.1.1991, SAT.1. Farbe. 32 Min. Anmerkung: Bericht über den Alltag der Polizisten im Moskauer Polizeirevier 69 für die Sendereihe SPIEGEL TV REPORTAGE. Eine weitere Dokumentation von Reinhard Hauff für diese Reihe mit den Arbeitstiteln »Schachduell« bzw. »Das Duell« über die Schachspieler Anatoli Karpow und Garri Kasparow ist von SAT.1 nicht gesendet worden.

1992. BRD. REINHARD HAUFF IM GESPRÄCH MIT KLAUS ANTES. K: Günter Handwerker, Jürgen Rotter. T: Jörg Bracker. SC: Ulla Dorin. Mitwirkende: Reinhard Hauff, Klaus Antes. RED: Reinhard Wulf. P: Günter Handwerker im Auftrag des WDR. EA: 16.5., 30.5., 6.6., 13.6., 11.7., 18.7., 25.7., 1.8., 8.8., 22.8., 29.8.1992, 1Plus. Elf Folgen unterschiedlicher Länge (27 Min./21 Min./20 Min./13 Min./20 Min./18 Min./21 Min./20 Min./20 Min./21 Min./21 Min.). Die Titel der Folgen: DIE FRÜHEN JAHRE, DIE REVOLTE, MATHIAS KNEISSL, DESASTER, DIE VERROHUNG DES FRANZ BLUM, ZÜNDSCHNÜRE, PAULE PAULÄNDER, DER HAUPTDARSTELLER, MESSER IM KOPF, LINIE 1, MIT DEN CLOWNS KAMEN DIE TRÄNEN.

1993. BRD. PETER PRZYGODDA, SCHNITTMEISTER. R: Peter Goedel. B: Peter Goedel (Konzept). K: Klaus Lautenbacher, Bernd Fiedler; Dirk Seifert. T: Dirk Seifert. SC: Peter Goedel, Lili von Otting, Susanne Strobel. Mitwirkende: Peter Przygodda, Reinhard Hauff, Rolf Zacher, Angela Winkler, Wim Wenders, Nicholas Ray, Jeanne Moreau, Dennis Hopper, Peter Handke, Bruno Ganz, Klaus Lemke. PD: Peter Goedel. RED: Helmut Merker. P: Peter Goedel Filmproduktion, München, im Auftrag des WDR. EA: 24.6.1993, West 3. Kino-Premiere: 29.10.1993, 27. Internationale Filmtage Hof, Cinema. 16 mm, Eastmancolor. 50 Min.

Werkverzeichnis

Reinhard Hauff im Gespräch mit Klaus Antes, 1992

1993. BRD. Deutschland-Bilder. Edgar Reitz, Hans Jürgen Syberberg, Reinhard Hauff im Gespräch mit Rainer Michael Schaper. R: Rainer Michael Schaper. K: Claus Baudisch, Jürgen Schaal, Gerd Bleichert. SC: Katja Habermehl. T: Norbert Fischer (Mischung). Mitwirkende: Edgar Reitz, Hans Jürgen Syberberg, Reinhard Hauff. PL: Heino Breilmann. RED: Rainer Michael Schaper. P: SWF / arte. EA: 12.08.1993, arte. 45 Min.

1994. BRD. IA Berlinale: Ist der europäische Film noch zu retten? Diskussionsrunde. Mitwirkende: Peter Fleischmann, Volker Schlöndorff, Dani Levy, Reinhard Hauff, Udo Pfeiffer; Ulrich Schamoni (Moderation). P: IA Berlin & Brandenburg. EA: 16.2.1994, IA. 96 Min.

1994. BRD. Wieviel Unrecht erträgt der Mensch? Die filmische Revolte des Reinhard Hauff. R: Peter Buchka. B: Peter Buchka. K: Jürgen Knoll. T: Hans Fromm. SC: Matthias Bauer. Mitwirkende: Reinhard Hauff, Peter Buchka. PD: Jörg Bundschuh. RED: Friedemann Beyer. P: Kick Film GmbH, München, im Auftrag des BR. EA: 3.5.1994, Bayern 3. Farbe. 60 Min. Anmerkung: Der Film wurde bereits 1990 gedreht, kam aber wegen zunächst ungeklärter Rechte erst 1994 zur Ausstrahlung. Abspann: »Wir danken Eberhard Junkersdorf Bioskop Film München für das Zitatrecht«. Mit Zitaten aus den Filmen Die Revolte, Offener Hass gegen Unbekannt, Mathias Kneissl, Haus am Meer, Die Verrohung

DES FRANZ BLUM, DER HAUPTDARSTELLER, MESSER IM KOPF, ENDSTATION FREIHEIT, DER MANN AUF DER MAUER, STAMMHEIM, LINIE 1, BLAUÄUGIG.

1995. BRD / Großbritannien. DIE NACHT DER REGISSEURE. R: Edgar Reitz. B: Edgar Reitz (Konzept), Hans-Günther Pflaum, Enno Patalas (filmhistorische Beratung). K: Christian Reitz, Peter Petridis, Stefan von Borbély. T: Rüdiger Pedersen, Gernot Funke. S: Peter Junghans. SC: Horst Reiter, Michael Tischner, Uwe Klimmeck; Christian Singer (Special Effect Editing). M: Nikos Mamangakis, Aljoscha Zimmermann. Mitwirkende: Reinhard Hauff, Volker Schlöndorff, Alexander Kluge, Peter Fleischmann, Peter Lilienthal, Helke Sander, Wim Wenders, Werner Herzog, Wolfgang Kohlhaase, Michael Ballhaus, Jeanine Meerapfel, Peter Sehr, Vadim Glowna, Rudolf Thome, Hanna Schygulla, Detlev Buck. PD: Robert Busch; Colin MacCabe (Executive Producer), Esther Johnson (BFI Production Manager). RED: Dietrich Mack, Karl-Heinz Staamann. P: Edgar Reitz Filmproduktion, München / BFI, London / ZDF / arte, Baden-Baden / Premiere TV, Hamburg. UA: 12.2.1995, 45. Internationale Filmfestspiele Berlin (Wettbewerb, außer Konkurrenz), Zoo-Palast. EA: 28.4.1995, arte (52 Min.-Version); 18.6.1995, arte (87 Min.-Kino-Version). 35 mm, Farbe. Anmerkung: Deutscher Beitrag zur BFI-Reihe CENTURY OF CINEMA.

1995. BRD. FRESH FRAMES. JUNGE FILME IN SAT.1. Team: Matthias Haase, Sylvie Heimann, Cornelia Kolden, Joachim Ortmanns, Georg Pahl, Petra Uher, Gert Willert. Moderation: Reinhard Hauff. RED: Lisa Heymann. P: Lichtblick, Köln, im Auftrag von Kanal 4, Köln. EA: 2.10.1995, SAT.1. Farbe. 60 Min. Anmerkung: Die von Reinhard Hauff anmoderierten Kurzfilme sind: LUNATIC von Lisa Högg (1992), EINIGE ZAHLEN ÜBER DIE BEVÖLKERUNG BERLINS von R. Schuster (1994), KLINIK DES GRAUENS von Rainer Matsutani (1992), UN TABLIER DE GRAISSE / EINE SCHÜRZE AUS SPECK von Ed Herzog (1994), PASS von Penelope Buitenhuis (1993/94), PUMP UP THE VOLUME von Benedikt Niemann (1995).

1996. BRD. REINHARD HAUFF IM GESPRÄCH MIT BARBARA TEUFEL, CALLE OVERWEG UND ELFI MIKESCH. Mitwirkende: Reinhard Hauff, Barbara Teufel, Calle Overweg, Elfi Mikesch. P: ZDF. EA: 13.10.1996, 3sat. Farbe. 15 Min. Anmerkung: Die Studiodiskussion wurde im Rahmen der Sendung DOKUMENTARFILMZEIT. LOW BUDGET, HIGH ENERGY – 30 JAHRE DFFB zwischen den Ausstrahlungen der Filme STROH ZU GOLD von Barbara Teufel und FÜNF MOSKAUER MUSIKANTEN von Calle Overweg gesendet.

1996. BRD. WERKSTATT DER TRÄUME. 30 JAHRE DEUTSCHE FILM- UND FERNSEHAKADEMIE BERLIN. R: Michael Strauven. K: Georg Pahl. T: Jan Bendel. SC: Anna V. Cussen. Mitwirkende: Helene Schwarz, Reinhard Hauff, Otto Sander, Lars Kraume, Helma Sanders-Brahms, Hannu Salonen, Delev Buck, Sülbiye Günar, Krassimir Krumov, Wolfgang Petersen, Michael Ballhaus, Sören Voigt. PD: Michael Strauven. RED: Frauke Sandig. P: Deutsche Welle TV, Berlin. EA: 13.10.1996, B1. Farbe. 31 Min.

1997. BRD. Von ›Tasso‹ zum ›Tatort‹. Der Schauspieler Bruno Ganz. R: Helmar Harald Fischer. B: Helmar Harald Fischer. K: Armin Fausten. T: Udo Radek. SC: Bernd Euscher. Mitwirkende: Bruno Ganz, Josef Rödl, Claus Peymann, Reinhard Hauff, Otto Sander, Rudolf Thome, Peter Stein, Jutta Lampe, Walther Schmidinger, Werner Rehm, Angela Winkler. P: Schiebener & Jürgens im Auftrag des WDR. EA: 9.9.1997, West 3. Farbe. 42 Min.

1998. BRD. Höchstpersönlich: Rolf Zacher. R: Hilde Heim. K: Dieter Rohloff. T: Martin Stocker, Manfred Wenck. SC: Michael Koudelka. M: Rolf Zacher. Mitwirkende: Rolf Zacher, Lord Knut, Herbert Ballmann, Marion Kracht, Reinhard Hauff, Peter Przygodda; Holger Postler (Sprecher). P: Radio Bremen. EA: 13.2.1998, ARD. Farbe. 28 Min.

2001. BRD. Kleine Kreise. R: Jakob Hilpert. RA: Ires Jung. B: Jakob Hilpert. K: Sebastian Edschmid. T: Florian Niederleithinger. S: Martina Brünner. SC: Natali Barrey. M: Theo Krieger. D: Cornelius Schwalm, Jacob Matschenz, Matthias Zelic, Willem Veerkamp, Lotte Letschert. PL: Marco Mehlitz. PD: Joachim von Vietinghoff; Claudia Simonescu, Reinhard Hauff (Co-Produzenten). P: BR, München / Von Vietinghoff Filmproduktion GmbH, Berlin / Geist-Film, Berlin / Studio Babelsberg Independents / dffb. UA: 26.10.2000, 34. Internationale Filmtage Hof, Classic. EA: 29.11.2001, ARD. 35 mm, Eastmancolor. 87 Min.

2001. BRD. Filmstadt Berlin. Die Branche boomt. R: Michael Strauven. K: Gerd Vennemann. T: Sefan Aab (Mischung). SC: Jutta Kahlenberg. Mitwirkende: Peter Bogdanovich, Maria Schrader, Heino Ferch, Mario Adorf, Michael Ballhaus, Reinhard Hauff, Klaus Keil, Natja Brunckhorst, Tom Tykwer, Stefan Arndt. PL: Norbert Poser. RED: Meyen Wachholz. P: SFB, Berlin. EA: SFB3, 26.6.2001. Farbe. 30 Min.

2002. BRD. Paule und Julia. R: Torsten Löhn; Andreas Kannengießer (2nd-Unit). RA: Bettina Schoeller. B: Torsten Löhn, Christoph Roos. K: Frank Amann. T: Stefan Soltau; Martin Steyer (Mischung); Matz Müller, Erik Mischijew (Sound-Design). S: Michael Ferwagner. SC: Nicola Undritz. M: Lars Löhn. D: Marion Kittel, Oona Devi Liebich, Arnel Taci, Karina Fallenstein, Oliver Stern, Martin Semmelrogge. PL: Heidi Schuller, Martina Knapheide. PD: Wolfgang Hantke, Regina Ziegler, Reinhard Hauff; Nanni Erben (Producer). RED: Claudia Simonescu (BR), Gabrielea Sperl (BR), Wolfgang Voigt (mdr). P: Ziegler Film GmbH & Co. KG, Berlin und Köln / dffb / BR, München / mdr, Leipzig. UA: 29.6.2002, 20. Filmfest München, MAXX 4. KS: 19.6.2003. EA: 21.10.2004, ARD. 35 mm, Eastmancolor. 83 Min.

2004. BRD. Close. R: Marcus Lenz. RA: Ingo Rudloff. B: Dagmar Gabler, Marcus Lenz. K: Reinhold Vorschneider. T: Peter Carstens; Sascha Starke (Klanggestaltung). S: Reinhild Blaschke (Production Design). SC: Bettina Böhler. M: Tarwater. D: Christoph Bach, Jule Böwe, Julia Richter, Julia Jäger, Torsten Michaelis,

Hermann Beyer. PL: Karsten Aurich. PD: Martin Cichy, Karsten Aurich; Reinhard Hauff (Co-Produzent dffb). RED: Jörg Schneider. P: Sabotage Films GmbH, Berlin / dffb, im Auftrag des ZDF (Das kleine Fernsehspiel). UA: 27.6.2004, 22. Filmfest München, MAXX 4. KS: 6.10.2005. EA: 3.7.2006, ZDF. Super 16 mm (Blow-Up 35 mm), Farbe. 89 Min.

2004. BRD. HAB MICH LIEB! R: Sylke Enders. RA: Franca Drewes. B: Sylke Enders. K: Frank Amann. T: Patrick Veigel. S: Tommy Stark (Production Design). SC: Frank Brummundt. M: Marc Riedinger. D: Franziska Jünger, Torsten Schwjck, Paul Faßnacht, Petra Wolf, Angelika Ritter, Hinnerk Schönemann, Lennie Burmeister, Rainer Zipke. PL: Juri Wiesner, Martina Knapheide. PD: Juri Wiesner, Andreas A. Krüger; Reinhard Hauff, Sven Woldt (Co-Produzenten). RED: Andrea Hanke, Georg Steinert. P: Alfredfilms, Berlin / dffb / MediaPark Film- und Fernsehproduktion GmbH, Berlin, im Auftrag von WDR / arte. UA: 28.6.2004, 22. Filmfest München, MAXX 4. KS: 3.11.2005. EA: 12.9.2006, arte. 35 mm, Farbe. 102 Min.

2005. BRD. ALIAS ALEJANDRO. R: Alejandro Cardenas-Amelio. B: Alejandro Cardenas-Amelio. K: Florian Schilling. T: Martin Granata. SC: Cuini Amelio-Ortiz. M: Zort/Zort & Go. Mitwirkende: Alejandro Cardenas-Amelio, Cuini Amelio-Ortiz, Victoria Cardenas Salas, Grete Cardenas Salas, Gabriel Cardenas Salas, Estella Salas Léon, Hector Navarrete; Alejandro Cardenas-Amelio (Sprecher). PL: Frederike Nass, Jedy Ortega Moreno, Luis Marcedo. PD: Martin Cichy, Karsten Aurich; Reinhard Hauff (Co-Produzent dffb). RED: Burkhard Althoff. P: Sabotage Films GmbH, Berlin / dffb, im Auftrag des ZDF (Das kleine Fernsehspiel). UA: 17.1.2005, Filmfestival Max Ophüls Preis, Saarbrücken, CineStar 2. EA: 4.7.2005, ZDF. Beta SP, Farbe. 93 Min.

2005. BRD. WER IST HELENE SCHWARZ? R: Rosa von Praunheim. B: Rosa von Praunheim. K: Lorenz Haarmann. T: Lilly Grote. SC: Mike Shephard, Oskar Kammerer (Online-Schnitt). Mitwirkende: Helene Schwarz, Reinhard Hauff, Michael Ballhaus, Gerd Conradt, Thomas Giefer, Peter Lilienthal, Helke Sander, Harun Farocki, Hans Helmut Prinzler, Wolfgang Becker, Helga Reidemeister, Manfred Stelzer, Lilly Grote, Thomas Schadt, Delev Buck, Christian Petzold, Thomas Arslan, Volker Schlöndorf, Tom Tykwer, Chris Kraus, Bodo Knapheide. PD: Rosa von Praunheim. P: Rosa von Praunheim Filmproduktion, Berlin, im Auftrag des ZDF in Zusammenarbeit mit arte. UA: 13.2.2005, 55. Internationale Filmfestspiele, Berlin (Berlinale Special), Filmpalast Berlin. EA: 19.2.2005, arte. DigiBeta, Farbe. 86 Min. (Festival-Fassung); 70 Min. (TV-Fassung). Anmerkung: Die 16 Minuten kürzere Fassung lief auf arte unter dem Titel HELENE SCHWARZ. MUSE DES JUNGEN DEUTSCHEN FILMS.

2005. BRD. LIEBESKIND. R: Jeanette Wagner RA: Andrea Picht, Thomas Adamicka. B: Jeanette Wagner. K: Francisco Dominguez; Benjamin Treplin, Matthias Biber (Steadicam). T: Tom Doepgen; Ansgar Frerich (Tongestaltung). S: Tommy Stark.

SC: Frank Brummundt. M: José van der Schoot. D: Anton Rattinger, Armin Marewski, Anna Fischer, Jörg Rathjen, Lutz Blochberger, Viviane Bartsch, Radik Golovkov. PD: Juri Wiesner; Reinhard Hauff, Sven Woldt (Co-Produzenten). RED: Burkhard Althoff. P: Beaglefilms Filmproduktions GmbH, Berlin / dffb / MediaPark Film- und Fernsehproduktion GmbH, Berlin, im Auftrag des ZDF (Das kleine Fernsehspiel). UA: 2.7.2005, 1. Festival des deutschen Films im Rhein-Neckar-Dreieck, Mannheim, Collini-Center Galerie. EA: 1.8.2006, ZDF. 35 mm, Farbe. 85 Min.

2005. BRD. LOLA. 55. VERLEIHUNG DES DEUTSCHEN FILMPREISES 2005. R: Utz Weber; Nico Hofmann, Thomas Peter Friedl (Künstlerische Leitung). SC: Jürgen Haßler (Bühnenbild). M: Loy Wesselburg, Bernhard Eichner; Berliner Philharmoniker unter Leitung von Sir Simon Rattle (Einspielung Titelmusik); Tobias Kremer Big Band, Hubermusic GbR (Musikalische Begleitung). Mitwirkende: Reinhard Hauff (Ehrenpreis für herausragende Verdienste um den deutschen Film); Bernd Eichinger, Helmut Dietl, Uli Felsberg (alle Laudatio); Michael »Bully« Herbig (Moderation). PL: MBTV, Matthias Börger, Carsten Lehmann, Uli Dietrich. PD: Martin Hofmann. RED: Rosemarie Wintgen, Jürgen Reiss (rbb). P: Deutsche Filmakademie / Askania Media im Auftrag des rbb für die ARD. EA: 8.7.2005, ARD. Farbe. Etwa 120 Min.

2006. BRD. 40 JAHRE DFFB. R: Svenja Weber (Autorin). K: Holger Braune, Daniel Lohmann, Thomas Koppehele. T: Oliver Hans Wolf, Christian Klimke. SC: Fiete Müller, Marco Bölke. M: Radio Silents. Mitwirkende: Hartmut Bitomsky, Reinhard Hauff. PL: Rainer Baumert. PD: Ulrike Licht (ausführende Produzentin). RED: Cora Brückmann, Dagmar Mielke; Rania Sid Otmane (arte). P: rbb / arte, Berlin / Baden-Baden. EA: 10.10.2006, arte (Sendereihe: KURZSCHLUSS). Farbe. 3 Min.

2007. BRD. BÜRGERSCHRECK UND ROMANCIER – BURKHARD DRIEST. R: Stefanie Appel. K: Alexander Pötzsch. T: Stefan Gensert; Peter Senkel (Mischung). SC: Marion Morawek. Mitwirkende: Burkhard Driest, Johanna Driest, Andrea Etz, Dietmar Schönherr, Reinhard Hauff, Elke Heidenreich, Tom Krausz, Dieter Thomä. PL: Hartmuth Niemczik. RED: Elisabeth Pfister. P: HR / arte, Frankfurt am Main / Baden-Baden. EA: 30.6.2007, arte. Farbe. 44 Min.

2008. BRD. VOM JUGENDTHEATER ZUM KINOMUSICAL. REINHARD HAUFF UND EBERHARD JUNKERSDORF ÜBER LINIE 1. R: Winfried Günther, Christiane Habich. K: Mitch Jany. T: Alexander Sengl. SC: Stefan Leuschel. Mitwirkende: Reinhard Hauff, Eberhard Junkersdorf. P: Kinowelt Home Entertainment GmbH, Leipzig. Farbe. 28 Min. Anmerkung: Bonusmaterial auf der DVD-Edition von LINIE 1 (Frankfurt am Main: Zweitausendeins 2011).

2008. BRD. KLASSENTREFFEN IN DER TOSKANA. RÜCKBLICKE AUF DEN NEUEN DEUTSCHEN FILM. R: Reinhold Jaretzky, Natalie Schulz. K: Asmus Jaap. SC: Ron

Deutscher. Mitwirkende: Reinhard Hauff, Peter Fleischmann, Edgar Reitz, Volker Schlöndorff, Margarethe von Trotta, Rudolf Thome, Peter Berling. RED: Reinhard Wulf. P: Zauberberg Film Produktion, Berlin, im Auftrag von WDR / 3sat. EA: 11.11.2008, 3sat (Sendereihe: KINOMAGAZIN). Farbe. 45 Min.

2009. BRD. UNA PIÑATA PARA PETER. R: María Teresa Curzio. B: María Teresa Curzio; Ulrike Roesen, Sabine Rollberg, Reinhard Hauff (Initiative). K: Isabel Alvarez. SC: María Teresa Curzio. M: María Teresa Curzio (Lieder und Gesang). Mitwirkende: Reinhard Hauff, Michael Ballhaus, Gerhard Schoenberner, Elfi Mikesch, Joachim von Mengershausen, Antonio Skármeta, Claudio Magris, Ulla Ziemann, Peter Sehr, Marie Noël Sehr, Daniel Libeskind. P: MTC Producciones, Berlin und Montevideo (María Teresa Curzio) / Akademie der Künste, Berlin. UA: 27.11.2009, München, Arri-Kino. HD, Farbe. 19 Min. Anmerkung: Hommage an Peter Lilienthal zum 80. Geburtstag.

2010. BRD. SPUR DER BÄREN – DIE BERLINALE. GESCHICHTE EINES FESTIVALS. R: Hans-Christoph Blumenberg. B: Hans-Christoph Blumenberg, Alfred Holighaus (Konzept und Interviews). K: Johann Feindt, Jule Cramer. T: Frank Kruse, Patrick Veigel, Tassilo Letzel, André Zacher, Paul Oberle; Tatjana Jakob (Ton-Design). SC: Florentine Bruck. Mitwirkende: Reinhard Hauff, Georg Alexander, Volker Baer, Brenda Blethyn, Artur Brauner, Claudia Cardinale, Michel Ciment, Constantin Costa-Gavras, Ulrich Gregor, Moritz De Hadeln, John Hurt, Wolfgang Jacobsen, Wolfgang Kohlhaase, Dieter Kosslick, Ang Lee, Horst Pehnert, Rosa von Praunheim, Katrin Saß, Peter Schamoni, Hans-Christian Schmid, Rainer Simon, Wieland Speck, Tilda Swinton, Tom Tykwer, Agnès Varda, Michael Verhoeven, Andrzej Wajda, Michael Winterbottom. PD: Martin Hagemann. RED: Aleander Bohr. P: Zero Fiction Film GmbH, Berlin, im Auftrag des ZDF in Zusammenarbeit mit arte. UA: 13.2.2010, 60. Internationale Filmfestspiele Berlin (Berlinale Special), Filmpalast Berlin. EA: 14.2.2010, arte. DigiBeta, Farbe. 94 Min.

2017. BRD. REINHARD HAUFF RETROSPEKTIVE. K: Felix Pflieger. T: Denise Riedmayr. RED: Denise Riedmayr, Rebecca Zehr. P: Filmfest München – FestivalTV. EA (hochgeladen): 25.6.2017, 35. Filmfest München, https://www.youtube.com/watch?v=9jD_ZqrFwcU (Stand: 28.1.2021). Farbe. 5 Min. Anmerkung: Interview mit Reinhard Hauff und Ausschnitte aus den Filmen MESSER IM KOPF, STAMMHEIM, LINIE 1.

2017. BRD. [HOMMAGE REINHARD HAUFF]. Mitwirkende: Hans Steinbichler, Michael Stadler, Reinhard Hauff. P: Filmfest München – FestivalTV. EA (hochgeladen): 28.6.2017, 35. Filmfest München, https://www.youtube.com/watch?v=rBZZfMD7cZI (Stand: 28.1.2021). Farbe. 15 Min. Anmerkung: Rede von Hans Steinbichler zu Ehren von Reinhard Hauff, der sich anschließend bedankt.

Publizistik

Die vorliegende Bibliografie listet von Reinhard Hauff verfasste und herausgegebene Publikationen sowie eigene Texte und Interviews auf, wenn sie auf Deutsch, Englisch oder Französisch erschienen sind. Die Sortierung erfolgt nach dem Veröffentlichungsdatum. Die Bibliografie basiert im Wesentlichen auf folgenden Quellen: Schriftgut- und Presseausschnittarchive der Deutschen Kinemathek, Berlin (SDK), des DFF – Deutsches Filminstitut & Filmmuseum, Frankfurt am Main (Textarchiv), des Archivs der Hochschule für Film und Fernsehen, München (HFF) und von CineGraph – Hamburgisches Centrum für Filmforschung e.V.; genutzt wurden außerdem die private Sammlung von Hans Helmut Prinzler sowie die folgenden Datenbanken: International Index to Film Periodicals der International Federation of Film Archives (fiaf) (https://www.fiafnet.org/pages/Publications/International-Index-Film-Periodicals.html), Karlsruher Virtueller Katalog (KVK) des Karlsruher Instituts für Technologie (KIT) (https://kvk.bibliothek.kit.edu/?digitalOnly=0&embedFulltitle=0&newTab=0), Pressedatenbank der GBI-Genios Deutsche Wirtschaftsdatenbank GmbH, München (https://www.genios.de/), Bibliotheksportal des Kooperativen Bibliotheksverbunds Berlin Brandenburg (KOBV) (https://portal.kobv.de/?plv=2).

Heine Schoof: *Erklärung*. Frankfurt: Suhrkamp 1971. Darin: Interviews mit Georg Feil, Reinhard Hauff, Philippe Pilliod zu OFFENER HASS GEGEN UNBEKANNT, S. 209–226.

Wieso Heimatfilm? Joe Hembus fragt Vogeler, Hauff, Brandner. In: *Fernsehen + Film*, Nr. 4, April 1971, S. 16–17. Anmerkung: Das Gespräch mit Hauff zu MATHIAS KNEISSL ist eingebunden in den Essay von Wolfgang Ruf: Die armen Leute von Kombach und anderswo oder: Gibt es einen neuen deutschen Heimatfilm?

Barbara Bronnen / Corinna Brocher: *Die Filmemacher*. München/Gütersloh/Wien: C. Bertelsmann 1973. Darin: Interview (Barbara Bronnen) mit Reinhard Hauff, S. 188–194.

Reinhard Hauff: Kommentar zu DESASTER. In: *Fernsehspiele Westdeutscher Rundfunk*, Juli-Dezember 1973. Köln: WDR 1973, S. 49; wiederveröffentlicht unter dem Titel Wirkungsüberlegungen in: Hans Helmut Prinzler / Eric Rentschler (Hg.): *Augenzeugen. 100 Texte deutscher Filmemacher* (erweiterte und umgearbeitete deutsche Ausgabe). Frankfurt am Main: Verlag der Autoren 1988, S. 125–126. (Neuausgabe: *Der alte Film war tot. 100 Texte zum westdeutschen Film 1962–1987*. Frankfurt am Main: Verlag der Autoren 2001, S. 125–126). Anmerkung: In der amerikanischen Ausgabe (Eric Rentschler [Hg.]: *West German Filmmakers on Film*. New York: Holmes & Meier 1988) fehlt der Text von Reinhard Hauff.

Klaus Eder: Ein Gespräch mit Reinhard Hauff über seinen Film ZÜNDSCHNÜRE nach F.J. Degenhardts Roman. In: *Die Tat* (Frankfurt am Main), Nr. 36, 7.9.1974.

Andrée Tournès: Entretien avec Reinhard Hauff. In: *Jeune Cinéma* (Paris), Nr. 111, Juni 1978, S. 10–12.

Martin Henning: »Ich brauch' diese Betroffenheit von Gesichtern« (Gespräch mit Reinhard Hauff). In: *Baseler Zeitung*, 12.8.1978.

Anonym: »Wichtig ist, daß wir gemeinsam kämpfen!« Interview mit Reinhard Hauff. In: *Kino – Magazin für den engagierten Film* (Hamburg), Nr. 1, Oktober 1979, S. 37.

Maria Ratschewa: »Unterhaltung muß weder Cola noch Diskothek bedeuten«. WM-Gespräch mit Reinhard Hauff. In: *Westermanns Monatshefte* (Braunschweig), Nr. 1, 1979. S. 50–51. Anmerkung: Journalistische Wiedergabe eines Gesprächs.

Florian Hopf: Versuche mit der Wirklichkeit. Gespräche mit den Filmregisseuren Reinhard Hauff und Christian Ziewer. In: *Frankfurter Rundschau*, 16.1.1979.

Eva Dausinger / Daniel Sauvaget: Propos de Reinhard Hauff. In: *Image et Son* (Paris), Nr. 336, Februar 1979, S. 126–128.

Jean-Louis Piel / Jean-Philippe Atger: Entretien avec Reinhard Hauff. In: *Cinématographe* (Paris), Nr. 45, März 1979, S. 64–65.

Anonym: »Wir sind nicht mehr der Jungfilm« (Gespräch mit Werner Herzog, Uwe Brandner, Hark Bohm, Reinhard Hauff). In: *Der Spiegel* (Hamburg), Nr. 25, 18.6.1979.

Lothar Köster / Günter Drechsel: Interview mit Reinhard Hauff am 15.12.1978. In: Marie Drexl / Lothar Köster (Red.): *Reinhard Hauff ... und seine Filme*. Kempten: Filmclub »e69« Kempten e. V. 1979, S. 63–74.

Samik Banerjee: Reinhard Hauff in Calcutta. Interview with Reinhard Hauff. In: *film mmb* (Kalkutta), Nr. 1, o. J. [1979], S. 31–33.

Thomas Timm / Christoph Meier-Siem: Reinhard Hauff. Ein Protestant in der Unterwelt (Interview). In: *Kino – Magazin für Film und Kultur* (Hamburg), Nr. 4, September 1980, S. 27–37.

Reinhard Hauff / Peter Lilienthal: »Die Leute sind fasziniert vom amerikanischen Leben, vom amerikanischen Denken usw. Das ist Kasse. Diese Überzeugung wird nicht von allen geteilt, von uns schon gar nicht.« In: Alexander Kluge (Hg.): *Bestandsaufnahme: Utopie Film*. Frankfurt am Main: Zweitausendeins 1983, S. 269–277. Anmerkung: Redaktion: Christel Buschmann / Klaus Eder / Irene Kraushaar / Anne Kubina (unter Mitarbeit von Reinhard Hauff u. v. a.).

Reinhard Hauff: Gefahr für Zensoren: Der Widerstand wächst. In: *Hamburger Rundschau*, 20.10.1983.

Reinhard Hauff über STAMMHEIM. In: *Film und Fernsehen* (Berlin), Nr. 4, August 1992. (Erstmals in: Presseheft Futura Film 1986).

Wolfgang Michael: STAMMHEIM trifft einen Nerv. Interview mit Reinhard Hauff. In: *Vorwärts* (Bonn), 1.3.1986.

Anonym: Aust et Hauff répondent à la presse. In: *Jeune Cinéma* (Paris), Nr. 174, Mai/Juni 1986, S. 30–31.

Hauff on Sen. Ten Days in Calcutta. A Portrait of Mrinal Sen. A Film by Reinhard Hauff. Script reconstructed by Anjum Katyal and Samik Bandyopadhyay. Kalkutta: Seagull Books 1987. Anmerkung: Textwiedergabe des Films ZEHN TAGE IN CALCUTTA. BEGEGNUNG MIT MRINAL SEN sowie Auswahl der weiteren dafür geführten Gespräche zwischen Hauff und Sen.

Claude Racine: Reinhard Hauff (Interview). In: *24 Images* (Montréal), Nr. 31–32, Winter 1987, S. 45–47.

Peter Brunette: STAMMHEIM. An Interview with Reinhard Hauff. In: *Cineaste* (New York), Nr. 1-2, 1987/88, S. 54–56.

Anonym: *Stichwort* »Filmstadt München«. Berlin ist aufregender. Gespräch mit Reinhard Hauff. In: *Süddeutsche Zeitung* (München), 26.6.1991.

Margret Köhler: Weg von ideologischen Fronten. Gespräch mit Reinhard Hauff über das deutsche Kino. In: *film-dienst* (Köln), Nr. 17, 20.8.1991.

Klaus Eder (Zusammenstellung): *Reinhard Hauff. Skeptiker oder Optimist. Texte und Materialien zu acht Filmen.* Goethe Institut München 1992. Darin: »Über emotionale Betroffenheit zum Denken provozieren«. Aus einem Gespräch mit Reinhard Hauff, S. 14–21.

Klaus Antes: Reinhard Hauff im Gespräch. In: *Reinhard Hauff. Unterhaltung. Dokumentarfilm. Fernsehspiel.* Köln: WDR 1992, S. 10–11, 16–17, 19, 20–21, 24–25, 29,32–33, 36–37, 39–41, 43, 46–47, 50–51.

Erika Richter/Rolf Richter: Die Krise und ein paar Antworten. Ein Gespräch mit Reinhard Hauff. In: *Film und Fernsehen* (Berlin), Nr. 4, August 1992.

Klaus Antes: Reinhard Hauff über einige seiner Filme. Ausschnitte aus Gesprächen vom Januar 1992, die die Hauff-Werkschau auf 1Plus (Mai-September 1992) begleiteten. In: *Film und Fernsehen* (Berlin), Nr. 4, August 1992.

Merten Worthmann: Man muß den Schonraum schonungslos nutzen. Ein Gespräch mit Reinhard Hauff, dem Direktor der Deutschen Film- und Fernsehakademie Berlin. In: *Berliner Zeitung*, 9.2.1993.

Knut Hickethier: »Die Energien nicht verplempern«. Gespräch mit dffb-Direktor Reinhard Hauff. In: *Film & TV Kameramann* (Köln/Ulm), Nr. 4, 1993.

Wilhelm Roth: Zukunft des Kinos (11): Reinhard Hauff. In: *epd Film* (Frankfurt am Main), Nr. 5, 1993.

Reinhard Hesse: Film statt Mätzchen. Reinhard Hauff, Leiter der Berliner Filmakademie, über alte und junge deutsche Filmemacher: Zeigt mehr Gefühl, bringt weniger Essay. In: *Die Woche (Hamburg)*, 21.10.1993.

Harald Martenstein: Haben Sie resigniert, Herr Hauff? In: *Der Tagesspiegel* (Berlin), 24.11.1994.

Reinhard Hauff: Es zählt das Werk, nicht die Person. In: *Berliner Zeitung*, 18.2.1995. Anmerkung: Rezension der deutschen Ausgabe des Buches von Peter Bogdanovich: *Hier spricht Orson Welles*, Weinheim/Berlin: Quadriga 1994.

H.-Ulrich Bohling: Radikaler, origineller, spezieller. Werbestrategien für den deutschen Film. Marketing schon im Vorfeld planen. Gespräch mit Prof. Reinhard Hauff, Direktor der DFFB. In: *Filmecho/Filmwoche* (Wiesbaden), Nr. 26, 30.6.1995, S. 11.

Katrin Hummel: »Wir subventionieren den Sender Freies Berlin«. *DFFB-Präsident sucht neue Bleibe.* In: *Der Tagesspiegel* (Berlin), 21.1.1996.

Reinhard Hauff (Hg.): *Momente des Lernens. 30 Jahre Deutsche Film- und Fernsehakademie Berlin*. Berlin: dffb 1996. Darin: Reinhard Hauff: Momente des Lernens, S. 4–5.

Ingolf Kern: »Kreativität entsteht nur in kleinen Zellen«. Reinhard Hauff, Regisseur und Leiter der Deutschen Film- und Fernsehakademie, über Chancen und Zukunft der Schule. In: *Die Welt* (Hamburg), 28.8.1996.

Christa Hasselhorst: Alles ist so Mittellage. Reinhard Hauff, Jury-Mitglied in Venedig, über den deutschen Film. In: *Die Welt* (Hamburg), 29.8.1998.

Was müssen Produzenten eigentlich können? Über Ausbildungs- und Weiterbildungsangebote für den Beruf des Produzenten und TV-Producers. Ein Gespräch zwischen Reinhard Hauff, Hansjörg Kopp und Georg Feil. In: Lutz Hachmeister/Dieter Anschlag (Hg.): *Die Fernsehproduzenten. Rolle und Selbstverständnis.* München/Konstanz: Hochschule für Fernsehen und Film/ UVK Verlagsgesellschaft mbH 2003, S. 225–237.

Michael Althen / Peter Körte: Das Problem sind die toten Augen. Reinhard Hauff wird mit einem Deutschen Filmpreis geehrt und zieht Bilanz seiner Karriere. In: *Frankfurter Allgemeine Zeitung*, 7.7.2005.

Beatrix Schnippenkoetter: Reinhard Hauff, Regisseur. Was ich mag. Was ich nicht mag. In: *Der Tagesspiegel* (Berlin), 10.7.2005.

Reinhard Hauff: Mein Festival. Skandal beim Goldenen Bären. Reinhard Hauff erinnert sich. In: *Berliner Morgenpost*, 16.2.2008.

Carsten Gansel / Norman Ächtler: »Ich war üble Beschimpfungen gewöhnt«. Ein Gespräch mit Reinhard Hauff über Entstehung und Rezeption von Stammheim (1985). In: Norman Ächtler (Hg.): *Ikonographie des Terrors? Formen ästhetischer Erinnerung an den Terrorismus in der Bundesrepublik 1978 – 2008*. Heidelberg: Universitätsverlag Winter 2010, S. 395–402.

Margret Köhler: Du musst was liefern! In: *Abendzeitung* (München), 27.6.2017.

Margret Köhler: »Es gibt keine Garantie«. Gespräch mit dem Regisseur Reinhard Hauff. In: *film-dienst* (Bonn), Nr. 15, 20.7.2017.

Beat Presser: *Aufbruch ins Jetzt. Der Neue Deutsche Film. Gespräche*. Hrsg. von Vera Pechel. Basel: edition achsensprung 2019. Darin: Gespräch mit Reinhard Hauff, S. 152.

Autoren

Rolf Aurich, geboren 1960. Lektor an der Deutschen Kinemathek. Lebt in Potsdam.
Klaus Hoeppner, geboren 1958. Filmhistoriker (www.filmrecherche.de). Lebt in Berlin.
Egon Netenjakob, geboren 1935. Freier Publizist mit dem Schwerpunkt Fernsehen und Film sowie Übersetzer aus dem Dänischen. Lebt in Köln.
Hans Helmut Prinzler, geboren 1938. Filmhistoriker und Publizist. Lebt in Berlin.

Dank

Die Herausgeber bedanken sich in besonderer Weise bei Reinhard Hauff und Wolfgang-Peter Hassenstein (München) sowie bei Walter Potganski (Grünwald). Die Anregung zu diesem Band gab Wolfgang Jacobsen (Berlin), ihm sind wir ebenso verbunden wie den Kollegen an der Akademie der Künste, Torsten Musial und Nicky Rittmeyer.

Zahlreiche Kolleginnen und Kollegen der Deutschen Kinemathek (Berlin) haben uns beständig unterstützt und geholfen, namentlich Siegmar Brüggenthies, Cordula Döhrer, Sebastian Herhaus, Sandra Hollmann, Annette Kaufmann, Diana Kluge, Peter Mänz, Daniel Meiller, Julia Riedel, Jurek Sehrt, Tarek Strauch, Holger Theuerkauf, Gerrit Thies, Carla Toker, Birgit Umathum, Andrea Ziegenbruch. Danke!

Darüber hinaus sei herzlicher Dank für vielerlei Hilfe abgestattet Isabelle Bastian (DFF, Frankfurt am Main), Sandra Baumgarten (Magistrat der Universitätsstadt Marburg, Stadtarchiv), Jana Behrendt (HA Information, Dokumentation und Archive des SWR und des SR, Unternehmensarchiv, Baden-Baden), Lena Bender (Magistrat der Universitätsstadt Marburg, Fachdienst Standesamt), Sebastian Besoke (NDR), Georg Beume (Städtisches Museum Göttingen), Werner Biedermann (Essen/Schwerte), Cora Brückmann (rbb), Christel Buschmann (München), Anno Dittmer (Berlin), Birgit Durbahn (Lübeck), Michael Eberle (BR, Dokumentation und Recherche, München), Klaus Eder (München), Tobias Fasora (HA Information, Dokumentation und Archive des Südwestrundfunks und des Saarländischen Rundfunks, Stuttgart), Michael Fengler (Bad Tölz), Thomas Frickel (Rüsselsheim), Carola Frommer (Film & TV Kamera, Ulm), Anna Maria Gadebusch (Berlin), Tim Gallwitz (Hamburg), Peter Goedel (München), Renate Göthe-

Autoren / Dank / Abbildungen / Rechte

Aurich (Potsdam), Winfried Günther (DFF, Frankfurt am Main), Tina Harnisch (Bavaria Film GmbH, Geiselgasteig), Peter Heller (München), Elgin Helmstaedt (Akademie der Künste, Berlin), Franz Hirner (Kick Film GmbH, München), Britta Holle (WDR), Jens Hoppe (Hannover), Katrin Januschke (Archiv Hannoversche Allgemeine Zeitung, Hannover), Jana Jarzembowski (DFF, Frankfurt am Main), Markus Jochem (SWR Media Services GmbH, Stuttgart), Hannes Karnick (Darmstadt), Bodo Knapheide (dffb, Berlin), Michael Kötz (Festival des deutschen Films Ludwigshafen am Rhein), Rolf Kohlstedt (Stadtarchiv Göttingen), Bettina Kuhlmann (WDR, Dokumentation und Archive, Köln), Adrian Kutter (Biberach), Renate Leiffer (München), Heliane Lössl (München), Juliane Lorenz (Rainer Werner Fassbinder Foundation, Berlin), Hans Albrecht Lusznat (München), Maria Lutze (WDR), Thomas Maisel (Archiv der Universität Wien), Manja Malz (Metropolis Kino, Hamburg), Silke von Meding (Junge Presse Niedersachsen, Hannover), Ulrich Meyer (Spiegel TV GmbH, Dokumentation und Archiv, Hamburg), Doris Netenjakob (Köln), Elke Niebauer (Deutsches Rundfunkarchiv, Frankfurt am Main), Peter Nowotny (Osnabrück), Hilke Ohsoling (Günter und Ute Grass Stiftung, Lübeck), Eva Orbanz (Steinfeld/Berlin), Christina Peters (bpk- Bildagentur, Berlin), Sebastian Post (Region Hannover, Neustadt a. Rbge.), Rosa von Praunheim (Berlin), Jan Nils van der Pütten (BR, HA Archive, Dokumentation, Recherche, München), Ana Radica (Internationale Hofer Filmtage), Hans-Peter Reichmann (DFF, Frankfurt am Main), Dieter Reifarth (Frankfurt am Main), Bettina Reiss (SWR, Baden-Baden), Edgar Reitz (München), Wolfgang Richter (Darmstadt), Ulrike Roesen (Berlin), Matthias Rolving (Archiv Niedersächsischer Landtag, Hannover), Bettina Schablitzky (WDR, Dokumentation und Archive. Unternehmensarchiv und Magazine, Köln), Thomas Schelenz (Hannover), Veit Scheller (ZDF, Archiv), Mira Schoenberner (Berlin), Isabel Schrimpf (München), Hansl Schulder (Filmakademie Baden-Württemberg, Ludwigsburg), Ricardo da Silva (Stadtarchiv Hannover), Hollow Skai (Hamburg), Stephan Spering (HA Information, Dokumentation und Archive des SWR und des SR Informationsservice Fernsehen, Stuttgart), Torsten Stegmann (Hamburg), Claudius Stein (Universitätsarchiv München), Rebekka Steiner (Bavaria, Media GmbH, Geiselgasteig), Miriam Stollenwerk (WDR Media Group, Köln), Fritz Tauber (HFF München, Archiv), Antonia Teweleit (bpk-Bildagentur, Berlin), Matthias Thiel (Deutsches Kabarettarchiv, Mainz), Rüdiger Tomczak (Berlin), Sönke Treu (NDR, Dokumentation und Archive), Katharina Walter (Museen für Kulturgeschichte der Landeshauptstadt Hannover), Helmut Wietz (Steinfeld/Berlin), Christina Voigt (Deutsches Rundfunkarchiv, Frankfurt am Main), Karsten Wahlscheid (WDR, Mitschnittservice, Köln), Katharina Walter (Historisches Museum am Hohen Ufer, Hannover), Uta Ziegan (Stadtarchiv Hannover).

Rechte

Die Rechte Reinhard Hauffs werden wahrgenommen von Reinhard Hauff, München. Trotz intensiver Recherchen konnten in einigen Fällen die Rechteinhaber nicht ermittelt werden. Bei berechtigten Ansprüchen bitten wir darum, sich an das Archiv der Akademie der Künste, Berlin, bzw. an die Deutsche Kinemathek – Museum für Film und Fernsehen, Berlin, zu wenden.

Abbildungen

Soweit die Fotografinnen und Fotografen zu ermitteln waren, sind sie in der jeweiligen Bildlegende genannt. Nicht in allen Fällen war dies trotz aufwändiger Nachforschungen möglich.

Archiv der Akademie der Künste, Berlin: S. 142–143 (Günter-Grass-Archiv, Nr. 3174)

Archiv der Region Hannover, Nachlass Heinz Koberg: S. 54

Bildarchiv Preußischer Kulturbesitz, Berlin: S. 77 (oben)

DFF – Deutsches Filminstitut & Filmmuseum, Frankfurt am Main / Archiv Reinhard Hauff: S. 14, 34, 63, 68, 78, 83 (oben), 86, 87, 88, 90, 99 (unten), 105, 120 (oben), 125, 133–141, 171, 173, 183

DFF – Deutsches Filminstitut & Filmmuseum, Frankfurt am Main / Bildarchiv: S. 35, 36, 38 (oben), 45 (unten), 46, 47 (oben), 83 (unten), 97, 103 (oben)

Wolfgang-Peter Hassenstein, München: S. 147, 151, 154, 156, 159, 163, 165 (oben)

Autoren / Dank / Abbildungen / Rechte

Wolfgang-Peter Hassenstein, München, Foto: Hans Grimm, Rechte: Sabine Grimm, Dießen am Ammersee: S. 57

Hochschule für Fernsehen und Film, München, Archiv: S. 70

Junge Presse Niedersachsen, Hannover: S. 55, 56

Moviemax, Walter Potganski, Grünwald: S. 170

NDR, Hamburg: S. 148 (©NDR/Wolfgang-Peter Hassenstein), 149 (©NDR/Wolfgang-Peter Hassenstein), 150 (©NDR/Wolfgang-Peter Hassenstein)

Städtisches Museum Göttingen: S. 10

Stiftung Deutsche Kinemathek, Fotoarchiv: S. 21, 25, 27, 30, 31, 32, 38 (unten), 41, 42, 45 (oben), 47 (unten), 69, 75, 76, 77 (unten), 81 (oben), 85, 89, 91, 94, 99 (oben), 103 (unten), 106, 107, 117, 118, 120 (unten), 124, 127, 164, 165 (unten)

Stiftung Deutsche Kinemathek, Grafikarchiv: S. 122

SWR, Baden-Baden: S. 61, 152 (©SWR/Susanne Stokinger), 153 (©SWR/Susanne Stokinger)

Ullstein Bild, Berlin: S. 93

WDR, Köln: S. 29 (© beide WDR/Bavaria), 49 (©WDR/Rolf von der Heydt), 65, 67, 72, 81 (unten), 108 (©WDR/Rolf von der Heydt), 116 (©WDR/Bioskop-Film), 157 (©WDR/Bavaria), 157 (unten)

Ernst Wild, Berg-Kempfenhausen: S. 5, 58

Register

A = Abbildung

Abich, Hans 53
Achternbusch, Herbert 16, 78
Adorf, Mario 36 (A), 91 (A), 92, 123
Affolter, Therese 45 (A)
Ahrens, Akim 73, 92
Albee, Edward 54
Andrzejewski, Jerzy 166
Angelopoulos, Theo 109
Annaud, Jean-Jacques 51
Antes, Klaus 119, 123
Arango, Sascha 110
Arnold, Jack 163
Atef, Emily 52
Auclair, Michel 166
Aust, Stefan 43, 44, 101, 109

Baader, Andreas 43, 102
Backhaus, Helmuth M. 164
Badewitz, Heinz 59
Ballhaus, Michael 109
Bandyopadhyay, Samik 115
Barabas, Stanislav 166
Bayrhammer, Gustl 28
Beauvais, Peter 14, 148, 152, 160
Becker, Rolf 29 (A), 79, 81 (A)
Becker, Wolfgang 110
Benedikt, Papst [Benedikt XVI., Joseph Aloisius Ratzinger] 52
Benn, Alex 47 (A)
Berger, Senta 163
Bergman, Ingmar 162
Bigelow, Kathryn 109
Bittins, Alfred 155
Bittins, Michael 154, 155
Blech, Hans Christian 94 (A), 123
Blaise, Pierre 89 (A)
Blumenberg, Hans-Christoph 16
Bohlinger, Don 110

Bohm, Hark 20, 71, 104, 105
Bohm, Marquard 25 (A), 71
Bois, Curt 164
Bonetti, Paolo 29 (A)
Brasch, Helmut 14 (A)
Braun, Volker 78 (A)
Brauner, Atze (Artur) 104
Brauss, Arthur 163
Brecht, Bertolt 80
Breidenbach, Tilli 117 (A), 118 (A), 119
Brenner, Hans 24, 25 (A), 27 (A), 37, 71, 72 (A), 73, 74 (A), 75 (A), 76 (A), 92
Breuer, Jacques 166
Bringmann, Peter F. 98
Bronnen, Franziska 150 (A)
Brücker, Wolf-Dietrich 90, 102, 108
Brückner, Jutta 110
Brühne, Frank 17, 82, 84, 85 (A), 99 (A), 100, 102, 105 (A), 108, 156 (A), 159 (A), 161
Brustellin, Alf 54, 104
Buchka, Peter 30
Buschmann, Christel 19, 34, 90, 92, 98, 106, 122, 123

Camus, Albert 54, 55 (A), 56 (A)
Carmen, Julie 98, 99 (A)
Carpentier, Peter 110
Charles, Ray 147
Chatterjee, Dhritiman 127 (A)
Claisse, Georges 166
Czeslik, Oliver 110

Dähnert, Stefan 110
Danzeisen, Peter 45 (A)
Davis Jr., Sammy 147 (A)
Degenhardt, Franz Josef 30, 84
Dietl, Helmut 18
Dietrich, Margret 55
Dörrie, Doris 92

199

Register

Doldinger, Klaus 166
Donner, Wolf 16
Dorst, Tankred 109
Doyle, Chris 110
Drebelow, Udo B. 165 (A)
Dresen, Andreas 110
Drexel, Ruth 74, 76 (A)
Driest, Burkhard 20, 28, 30, 31, 32 (A), 33, 34, 41, 42 (A), 43, 82, 83 (A), 84, 86, 96, 97 (A), 110, 119, 123
Dutschke, Rudi 93

Echeverría, Carlos 106
Eder, Klaus 12, 16
Egger, Urs 110
Eichinger, Bernd 18
Eisenschitz, Bernard 110
Ellmerer, Paul 158
Elsner, Hannelore 164 (A)
Emmerich, Klaus 64
Emrich, Hinderk 110
Enders, Sylke 51
Engelbrecht, Constanze 166
Ensslin, Gudrun 43
Erler, Rainer 14
Eschwege, Alexander von 110, 164
Esser, Michael 110

Fancher, Hampton 147
Fassbinder, Rainer Werner 17, 18, 28, 75, 148
Fechner, Eberhard 14
Felsberg, Uli 18
Fengler, Michael 17
Fischer, Torsten C. 110
Flaherty, Robert J. 9
Fleischmann, Peter 74, 104
Flemyng, Gordon 164, 165 (A)
Flimm, Dieter 102
Flimm, Jürgen 44, 102
Fontane, Theodor 149
Frank, Horst 151, 164

Frankenfeld, Peter 57
Friedrich, Erhard 11
Frisch, Max 54, 80
Fruchtmann, Karl 14
Funk, Kurt 31 (A), 85 (A)

Gallwitz, Eike 32 (A), 33
Ganz, Bruno 20, 21 (A), 38 (A), 39, 40, 94 (A), 95, 98, 123, 124
Gassner, Helmut 64
Gatlif, Tony 109
George, Götz 47 (A), 48, 82, 107, 108, 147
Gerster, Jan Ole 51
Gewissen, Kurt 154
Glenville, Peter 166
Glotz, Peter 11, 12, 22, 24, 54, 55 (A), 56 (A), 71, 109
Glowna, Vadim 20, 35 (A), 36 (A), 92, 110, 123, 130
Gnoth, Manfred 88 (A), 120 (A), 121
Goslar, Jürgen 151
Gott, Karel 64
Gottschalk, Hans 152
Grass, Günter 126, 130, 142 (A)
Groetschel, Inka 105
Grün, Max von der 164
Grund, Hartmut 62
Grunert, Manfred 80
Guinness, Alec 166

Hädrich, Rolf 148, 161, 166
Hanck, Frauke 59
Haneke, Michael 109
Harmstorf, Raimund 72 (A)
Hassenstein, Wolfgang-Peter 17, 24, 29, 57 (A), 66, 76 (A), 82, 84, 147 (A), 149 (A), 151 (A), 153 (A), 154 (A), 156 (A), 159 (A), 163 (A), 165 (A)
Haucke, Gert 83 (A)
Hauff, Eberhard 9, 10, 53, 92
Hauff, Günter 9
Hauff, Irmgard 9

Hauff, Wilhelm 22
Hauff, Wolfgang 9
Hauser, Kaspar 78
Hembus, Joe 12
Hendrix, Jimi 22
Hermann, Irm 42 (A)
Herzog, Werner 77 (A), 78, 79, 109, 130
Heydrich, Reinhard 107
Heymann, Birger 105
Hickethier, Knut 13
Hildebrandt, Dieter 105
Hilpert, Jakob 51
Hoenig, Heinz 37, 38 (A), 94 (A)
Hoffmann, Kurt 162
Hofmann, Nico 110
Hoger, Nina 164
Hopf, Florian 15
Hospowsky, Fred 45 (A)
Hoven, Adrian 164 (A)
Hüsch, Hanns Dieter 58

Idziak, Sławomir 110

Jansen, David 163
Janson, Horst 164
Jarmusch, Jim 160
Jedele, Helmut 146, 162
Jent, Louis 62, 163
Jetter, Alfred 155
Johannesson, B. 148 (A)
Joplin, Janis 56, 66, 158, 159, 162
Jürges, Jürgen 84, 86 (A), 110
Juhnke, Harald 163 (A), 164
Julien, André 166
Junkersdorf, Eberhard 80, 82, 83 (A), 98, 102, 104, 110

Karasek, Hellmuth 44
Karsunke, Yaak 106, 110
Katyal, Anjum 115
Keaton, Buster 56
Keil, Klaus 110

Keil, Uschi 109
Keitel, Harvey 109
Kercher, Manfred 155
Kieling, Wolfgang 164
Kindermann, Heinz 55
Kirchner, Walter 10
Kleiner, Towje 98
Klejman, Naum 110
Kließ, Werner 12, 13, 17, 24, 28, 62, 75, 110
Klose, Hans-Ulrich 104
Kluge, Alexander 103 (A)
Kneißl, Mathias 74, 75
Koch, Volker 59
Koebner, Thomas 108
Kohl, Helmut 129
Kohlhaase, Wolfgang 110
Kolneder, Wolfgang 104
Korinek, Martin 107 (A)
Krapp, Helmut 23, 71
Kraume, Lars 51
Kraus, Chris 110
Kremer, Hans 45 (A), 103 (A)
Kreutzmann, Gisela (Pseudonym: Ursula Trauberg) 62
Krüger, Ernst 100
Krug, Manfred 164
Kubrick, Stanley 162
Kučera, Jaroslav 84, 106
Kückelmann, Norbert 17, 78, 104
Küster, Renate 164
Kulessa, Angelika 34 (A), 86 (A), 120 (A), 121, 123

Lange, Hellmut 58 (A)
Laser, Dieter 30 (A), 81 (A)
Lass, Barbara 58 (A)
Lavies, Hanns Wilhelm 10
Laxness, Halldór 149
Leckebusch, Michael 158
Leiffer, Renate 17, 18
Leigh, Mike 109

Register

Leipnitz, Harald 164
Levy, Dani 109
Lewis, Jerry 147
Liebeneiner, Wolfgang 10
Liesendahl, Heinz 146, 147 (A), 154
Lilienthal, Peter 18, 78, 109
Limmer, Wolfgang 13
Loach, Ken 109
Löwitsch, Klaus 30 (A), 81 (A)
Lollobrigida, Gina 18
Lommel, Ulli 17
Lothar, Hanns 152 (A)
Ludwig, Volker 46, 104, 105
Łukaszewicz, Olgierd 49 (A)
Lukschy, Stefan 110

Maccarone, Angelina 110
Mahlich, Holger 45 (A)
Malcolm, Kirsty 166
Malle, Louis 88
Marischka, Franz 164
Martin, Dean 147
Mattes, Eva 28, 75, 76 (A)
Matz, Johanna 100
Meichsner, Dieter 149
Meinhof, Ulrike 43
Melles, Sunnyi 48, 49 (A), 108 (A)
Menzel, Jiří 109
Molière 54
Monty Python's Flying Circus 13, 64
Morini, Hector 84, 106
Moser, Fritz 152, 153, 154 (A)
Moszkowicz, Imo 14
Müller-Westernhagen, Marius 40, 41 (A), 98, 99 (A)
Münster, Reinhard 110
Myhre, Wencke 69

Nadolny, Sten 110
Netenjakob, Egon 12, 13, 53, 71
Niro, Robert De 123

Nischwitz, Theo 62, 64
Nykvist, Sven 162

Ofarim, Abi 15, 155, 157 (A), 159 (A)
Ofarim, Ester 15, 155, 157 (A), 159 (A)
Olbrich, Michael 31 (A), 85 (A)
Olivera, Héctor 106
Ōshima, Nagisa 100, 109
Ott, Max 75

Pagnol, Marcel 152
Pasolini, Pier Paolo 60, 90, 92
Patil, Smita 127 (A)
Pfleghar, Michael 12, 14, 15, 22, 46, 57 (A), 67, 69, 84, 146, 147, 154
Pickett, Wilson 66, 67 (A), 159
Pilliod, Philippe 79, 80
Pindter, Walter 154
Pleitgen, Ulrich 45 (A)
Porath, Ilke 12
Porsch, Bettina 31 (A), 117 (A), 118 (A), 119
Praunheim, Rosa von 13, 110
Preucil, Jan 107 (A)
Prochnow, Jürgen 32 (A), 33
Przygodda, Peter 95, 96
Pulver, Liselotte 162
Purcell, Henry 70

Raab, Kurt 28
Rabal, Francisco 166
Radovanović, Goran 79, 109
Randau, Felix 51, 52
Raspe, Jan-Carl 43
Ray, Satyajit 100
Reding, Benjamin 110
Reichert, Willy 66
Reisch, Günter 110
Reiss, Manfred 34 (A), 87 (A), 88 (A), 90 (A), 121, 122
Reize, Silvia 163
Rentschler, Eric 129

Rischbieter, Henning 11, 12
Rittig, Kurt 110
Rivel, Charlie 13, 14 (A), 56, 59
Rödl, Josef 18
Roeg, Nicholas 162
Röhl, Christoph 52
Rohrbach, Günter 23, 71, 154
Rola, Carlo 110
Roll, Gernot 155
Roos, Hans-Dieter 12
Rossellini, Roberto 119
Roth, Wilhelm 117
Rudolph, Hans Christian 45 (A)
Rukov, Mogens 109
Rupé, Katja 42 (A)

Sagebiel, Helmka 151
Salem, El hedi ben 18
Schaake, Katrin 25 (A), 72 (A)
Schlegel, Hans-Joachim 110
Schlöndorff, Volker 16, 17, 18, 20, 28, 75, 76, 78, 80, 82, 92, 109, 124, 130
Schmidt, Andreas 105
Schmidt, Eckhart 43
Schmidt, Irmin 96
Schneider, Peter 37, 39, 40, 41, 92, 93 (A), 96, 128
Schneider, Romy 52
Schnitzler, Arthur 148, 160
Schön, Dorothee 46, 106
Schönherr, Dietmar 166
Schoof, Heine 73
Schrader, Paul 17, 123
Schröder, Wilfried 58
Schwarze, Hans Dieter 146, 148
Schweiger, Michael 35 (A), 36 (A), 91 (A), 122 (A), 123
Schwier, Werner 10, 12
Schygulla, Hanna 28, 29 (A), 76 (A), 79, 81 (A)
Scorsese, Martin 123
Sedlmayr, Walter 28

Sehr, Peter 110
Seidl, Ulrich 109
Sen, Mrinal 98, 99 (A), 100, 109, 115, 116 (A), 124, 126, 128, 129, 130, 131
Shafik, Viola 17, 18
Simmel, Johannes Mario 48, 108
Sinatra, Frank 147
Sinatra, Tina 147
Sinjen, Sabine 148
Sinkel, Bernhard 54, 104
Skármeta, Antonio 110
Slama, David 108, 110
Sokurow, Aleksandr 109
Solá, Miguel Ángel 107
Solanas, Fernando E. 107
Solanas, Pino 109
Sommer, Elke 163
Speck, Wieland 110
Sperr, Martin 26, 28, 74, 75
Staschau, Winfried 149
Stein, Peter 54
Stein, Rolf 10
Steiner, Sigfrit 163
Steiner, Walter 79
Sterzenbach, Benno 152 (A)
Storaro, Vittorio 162
Swinton, Tilda 109
Sydow, Rolf von 22, 46, 57, 66, 146, 147

Tannert, Hannes 151, 152
Tarnowski, Wolfgang 102
Thome, Rudolf 124
Torquemada, Tomás de 166
Trauberg, Ursula (d.i. Gisela Kreutzmann) 62
Trotta, Margarethe von 17, 18, 78 (A), 110
Tüschen, Katharina 120 (A)
Tukur, Ulrich 45 (A), 102

Umgelter, Fritz 14
Ustinov, Peter 147

203

Register

Veiel, Andres 110
Venanzo, Gianni di 162
Verhoeven, Michael 110
Vetter, Klaus 104
Visser, Thomas 31 (A), 85 (A)
Vocks, Horst 108
Vogel, Jürgen 51
Volonté, Gian Maria 80

Wackernagel, Christof 163
Walser, Martin 26, 60, 62, 73, 132
Wegner, Sabine 45 (A)
Weidner, Götz 64
Wenders, Wim 110, 124, 130, 160
Wendl, Annemarie 76 (A)
Wendlandt, Horst 80
Wendt, Ernst 12
Werner, Dieter 147
Westphal, Gert 151
Wild, Ernst 84

Willschrei, Karl Heinz 62
Wilp, Charles 64
Winkler, Angela 37, 38 (A), 94 (A), 123
Wirth, Franz Peter 14, 28, 64, 71, 75, 148, 152, 153, 154, 155, 164
Witte, Gunther 102, 138 (A)
Wittenburg, Thomas 108
Wolansky, Paul 110
Wulff, Günther 102
Wurm, Alfred 104

Yang, Edward 109

Zacher, Rolf 96, 97 (A), 121, 123
Zanussi, Krzysztof 110
Zehetbauer, Rolf 64
Ziegler, Regina 110
Zielinski, Siegfried 110
Ziewer, Christian 17, 110

Film
in der edition text+kritik

Axel Block
Die Kameraaugen des Fritz Lang
Der Einfluss der Kameramänner auf den Film der Weimarer Republik
2020, 480 Seiten, zahlreiche s/w-Abbildungen
ISBN 978-3-96707-421-5

Der Film der Weimarer Republik hat einen großen Einfluss auf die Filmgeschichte ausgeübt. International anerkannt sind bis heute besonders die bildgestalterischen Meisterleistungen dieser Jahre. Anhand von neun Filmausschnitten diskutiert Axel Block die Frage, welchen Einfluss Kameramänner wie Karl Freund, Carl Hoffmann, Rudolph Maté, Günther Rittau und Fritz Arno Wagner auf den Film der Weimarer Republik ausübten und wie dabei die Zusammenarbeit mit den Regisseuren funktionierte. In den Blick kommen neben mehreren Filmen Fritz Langs auch weitere Klassiker wie F. W. Murnaus »Der letzte Mann« (1924) oder Josef von Sternbergs »Der blaue Engel« (1929/30).

edition text+kritik · 81673 München · www.etk-muenchen.de

> # Film | Lektüren
> Herausgegeben von Jörn Glasenapp

Brad Prager
Band 2
Christian Petzold:
YELLA
April 2021, etwa 120 Seiten, zahlreiche farbige und s/w-Abbildungen
ISBN 978-3-96707-415-4

Ein Film, ein Band – die »Film | Lektüren« nehmen sich Zeit und Raum. Band 2 ist mit Christian Petzolds »Yella« (2007) einem der vielschichtigsten und spannendsten deutschen Filme der 2000er Jahre gewidmet.

Der psychologische Thriller »Yella« widersetzt sich einfachen Zuschreibungen und Kategorisierungen – und macht es uns deshalb so schwer, sich seiner schillernden Wirkung zu entziehen. Die Bilder gemahnen an Alfred Hitchcock und doch ist die Handschrift Christian Petzolds (*1960) unverkennbar. Der eigentliche Star des Films ist jedoch Nina Hoss in einer ihrer besten Rollen. Sie spielt die Titelfigur, eine junge Frau aus dem brandenburgischen Wittenberge, die ihr altes Leben im Osten für ein neues im Westen hinter sich zu lassen sucht.

et+k

edition text+kritik · 81673 München · www.etk-muenchen.de

Film
in der edition text+kritik

Kayo Adachi-Rabe
Der japanische Film
Juni 2021, etwa 100 Seiten, br.,
12 x 19 cm, zahlreiche farbige
und s/w-Abbildungen
ISBN 978-3-96707-478-9

Die Reihe »Filmgeschichte kompakt« richtet den Blick auf den internationalen Film. Jeder Band ist der Filmgeschichte eines einzelnen Landes oder eines transnationalen Phänomens gewidmet.

Der Auftaktband erläutert die einzigartige, aber universal funktionierende Qualität der japanischen Filmkunst – insbesondere, wie sie sich in einem historischen Prozess zwischen der landesspezifischen Wahrnehmungstradition und dem Einfluss der internationalen Repräsentationsformen sowie in der technischen Entwicklung des Mediums herausmodellierte.

et+k

edition text+kritik · 81673 München · www.etk-muenchen.de

Film-Konzepte

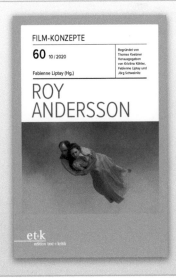

Fabienne Liptay (Hg.)
Heft 60
Roy Andersson
2021, 86 Seiten, zahlreiche
farbige und s/w-Abbildungen
ISBN 978-3-96707-433-8

Obwohl **Roy Andersson** (*1943) seit seinem Debüt mit »Eine schwedische Liebesgeschichte« (1970) gerade einmal fünf Langspielfilme realisiert hat, gehört er zu den großen Stilisten und Philosophen des europäischen Kinos.

Roy Andersson ist ein lakonischer Erzähler und ein äußerst präziser Choreograph, der seine Filme aus Miniaturen fügt, in denen sich gerade deshalb das große Ganze zeigt, weil sich kaum etwas ereignet. Zärtlich und mitleidlos wird das menschliche Leben geschildert, die Sehnsucht nach Liebe, die Suche nach Sinn, die Bürde des Alltags, die Schrecken des Krieges, die Vergänglichkeit des Lebens und der Traum von der Unendlichkeit.

et+k

edition text+kritik · 81673 München · www.etk-muenchen.de